北京外国语大学"双一流"建设项目成果

以"人"的名义

洛伦佐·瓦拉与《论快乐》

李婧敬　著

人民出版社

责任编辑：刘　畅

图书在版编目（CIP）数据

以"人"的名义：洛伦佐·瓦拉与《论快乐》/ 李婧敬　著 . — 北京：
人民出版社，2021.4

ISBN 978 - 7 - 01 - 022449 - 7

I. ①以… Ⅱ. ①李… Ⅲ. ①瓦拉（Valla, Lorenzo C.1407–1457）–
哲学思想 – 研究②快乐 – 研究　Ⅳ. ① B503.99 ② B842.6

中国版本图书馆 CIP 数据核字（2020）第 164297 号

以"人"的名义

YI REN DE MINGYI

——洛伦佐·瓦拉与《论快乐》

李婧敬　著

人民出版社 出版发行
（100706　北京市东城区隆福寺街 99 号）

北京建宏印刷有限公司印刷　新华书店经销

2021 年 4 月第 1 版　2021 年 4 月北京第 1 次印刷
开本：880 毫米 × 1230 毫米 1/32　印张：12
字数：280 千字

ISBN 978 - 7 - 01 - 022449 - 7　定价：49.00 元

邮购地址 100706　北京市东城区隆福寺街 99 号
人民东方图书销售中心　电话（010）65250042　65289539

目　录

序　言 / 001

绪　论 / 001

第一篇　洛伦佐·瓦拉与他的《论快乐》

第一章　洛伦佐·瓦拉的坎坷人生 / 017

第二章　《论快乐》之概况述略 / 025
　　第一节　《论快乐》之成书历程及其文稿版本 / 025
　　第二节　《论快乐》之篇章布局 / 035

第二篇　快乐与真善

第三章　继母或慈母？——《论快乐》的自然观 / 059
　　第一节　歹毒的继母与善良的慈母 / 059

第二节　自然之母与上帝之父 / 064

第四章　邪恶或善良？——《论快乐》的人性观 / 070
　　第一节　趋恶避善或是身心俱善？ / 070
　　第二节　拥有自由意志的人 / 076
　　第三节　关于"笑"的善恶之辩 / 083

第五章　舍生取义或利义相生？
　　　　——《论快乐》的义利观 / 092
　　第一节　高尚乃人生至善 / 092
　　第二节　两利相权取其重 / 097
　　第三节　重构义与利的关系 / 108

第六章　快乐与真福——《论快乐》的快乐观 / 115
　　第一节　从《论快乐》到《论真善与伪善》 / 115
　　第二节　快乐的定义及类别 / 117
　　第三节　属世的快乐 / 120
　　第四节　天国的快乐 / 133
　　第五节　瓦拉的人文主义快乐观 / 147

第七章　迈向近现代的伦理道德取向 / 157
　　第一节　从群体本位到个体本位 / 157
　　第二节　从静处沉思到经世致用 / 162
　　第三节　男权社会里的女性之声 / 172
　　第四节　基督教人文主义伦理体系的构建 / 189

第三篇　古人云集的辩论

第八章 《论快乐》的台前发言人和幕后对话者 / 203
第一节 《论快乐》的台前发言人 / 204
第二节 《论快乐》的幕后对话者 / 221

第九章 《论快乐》与古典修辞学 / 252
第一节 《论快乐》的内容架构和论证层次 / 254
第二节 《论快乐》的语言风格和文学色彩 / 262

第十章 《论快乐》与语文学 / 270
第一节 瓦拉的语文学研究 / 272
第二节 关于"快乐"和"高尚"的语文学分析 / 276

第十一章 《论快乐》与辩证法 / 287
第一节 瓦拉眼中的辩证法 / 288
第二节 《论快乐》中的辩证推理 / 291

第四篇　宁言而死　勿默而生

第二十章 一石激起千层浪 / 303
第一节 批驳与谩骂 / 304
第二节 赞誉与鼓励 / 308

第十三章　瓦拉与德国宗教改革 / 315

　　第一节　瓦拉作品在宗教改革地区的流传 / 316

　　第二节　瓦拉的人文主义思想对路德的影响 / 323

　　第三节　路德的宗教改革思想对瓦拉的超越 / 329

结　论 / 335

附　录 / 348

　　一、中文—拉丁文伦理学关键词汇对照表 / 348

　　二、洛伦佐·瓦拉生平年表 / 351

　　三、洛伦佐·瓦拉主要学术作品（中文—拉丁文名录）/ 355

　　四、专有名词中文—拉丁文对照及索引 / 357

参考文献 / 361

序 言

王 军

中世纪晚期，意大利及整个欧洲都发生了重大的社会变革，封建的农业经济开始向以城市为中心的商品经济转化。随着老城市的复苏和新城镇雨后春笋般地诞生，资产阶级登上了历史舞台。意大利的中北部出现了许多由新生资产阶级控制的城邦共和国，佛罗伦萨便是其中最具代表性的城市。资产阶级是一个拜金和追求享乐的阶级，它的诞生和发展促使社会结构、风气和价值观念发生转变，包括教皇和主教等高级教士在内的整个社会都坠入了这种尘世追求之中。

当时的许多文学作品便是佐证。但丁曾严厉谴责社会"堕落"，同时又对追求尘世快乐表示同情；彼特拉克始终在尘世追求和中世纪道德准则之间挣扎，心中的矛盾使他一生不得安宁；薄伽丘愉快地赞美人的尘世追求，但是，他的赞美只是一种情感的自然表露，并不是对尘世快乐的理论探索。意大利著名文学评论家德·桑蒂斯曾说："就这样，同时存在着两个不同的社会，它们相互间并没有很大的干扰。思想自由被否定，禁止对抽象的教理提出疑问；然而实际生活却是另一回事，人们以上帝和圣母玛利亚的名义去追求享乐，而且人们也可以以上帝和圣母玛利亚的名义去追求享乐。"① 从这段话中，我们可以看出，在但丁、彼特拉克和薄伽丘生活的时代，社会的变革已经十分明显，但是，从理论层面上论证这种变革的合理性仍然被禁止。

这三位伟大的诗人和文学家逝世后，意大利进入人文主义运动时期，出现了一些极其重要的人文主义思想家，他们开始勇敢地对新的社会现象和价值观念进行理论层面的研究，劳伦佐·瓦拉便是其中一位佼佼者。瓦拉不仅以揭露罗马教廷虚伪面目的檄文《〈君士坦丁赠礼〉辩伪》著称于世，更以其伦理学代表作《论快乐》首开欧洲中世纪以来在理论层面上探讨尘世快乐合理性的先河。这部伦理学杰作为意大利文艺复兴进入鼎盛时期和宗教改革的诞生与发展作出了重要的贡献，也为我们认识现代社会及其价值观念提供了十分重要的理论参考。

李婧敬老师是我国意大利文艺复兴研究的一位年轻学者，她的这部《以"人"的名义——洛伦佐·瓦拉与〈论快乐〉》是一部重要的深入探讨人文主义和文艺复兴的专著。我国的文艺复兴研究者虽然曾对瓦拉有所评介，但基本停留在介绍瓦拉生平和评议《〈君士坦丁赠礼〉辩伪》的层面上。几年前，李婧敬老师翻译和出版了瓦拉的伦理学著作《论快乐》，把我国学界对瓦拉的研究推入了一个新阶段，也为我国文艺复兴研究增添了新内容。此次，她又推出研究《论快乐》的专著，这部专著是建立在她的译著基础之上的。我历来主张研究者作翻译，翻译者作研究，即研究者翻译经典著作，翻译者研究他所

---

① 摘译自 [意] 德·桑蒂斯（Franceso De sanctis）:《意大利文学史》（*Storia della letteratura italiana*, Giulio Einaudi editore S.P.a., Torino, 1958），第 369 页。

翻译的经典著作；因为，研究者翻译经典著作时会更加斟酌字里行间的内涵，从而译文会更加准确；而准确的译者一定是更深刻理解经典著作原文的人，因而对经典著作的解读也一定是更准确的。李婧敬老师既是准确的翻译者，又是深入的研究者，是一位身兼两职的学者；数年前，她的有关瓦拉的博士论文就曾经受到多位前辈著名学者的高度评价。在为撰写这部专著所作的研究过程中，李婧敬老师采用了多种科学的手段，其中最值得一提的是瓦拉等人文主义思想家最喜欢和最倚重的语文学（filologia）研究方法；这种研究方法把文本作为研究的最重要的对象和基础。李婧敬老师的研究十分重视文本的解读，她把《论快乐》置于瓦拉的时代和生活环境中进行分析，因而，她的研究成果真实地反映了瓦拉的创作指导思想和意大利文艺复兴时期的人文主义精神。

我深信，这部专著出版后一定会推进我国对欧洲人文主义和文艺复兴的研究，并引导读者更准确、深刻地理解瓦拉和《论快乐》，从而更清晰地认识文艺复兴和人类近现代社会的本质。

2020 年 2 月于北京外国语大学

绪　论

一、研究概述

洛伦佐·瓦拉（Lorenzo Valla，1407—1457）是生活于15世纪意大利的一位极为活跃、也极具战斗色彩的人文主义学者，以其对古代语言的精深了解、对古典文献的深入研究，尤其是以对中世纪宗教伦理思想和罗马教廷的犀利批驳而著称。《论快乐》是瓦拉最为重要的伦理学代表作，亦是一部复杂的、具有先锋色彩的实验之作，它集作者在语文学、修辞学、伦理学、逻辑学和基督教神学领域的研究成果于一体，通过对人生至善的探讨，找寻社会变革的方向。尽管其中的观点一度被视作离经叛道之言，但随着时间的沉淀，终于逐渐被世人所了解，并成为研究西方伦理道德和宗教思想在文艺复兴时期如何瓦解、重构、向现代迈进的过程中不可忽略的重要一环。本书的研究正是围绕瓦拉的伦理学代表作《论快乐》及其人文主义伦理思想而展开。

二、研究目的和意义

国外学界对瓦拉的研究有着悠久的传统和较为深厚的积淀，这充分说明瓦拉的人文主义思想在意大利文艺复兴史上所占据的不可忽视的重要地位。但是，大部分学者的研究重点多半集中于瓦拉在语言学和历史学领域中取得的成就，即《论拉丁文的优雅》（*Elegantiae latinae linguae*）和《〈君士坦丁赠礼〉辨伪》（*De falso credita et ementita Constantini donatione*）——前者是瓦拉最为知名的语言学著作，后者则以对罗马教廷的激烈抨击名留史册。在上述两部代表作的光芒照耀下，瓦拉作为伦理思想家的身份至今没能成为学界关注的焦点，其作品《论快乐》仅是少数后世学者的重点研究对象。

相较而言，国内学界对于瓦拉的研究仅有笼统的介绍，尚无系统、深入的解读。国内学者对于瓦拉的认知，大多基于对其檄文《〈君士坦丁赠礼〉辨伪》的了解，且相关评价也集中于瓦拉在宗教层面上对罗马教廷的批判和抨击。即使偶有提及《论快乐》，也仅限于将该作品"简单化"地描述为一部"宣扬伊壁鸠鲁享乐主义思想"之作。

然而，在一个破旧立新的历史时期，如何理解"人性"的善恶、如何看待"人世生活"和"属世利益"的价值、如何重塑"人"相对于"神"的尊严，是具有根本性的重要意义的：它构成了人文主义学者的思想观念内核，也是文艺复兴时期意大利乃至整个欧洲在各个领域内所取得的重大进步的根本推动力所在。因此，通过研究瓦拉的《论快乐》，再度展开对"快乐"的界定、诠释、追求和反思，有着十分重要的现实意义。

直到几年前，我国绝大多数从事文艺复兴研究的专家都是非语言专业的哲学、史学、宗教、艺术、科技研究者。由于对意大利文和拉丁文缺乏了解，他们在收集、整理和研读第一手文献资料的过程中遭遇到难以逾越的障碍，只能依据其他以英文、德文等通用语种进行写作的国外学者的转述进行间接研究。这就造成了用原文研读原典的严重欠缺，使得相关研究工作难以突破笼统化、抽象化、浅表化和模式化的瓶颈。就瓦拉研究而言，即使是知名度相对较高的《〈君士坦丁赠礼〉辨伪》也从未被译介成中文，针对其他作品的译介和文本研究则更是未经开垦的处女地。因此，本书以《论快乐》的原文文本作为研究的切入点，在收集、整理、翻译、归纳第一手文本资料的基础上对瓦拉的人文主义伦理和宗教思想展开全面深入的分析和挖掘，在一定程度上填补了国内学界在该领域的空白，为国内同行的进一步研究提供了便利。

三、研究步骤

本书所采取的具体研究步骤包括几个方面。

文献收集、分类与整理：包括《论快乐》原作的不同版本及各语种译本、瓦拉的其他哲学和宗教研究著作、不同时期以瓦拉为研究对象的评论性著作以及其他相关的背景资料。

文献溯源、译介和信息提取：对该作品的多个古代版本和现代版本的文稿内容展开追溯，整理出一个集各个版本之所长于一体的拉丁文文本，以此为依据完成了该作品的首个中文译本（注译本）[①]；在此基础上，就瓦拉的伦理观念、思想来源、论述手法和历史影响等信息进行了分门别类的信息提取和总结归纳。

文本比对与考据：在分类整理的基础上，对作品中引用的古代先哲及基督教神学家的观点进行考据，考察瓦拉的引述是

---

① ［意］洛伦佐·瓦拉：《论快乐》，李婧敬注译，人民出版社 2017 年版。

否真实、确切，是否有误读之嫌；同时通过挖掘瓦拉的观点与引文作者观点之间的相似和相异之处，回溯瓦拉思想体系形成的理论背景，阐述其思想体系较之前人的传承与创新。

撰写专著和论文：在上述工作的基础上，开展最终成果的撰写工作，并在该过程中完成若干专题论文。

四、研究方法及学术创新

本着"小切口、深挖掘"的原则，本书以《论快乐》及其伦理思想为具体研究对象，首先对文本进行译介，进而通过瓦拉本人最为看重的"文本分析法"，挖掘其中所阐释的"快乐"的内涵，重点探讨其全新的伦理观念与古希腊斯多葛派[①]禁欲主义、伊壁鸠鲁派[②]享乐主义、中世纪传统基督教伦理观的紧密联系与根本区别。在此基础上，通过"历史语境分析法"将瓦拉的人文主义思想还原至 15 世纪意大利的社会环境中去，通过分析当时的人文主义学术圈以及罗马教廷与瓦拉之间密切而复杂的互动，探寻当时的社会历史背景及学术思潮对瓦拉人文主义思想造成的影响；同时以"文本对比考据法"为手段，

[①] 斯多葛哲学学派是希腊化时代一个影响极大的哲学派别，因在雅典广场的廊苑下（转写自古希腊文的拉丁文：Stoa Poikile）聚众讲学而得名。该学派由季蒂昂的芝诺（拉丁文：Zeno Citieus，古希腊文：ὁ Ζήνων τοῦ Κιτίου，约前 336 / 前 335—约前 263）于公元前 300 年前后在雅典创立。

[②] 伊壁鸠鲁哲学学派是古希腊唯物主义者和无神论哲学家伊壁鸠鲁（拉丁文：Epicurus，古希腊文：Επίκουρος，前 342—前 270）创立的哲学派别。伊壁鸠鲁在雅典的一座花园里建立了自己的学园，称为"伊壁鸠鲁花园"，逐渐形成了伊壁鸠鲁学派。公元 3 世纪以后，伊壁鸠鲁的学说成了基督教的劲敌，尤其是在中世纪时期，伊壁鸠鲁成了"不信天主、不信天命、不信灵魂不死"的同义语。

尝试追溯瓦拉人文主义思想产生的源头，挖掘瓦拉对于古希腊—古罗马文化遗产的继承、批判和扬弃。最后，通过对瓦拉的人文主义思想的价值及其局限性进行反思，总结提炼该项研究对于当代社会发展的现实意义。

与该领域先前的国内外研究成果相比，本书的创新之处主要体现在基础、方法、角度和结论四个方面。

就基础而言，本书专注于《论快乐》的具体文本。目前，除了马里斯泰拉·德·帕尼扎·洛克（Maristella de Panizza Lorch, 1919—　　）①的《捍卫人生：瓦拉的快乐观》（*A Defense of Life: Lorenzo Valla's Theory of Pleasure*），国内外学界尚无其他任何针对《论快乐》而撰写的专著，且洛克的研究主要以《论快乐》本身的论述层次为纲领，更像是对原著的某种注疏。本项研究不仅先行将《论快乐》由原文直接译介成中文，还在译文中添加了逾两万字的译者注释，对引文的出处进行了详细的说明、分类和统计，使得后续的研究能够针对《论快乐》中的引文内容和被引述作品中的初始表达进行对比考据，从而探寻瓦拉思想形成的来源。

就方法而言，本书综合采用了"文本分析法""历史语境分析法""文本对比考据法"等研究方法，从文字本身——提炼出《论快乐》的核心观点，并将其还原回作者所处的历史年代，从社会的维度"横向"对比瓦拉与其他人文主义学者的观点异同，从历史的维度"纵向"追溯瓦拉对古代先哲智慧结晶的继承和批判以及他对后世产生的历史影响，从人生经历和作品修改的

---

① 　马里斯泰拉·德·帕尼扎·洛克是美国哥伦比亚大学教授，"美国意大利高级研究学院"（The Italian Academy for Advanced Studies in America at Columbia）创始人。

维度对瓦拉伦理思想形成、发展和成熟过程进行"切入式"解析。上述三个维度的研究相辅相成，互为补充，摆脱了原先的单一线性模式，也使研究结论避免局限于非黑即白的二元化格局。

就角度而言，本书虽以《论快乐》的伦理观念为切入点，但研究视角却不限于此，而是拓展至瓦拉在修辞学、语文学、语言学、逻辑学、历史学等领域所取得的成就。换言之，本书尝试从上述不同学科的角度出发，综合分析瓦拉"为何"以及"如何"构建一种不同于前人的伦理观念，从而避免将该作品简单化地理解为一本通过宣扬享乐主义以博人眼球的离经叛道之作。

就结论而言，本书充分肯定了瓦拉伦理思想的价值，也就其局限性进行了反思。如同瓦拉所主张的发古人之意，而非古人之形式，本书的宗旨并非将瓦拉在六百年前提出的伦理价值体系奉为真理，而是尝试"萃取"瓦拉留给后人的最宝贵财富：古人是可敬的，却不是不可逾越的。作为学术道路上的后来人，我们不应只满足于对前人的"欣赏"或"仰慕"，还应避免成为"唯古人之言论马首是瞻"的"模仿者"和"追随者"。对前人观点的反思、批判，以及以此为基础的进一步探索才是对古代文明遗产的最好传承和发扬。在此种精神的引领下，人类社会才能不断温故知新，在反思、批判和探索中前行。

五、最终成果及其框架结构

本书的研究始于 2015 年 5 月，历时三年有余，于 2019 年 2 月最终完成。在执行项目的过程中，笔者有幸得到中意两国十余位专家的热情支持和悉心指导，脚踏实地地开展了研究资料的收集、译介、分析、归纳等工作，并在此基础上完成了最终成果的初稿，详细深入地阐释了洛伦佐·瓦拉如何以语文学、修辞学和辩证逻辑学研究为手段，从理论层面上赋予"快乐"一词以全新的含义，从而构建起一种将"人""天主"和"自然"兼容并包的全新伦理体系。

就框架结构而言，最终成果的正文由六部分组成，包括：绪论、"洛伦佐·瓦拉与他的《论快乐》"、"快乐与真善"、"古人云集的辩论"、"宁言而死，勿默而生"和结论。

考虑到洛伦佐·瓦拉在国内学界较低的认知度及其作品《论快乐》在国内学界的译介和研究空白，第一部分"洛伦佐·瓦拉与他的《论快乐》"对瓦拉的生平经历、主要成就、历史地位及《论快乐》一书的基本信息和主要内容进行了简要介绍。鉴于该作品的版本较多，笔者以洛克的研究成果为基础，对作品的创作、修改历程和各个抄本及印本的详细信息进行了提炼，主要目的在于交代中译本所参照的初始文本的选择标准。同时，由于该作品的创作和修改过程基本贯穿了作者的一生，因此，通过对这一过程进行梳理，也有助于理解瓦拉人文主义思想由最初形成到最终完善的历程。

第二部分"快乐与真善"从自然观、人性观、义利观、快乐观、女性观、行动观等诸多角度对瓦拉的人文主义思想的具体内涵进行了剖析。通过具体翔实的文本分析，对瓦拉如何界定上帝、自然和人类的关系，如何理解人性的善恶，如何在追求高尚与追求利益之间作出选择，如何处理个人利益和群体利益之间的取舍，如何评判脑力劳动与体力劳动的价值，如何维护女性的社会地位、如何看待属世快乐和天国真福的关系以及如何重塑"人"相对于"神"的尊严展开了深入挖掘，澄清了世人将该作品简单地视作一部宣传享乐主义之作的误解，展示了作者以尊重人性、完善人性、引领人性为宗旨的人文主义思想精髓。

鉴于《论快乐》是一部辩论体作品，在第三部分"古人云集的辩论"里，笔者首先对作品中的"台前角色"和"幕后发言人"分别进行了探索，其目的在于考察瓦拉的伦理思想的来源。其中，对于作品中对话人物的身份及其思想的辨识能够以"横向"的方式勾勒出瓦拉所处的人文主义学界的背景情况；对作品中大量引文出处的分析则可以以"纵向"的方式反映出瓦拉伦理观念形成的历史渊源。如此，可以尝试探寻瓦拉人文主义伦理观形成的来龙去脉及其蕴含的古典传统和时代精神。随后，笔者解析了瓦拉在作品中采用的论述手段，尤其是修辞学、语文学和逻辑学的论述方法，主要目的在于以《论快乐》这部伦理学论著为核心，将针对瓦拉的研究视野拓展至人文主义研究的其他领域，促使对瓦拉人文主义思想的理解更为多元化、立体化、整体化。

第四部分"宁言而生，勿默而死"就《论快乐》的历史反响、传播历程及其在不同时期和不同地域产生的社会影响进行了探讨，有助于理解瓦拉的基督教人文主义伦理观对欧洲社会发展起到的潜在推动作用。

诚然，任何一种伦理价值观都有其局限性。结论部分对《论快乐》的学术价值和局限进行了总结，并就在当今社会对该作品进行研究的必要性展开了反思，着重强调了该作品体现出的人文主义思想之精髓：立足于第一手文献的研究态度、对古人智慧的渴求与尊重、对学术权威的大胆怀疑和批判、对智慧和真理的不懈追求……"独立之精神，自由之思想"[1]，这正

---

[1] 陈寅恪：《清华大学王观堂先生纪念碑铭》，载陈寅恪：《金明馆丛稿二编》，生活·读书·新知三联书店2001年版，第246页。

是欧洲文艺复兴运动留给全人类的最为宝贵的遗产。六百年过后，倘若我们能够以兼容并蓄、求同存异的态度进行思考，从中取其精华，古为今用，洋为中用，必然能够为今日中国的社会发展注入强大的精神动力。

为了以更清晰准确的方式阐述瓦拉的伦理学思想，笔者将《论快乐》中出现的伦理学关键词汇整理成中文—拉丁文对应的词汇表，作为附录一附于文后。

附录二、三分别是洛伦佐·瓦拉生平年表和洛伦佐·瓦拉主要学术作品中文—拉丁文名录。

此外，文中出现的中文—拉丁文专名（包括《论快乐》中出现的人名、地名、作品名）均可在索引部分进行查询。

六、关于研究成果的几点说明

（一）《论快乐》中译本的翻译过程

在正式开展对《论快乐》的研究以前，笔者首先对该作品的文本进行了译介。

作为《论快乐》的首个中译本，此译本是在一系列语文学考据工作的基础上完成的。在意方专家的指导下，笔者对该作品的多个古代版本和现代版本的文稿内容进行了比对，[①]并在此基础上整理出一个集各个版本之所长于一体的拉丁文文本，

---

① 具体包括马里斯泰拉·德·帕尼扎·洛克主编的《论真善与伪善》（评注版），亚德里亚蒂卡出版社 1970 年版，第 1—139 页；乔尔乔·拉德蒂译介的《洛伦佐·瓦拉哲学和宗教作品集》，桑索尼出版社 1953 年版，第 1—230 页；马里斯泰拉·德·帕尼扎·洛克译介的《洛伦佐·瓦拉：〈论快乐〉》，阿巴里斯出版社 1977 年版，第 48—325 页。

以此作为原作文本进行翻译。因此，译文中涉及的人名，均以拉丁文形式的人名译出。

作品中涉及的引文，凡已存在中译本的，均沿用现有中译本译文。对此，笔者在注解中对所引用的中译本版本信息进行了标识。①

由于国内学界对天主教和基督新教的专有名词的翻译方式存在差异，此译本中涉及的所有基督教专有名词均参照《基督教小词典》②的天主教译法译出。

考虑到原作中的注释非常有限，笔者在译介过程中参阅了大量参考书目，添加了逾两万字的注释，以 "译者注" 形式标出，以方便读者的阅读和理解。

（二）中译本标题的选定

《论快乐》一书的成书时间为 1431 年至 1449 年前后，其间经历过数次重大修改，先后有不同版本发表。第一版的原文标题为 "De Voluptate"③，第二版的原文标题为 "De vero falsoque bono"④，第三版的原文标题为"De vero bono"⑤，最终版的原文标题再度更改为 "De vero falsoque bono"。

在译介过程中，笔者就瓦拉为何反复修改标题的动机进行了探究，并在此基础上就中译本标题的选定进行了慎重的考

---

① 需要特别说明的是，由于某些被引用的译本并非自拉丁文译出，因此，部分引文中的人名、地名的译法并不符合拉丁文形式。

② 卓新平：《基督教小词典》，上海辞书出版社 2005 年版。

③ 拉丁文，意为 "论快乐"。

④ 拉丁文，意为 "论真善与伪善"。

⑤ 拉丁文，意为 "论真善"。

虑。笔者认为，相较于最终版标题《论真善与伪善》而言，第一版标题《论快乐》一语切中要害，鲜明地道出了作品的真实意图，故而更能凸显作者的人文主义情怀。事实上，无论是洛克的英译本（*On pleasure*），还是夏维尔的法译本（*Sur le plaisir*），抑或是近藤恒一的日译本（《快楽について》）在标题选定的问题上也都采取了同样的策略。此外，在国内外学界的相关专著和论文中，"论快乐"这一标题的使用频率也相对更高，因而具有更为普遍的可识别性。基于上述考虑，笔者最终确定以"论快乐"作为这部作品的中译本标题。

（三）关于三个伦理学关键词译法的探讨

作为一部伦理学作品，瓦拉在《论快乐》中使用了大量伦理学术语，其中相当一部分术语源于久远的古希腊—古罗马时期，一直沿用至今。然而，在不同的历史发展时期和不同的社会语境下，这些术语的具体含义并非一成不变，而是处于持续的演化之中。不仅不同的作者常常对同一个词汇抱有多种理解，甚至在同一部作品的不同部分，这些术语所表达的含义也不尽相同，常有一词多义的现象出现。在译介这类文本的过程中，由于中文和拉丁文属于完全不同的语系，有着迥异的构词方式，导致这些术语的中文译文与原文无法保持词形上的关联。加之不同译者在翻译过程中的理解和诠释各有侧重，很容易导致译文中的术语呈现出纷繁混乱的情况：一方面，同一个外文术语可能对应不止一种中文译法；另一方面，同一个中文译法也可能对应不同的外文术语。① 这就给无法用原文阅读原

---

① 对于某些原本就具有不同含义的术语来说，出现上述情况是正常且不可避免的。

典的学者带来了研究上的困扰：若不能真正理解作品中的关键术语的含义，就很有可能无法理解或错误理解作者的原意，从而导致研究结果的科学性出现偏差。因此，笔者认为，在这类作品的译介过程中，译者有责任也有义务以某种方式让读者能够追溯到作品中最为关键的术语的原文，以方便读者就作品展开阅读、理解和更深层次的分析研究。

基于上述考虑，笔者在译介《论快乐》的过程中，对作品中伦理学术语的译法给予了极大重视，字斟句酌，反复修改，并特意将文中出现的伦理学术语以中文和拉丁文原文对照的形式在《论快乐》的中译文中列出，以供查询和参考①。

在此，笔者仅就"honestum""voluptas"和"virtus"三个关键词在《论快乐》中译本中的处理方式略作探讨。

在《论快乐》中，"honestum"是斯多葛派发言人提出的人生至善之所在。在现代意大利文词典中，相对应的意大利文词汇"onestà"意为"诚实""老实""正直""正派"，多用来指一个人内心与言行一致，为人公正无私，光明磊落。然而，在《论快乐》中的斯多葛派发言人那里，"honestum"一词却有着更为广博的含义：它不仅用来形容一个人的行为准则，更用来指一种高贵的人生理想，一种值得毕生追寻的至高目标。正因如此，许多以刚毅、智慧、节制、正义而流芳百世的古代贤人和智者都被文中的斯多葛派发言人视作企及"honestum"这一至善的人。基于上述考虑，笔者选择将"honestum"这一关键词译为"高尚"：既指道德品质的高洁，也指人生理想的

---

① 需要特别说明的是，由于译本中的某些引文直接沿用了现有的中译本的译法，故部分引文中出现的某些伦理学关键词汇的译法也与本中译本采用的译法略有不同。

高雅、脱俗。

在本书中，与"honestum"相对应的概念是"voluptas"——伊壁鸠鲁派发言人所推崇的人生至善。在古罗马神话中，"Voluptas"是小爱神丘比特（Cupido）[①]和灵魂女神普赛克（Psiche）[②]的女儿——欢愉女神的名字。[③]这就意味着早在古代世界，"voluptas"一词就意指"身体和精神的双重愉悦"。在瓦拉的笔下，"voluptas"的含义得到了进一步拓展，不仅指肉体欢愉和精神享受，还包括了天国中永恒而完美的真福。基于此，尽管国内学界普遍将伊壁鸠鲁派的学说冠以"享乐主义"之名，笔者仍选择将"voluptas"一词译作"快乐"：既指多种多样的属世快乐，也能涵盖至高无上的天国真福。

《论快乐》中的另一个高频关键词是"virtus"。该词的中文译法十分多样，较为常见的有"德行""美德""德性""德能"等，其中"美德""德性"侧重于指美好高贵的道德品性；"德能"则明显侧重于描述一个人的才学、素养和能力；相较而言，"德行"指富于修养的言行举止，既与道德相关，也能描述一个人的素质。由于在不同的历史语境下，该词的内涵确有不同所指，笔者以为，对这一关键词的处理应根据具体情况具体分析。在《论快乐》一书中，三位主要发言人均多次使用到"virtus"一词，但三人的所指各有偏重：斯多葛派发言人

[①]　丘比特是古罗马神话中的小爱神，维纳斯的儿子。丘比特常被塑造为手拿弓箭、背部长有一对翅膀的调皮小男孩，经常漫无目地放箭。他的金箭射入人心会催生爱情，而他的铅箭射入人心则会催生憎恶。其形象相当于古希腊神话中掌管肉欲的厄洛斯。

[②]　普赛克是古希腊和古罗马神话中的灵魂女神。

[③]　沃路普塔斯（Voluptas）是古罗马神话中的欢愉女神，爱神丘比特与灵魂女神普塞克的儿儿。她代表快乐、愉悦和享受，其形象相当于古希腊神话中的赫多涅。

视以"高尚"为首的一众美德为人生至善，更注重该词的道德所指；伊壁鸠鲁派发言人以"快乐"为人生至善，将一个人的修养、才学、素质等视为企及至善的手段，更注重该词的能力所指；第三位发言人则认为只有依靠基督教"信""望""爱"三超德才能获得完美、永恒的天国真福，显然更注重"virtus"的宗教内涵。关于上述区别，作者瓦拉在行文过程中已借三位发言人之口进行了清晰的交代。因此，出于保持译文用词统一性的考虑，笔者最终选择了含义较为宽泛的"德行"一词作为"virtus"在《论快乐》中的中文译法。

以上是笔者就《论快乐》中译本的基本情况进行的说明。对于本书的研究而言，翻译原典文本是一项严肃、艰巨但又极为重要的基础性工作：只有逐字逐句地对原文进行研读，并对其进行译介，才能透彻地领会作品的核心思想，并在此基础上展开有理有据的研究和分析。在这一过程中，尽管笔者曾反复琢磨、多方请教，先后进行了七次修改，仍难完全避免译作中出现令人遗憾的瑕疵。在此，笔者恳请诸位同行提出指正建议，使对《论快乐》及洛伦佐·瓦拉的研究能够在今后得以进一步深化和完善。

第一篇

洛伦佐·瓦拉与他的《论快乐》

目前，国内学界尚无针对瓦拉及其《论快乐》的具体研究。本部分的第一章将较为全面地梳理瓦拉的历史人生。第二章旨在详述《论快乐》的基本概况。鉴于这部作品的版本较多，第二章第一节将以洛克的研究成果为基础，对作品的创作、修改历程及各个版本的详细信息进行梳理；第二节将剖析整部作品的内容和结构，并在此基础上探究作者的论述策略和谋篇意图。

第一章　洛伦佐·瓦拉的坎坷人生

　　1407 年，洛伦佐·瓦拉出生于意大利罗马。家庭环境的熏陶令少年时期的瓦拉对基督教怀有虔诚的向往。1420年，父亲卢卡（Luca della Valle，？—1420）①去世，十三岁的瓦拉经舅父、时任教宗书记官梅尔吉奥莱·斯科里巴尼（Melchiorre Scribani，？—1429）②引荐，开始跟随乔凡尼·奥利斯帕（Giovanni Aurispa，1376—1459）③学习古希腊文。1425 年，瓦拉在里努奇·达·卡斯蒂里奥内（Rinucci da Castiglione，1395—1450）④的指导下继续深造古希腊文，同时向知名学者列奥纳多·布伦尼（Leonardo Bruni，1370—1444）⑤请教，请他帮助审阅和修改拉丁文书面习作。

---

① 卢卡·瓦拉是洛伦佐·瓦拉的父亲，精通民法和教会法，曾担任罗马教廷的枢机律师。

② 梅尔吉奥莱·斯科里巴尼是瓦拉的舅父，曾担任罗马教廷书记官。

③ 乔凡尼·奥利斯帕是 15 世纪意大利人文主义学者、诗人和商人，曾于 1421年旅居君士坦丁堡，精通古希腊文。

④ 里努奇·达·卡斯蒂里奥内是 15 世纪意大利人文主义学者，曾长期旅居于君士坦丁堡，其间搜集了大量古希腊文典籍。此人将许多重要古典作品从古希腊文译介至拉丁文，其中包括《伊索寓言》全集及琉善、柏拉图、普鲁塔克、阿里斯托芬等人的部分作品。1423 年起，此人定居于罗马，后担任教廷书记官，与波焦·布拉乔利尼成为同事。波焦曾跟随此人学习古希腊文。

⑤ 列奥纳多·布伦尼是 15 世纪意大利人文主义者、历史学家，曾先后担任佛

通过对古希腊文、古拉丁文及修辞学的研习，瓦拉正式开启了人文主义学术生涯。

1429 年，二十二岁的瓦拉向教宗马丁五世（Papa Martino V，1368—1431）[①]毛遂自荐，申请接替过世的舅父在教廷的职位。由于资历尚浅，加之先前发表的修辞学处女作《论西塞罗与昆体良之比较》（De comparatione Ciceronis Quintilianique）——在这部作品中，瓦拉针对当时大多数学者对西塞罗（Marcus Tullius Cicero，前 106—前 43）[②]的崇拜独持异议，提出昆体良（Marcus Fabius Quintilianus，约 35—100）[③]的文采更胜一筹——遭到同在教廷供职的前辈波焦·布拉乔利尼（Poggio Bracciolini，1380—1459）[④]和安东尼奥·洛斯基（Antonio Loschi，1368—1441）[⑤]的批判，瓦拉未能如愿。

罗伦斯执政官、教廷书记官。在《论快乐》的第一版文稿中，此人成为斯多葛派发言人这一角色的原型。

① 教宗马丁五世，于 1417 年至 1431 年在任。

② 马库斯·图利乌斯·西塞罗是罗马共和国晚期的哲学家、政治家、律师、作家、雄辩家。其学说对后世形成深远影响。

③ 马尔库斯·法比尤斯·昆提利安是一位罗马帝国西班牙行省的演说家、修辞家、教育家、拉丁语教师和作家，学界普遍译作"昆体良"。近 20 年时间教授修辞学，成为罗马第一名领受国家薪俸的修辞学教授，且是著名的法庭辩护人。他的著作有《雄辩家的培训》以及《长篇雄辩术》《短篇雄辩术》（有后世学者认为后两部作品实为伪作）。他的著作在文艺复兴时期被广泛引用，其教育思想受到 15 至 16 世纪人文主义者的高度重视，产生了极大影响。

④ 波焦·布拉乔利尼是 15 世纪意大利人文主义者、历史学家，曾担任佛罗伦萨共和国执政官和教廷书记官。此人以发掘了大量古代经典拉丁文文献（尤其是卢克莱修的《物性论》和昆体良的作品）而青史留名。在《论快乐》的第一版文稿中，此人曾作为旁听观众出现在对话中。

⑤ 安东尼奥·洛斯基是 14 年至 15 世纪意大利人文主义者，曾担任教廷书记官。

1430 年，瓦拉前往意大利北部城市帕维亚谋职，次年获得帕维亚大学的修辞学讲席。同年，瓦拉发表了伦理学作品《论快乐》(De Voluptate)，主张将"快乐"视为"人生至善"，其观点引发学界的轩然大波，赞赏与批判之声交杂而至。1433 年，瓦拉发表了题为《驳巴托罗书》(Epistola contra Bartolum) 的檄文，矛头直指 14 世纪的法学权威——萨索费拉托的巴托罗 (Bartolo di Sassoferrato, 1314—1357)①。该文一经发表，立刻遭到帕维亚法学界责难。瓦拉被迫辞职，离开帕维亚，先后辗转于费拉拉、米兰等地。

1435—1447 年，瓦拉效力于阿拉贡王朝的阿方索五世 (Alfonso V d'Aragona, 1396—1458)②，任宫廷顾问、宫廷书记官等职。在此期间，瓦拉的思想体系日臻成熟，著作颇丰，先后完成《论自由意志》(De libero arbitrio)、《辩证法与哲学的再专研》(Repastinatio dialectice et philosophie)、《〈君士坦丁赠礼〉辨伪》(De falso credita et ementita Constantini donatione)、《论修道士的誓言》(De professione religiosorum)、《论拉丁文的优雅》(Elegantiae latinae linguae)、《〈新约〉之比较研究》(Collatio Novi Testamenti)、《阿拉贡王朝斐迪南一世时代的历史》(Historiarum Ferdinandi regis Aragoniae) 等作品，还将《伊索寓言》译介为拉丁文。此外，《论真善》(De vero bono，即《论快乐》第三版文稿) 的修订也是在这一时期完成的。与此同时，瓦拉将语文学研究成果不断推进，应用于历史学、逻辑学、伦理学、宗教学等多个领域，成为"文艺复兴时期继彼特

---

① 萨索费拉托的巴托罗是 14 世纪意大利经院派法学权威。
② 阿拉贡王朝的阿方索五世是第一位同时统治西西里和那不勒斯的西班牙君主。在获得那不勒斯王位后，他也被称为两西西里国王。

拉克（Francesco Petrarca，1304—1374）① 之后在语文学研究道路上走得最远的典范"②。

然而，由于其争强好胜的性情，瓦拉在学术上的大胆探索遭到了来自传统派学者的批判和教廷的非难。当年旅居于那不勒斯的一位学者巴托洛梅奥·法齐奥（Bartolomeo Facio，1410—1457）③ 就曾与瓦拉有过异常激烈的唇枪舌剑。另一位与瓦拉保持长期论战的学者是著名的波焦·布拉乔利尼。早在 1426 年，瓦拉发表处女作《论西塞罗与昆体良之比较》时，作为前辈的布拉乔利尼就因其对西塞罗的权威提出质疑而感到不满。1452—1453 年上半年期间，布拉乔利尼数次撰文，对其学术水准、身材相貌、穿着打扮甚至是生活作风发起攻击。面对布拉乔利尼的口诛笔伐，瓦拉迅速以三卷本《为波焦消毒》（*Antidotum in Poggium*）反唇相讥，二者之间的论战曾一度引起同时代其他学者的侧目。

1444 年，瓦拉与方济各会修士安东尼就《使徒信经》中的内容是否全部为耶稣的十二使徒亲笔所著发生争辩。为此，瓦拉遭到宗教裁判所审判，幸得阿方索五世出面干预，才免于被判罪。

1447 年，教宗尤金四世（Papa Eugenio IV，1383—1447）④ 去世，继任者尼古拉五世（Papa Niccolò V，1397—1455）⑤ 成为

---

① 弗兰齐斯科·彼特拉克（1304—1374）是文艺复兴时期最具代表性的人文主义者，被誉为"文艺复兴之父"。彼特拉克以其十四行诗著称，其代表作包括《歌集》《秘密》《阿非利加》等，被后人尊为"诗圣"。

② J. E. Seigel, *Rhetoric and philosophy in Renaissance humanism: union of eloquence and wisdom (Petrarch to Valla)*, Princeton: Princeton university press, 1968, p. 196.

③ 巴托洛梅奥·法齐奥是 15 世纪意大利人文主义者、历史学家。

④ 教宗尤金四世，于 1431 年至 1447 年在任。

⑤ 教宗尼古拉五世，于 1447 年至 1455 年在任。

史上著名的"首位人文主义教宗"。1448 年，瓦拉离开那不勒斯，重返罗马，担任教廷公证员和书吏，同时在罗马教授修辞学。受尼古拉五世的委托，瓦拉完成了修昔底德（Thucydides，约前 460 至前 455—约前 400）①和希罗多德（Herodotus，约前 484—前 425）②的史学作品的翻译工作。1455 年，卡利克斯特三世（Papa Callisto III，1378—1458）③成为新任教宗。瓦拉得偿夙愿，成为教宗书记官。

1457 年，瓦拉受邀前往罗马神庙遗址圣母堂（Basilica di Santa Maria sopra Minerva），发表题为《托马斯·阿奎那颂词》（Encomion s. Thome Aquinatis）的演说。在这篇原本是为了纪念天主教神学全能博士托马斯·阿奎那（Tommaso d'Aquino，1225—1274）④的致辞中，身为教廷职员的瓦拉却表达了对阿奎那的批判，并号召天主教神学朝教父时期的神学传统回归，其叛逆之态一度引发沸腾的争议。同年，瓦拉在罗马逝世，享年五十岁，其遗体安葬于拉特兰圣若望大教堂（Basilica di San Giovanni in Laterano）的后殿拱廊之下。

1517 年，宗教改革拉开帷幕，包括《〈君士坦丁赠礼〉辨伪》《论自由意志》《论快乐》《〈新约〉之比较研究》在内的诸多作品被宗教改革派视为抨击罗马教廷、发起宗教改革的理论

---

① 修昔底德是古希腊历史学家、思想家，以《伯罗奔尼撒战争史》（De bello peloponnesiaco）传世。

② 希罗多德是古希腊作家，其著作《历史》成为西方文学史上第一部流传至今的完整的散文作品。

③ 教宗卡利克斯特三世，于 1455 年至 1458 年在任。

④ 托马斯·阿奎那（1225—1274）是欧洲中世纪经院学派哲学家和神学家，其最为知名的著作是《神学大全》（Summa Theologiae），被誉为"天使博士"或"全能博士"。

依据。这一现象直接导致罗马教廷对瓦拉生前的种种"离经叛道"之举重燃敌意：1576年前后，罗马教廷决定抹除关于瓦拉的所有记忆，将其墓冢拆除并迁出。

如今，位于拉特兰教堂的苦像小堂（Cappella del Crocifisso）里的瓦拉棺冢、雕像和刻有铭文的石碑都是历史学家、文献学家弗朗切斯科·康切利耶里（Francesco Cancellieri，1751—1826）[1]于1825年重新补放的，以此表达后世学者对瓦拉的敬意和缅怀。[2]

不难看出，瓦拉的人生之路波澜迭起，矛盾重重，既"汇集了来自同时代其他重要学者的褒奖和赞颂，也不乏来自各方的驳斥、抨击、谩骂甚至是审判"[3]。此外，瓦拉一生与罗马天主教廷有着频繁且复杂的互动：既以进入教廷供职为最高理想，也曾撰写《〈君士坦丁赠礼〉辨伪》《论修道士的誓言》等抨击教廷的作品；生前遭受过宗教裁判所的审判，死后其墓冢亦被教廷无情拆除。尤为值得注意的是，尽管瓦拉最终成功担任教宗书记官，他的一系列伦理学、宗教学和逻辑学作品（包括《论快乐》《论自由意志》和《辩证法与哲学的再专研》）却依然被列入罗马教廷的《被禁作者和书籍目录》（*Index auctorum et librorum prohibitorum*），直到1900年才彻底解禁。然而，这些在意大利境内一度遭到封禁的作品，却在德意志、

---

① 弗朗切斯科·康切利耶里是19世纪意大利历史学家、目录学家、图书馆馆员。此人十分博学，涉猎历史学、考古学、宗教仪式、圣徒传记等多个领域。

② J. De Jong, "De sepulcro Laurentii Vallae quid veri habeat. Tracing the Tomb Monument of Lorenzo Valla in St. John Lateran, Rome", in *Quellen und Forschungen aus italienischen Archiven und Bibliotheken*, 2015, pp. 94-95.

③ E. Garin, *Filosofi italiani del Quattrocento* (edizione anastica), Roma-Firenze: Edizioni di storia e letteratura, 2012, p. 162.

荷兰、瑞士等地区广为流传，并产生了深远的影响。

瓦拉究竟是一位怎样的人文主义学者？他如何以语言探索为出发点，将自身的人文主义研究拓展至哲学、伦理、宗教、历史等多个领域？他的研究成果在欧洲社会的现代化进程中遭遇了何种阻力和压制，又起到了怎样的推动作用？他所主张的道德伦理观念和宗教情怀究竟体现出怎样的古典情怀和时代精神？关于上述一系列问题，从瓦拉所处的15世纪直至今天，学界观点莫衷一是，始终未有定论。这所谓的"毁誉参半"和"众说纷纭"体现出瓦拉作为一个真实的"人"在挣脱原有思想价值体系的桎梏并尝试构建一整套全新的理论框架时所承受的压力、遭遇的阻碍、付出的勇气以及获得的认可和鼓励，同时也折射出文艺复兴时期作为一个从中世纪向近现代社会过渡的年代本身所具有的多面性、摇摆性、复杂性和综合性。诚如梁启超先生所说："启蒙期者，对于旧思潮初起反动之期也。旧思潮经全盛之后，如果之极熟而致烂，如血之凝固而成瘀，则反动不得不起。反动者，凡以求建设新思潮也……虽然其条理未确立，其研究方法正在间错试验中，弃取未定，故此期之著作，恒驳而不纯，但在淆乱粗糙之中，自有一种元气淋漓之象。"[1] 因此，就瓦拉这位言人人殊的人文主义学者展开研究，对客观、全面地把握15世纪意大利人文主义思潮的核心内涵及其复杂的外在表征，从而对欧洲文艺复兴运动的源起、发展和成就进行更为丰富、多元和深刻的理解有着十分切实而重要的意义。

---

[1] 梁启超：《清代学术概论》，载朱维铮主编：《梁启超论清学史二种》，复旦大学出版社1985年版，第2—3页。

古人已逝，唯有著作留予后人，成为承载其思想精髓的主要载体。后世学者若要尝试领悟其中的要义，必须研读大量第一手资料。基于此，对于瓦拉生平经历的探索，就与对其作品文本的挖掘形成了一种息息相关、密不可分的联系。

第二章 《论快乐》之概况述略

1431 年，年仅二十四岁的瓦拉首次公开发表《论快乐》；1434 年，瓦拉以第二版文稿的第三部分向时任教宗尤金四世献礼；但若论及该作品的最终定稿时间，则是在 1449 年前后——尽管具体的年份难以确定，但可以肯定的是，该书定稿短短数年之后，瓦拉便与世长辞。这部伦理学著作既是瓦拉现存于世的最早的作品，[①] 也是一部伴随他一生游历辗转，并随其人生轨迹起伏而数次历经变化的作品。在漫长的修订过程中，瓦拉曾就该作品的标题拟定、人物设置、论述策略进行多番删改和增补。这些调整从多方面折射出作者在不同的人生阶段对"人生至善"的理解以及在不同的生活境遇中对人生目标的追求。

第一节 《论快乐》之成书历程及其文稿版本

《论快乐》是一部有着近二十年创作历程的作品。从某种

---

① 1428 年，瓦拉还创作过一部题为《西塞罗与昆体良之比较》（*Comparatione Ciceronis Quitilianique*）的小册子，但早已失传。

意义上说，对《论快乐》成书历程的探寻也是对瓦拉人生经历的探寻；对该作品不同版本之间差异的分析，也是对作者不断发展、成熟的思想脉络的梳理。这对深入理解瓦拉的人生观、伦理观和宗教观有着十分重要的意义。

一、第一版文稿:《论快乐》(*De voluptate*，1431，帕维亚)

1431 年初，瓦拉完成了《论快乐》第一稿的撰写。就在这一年，他在帕维亚大学获得讲席，成为一名年轻的修辞学教授。然而，瓦拉的志趣原本并不在此，祖籍皮亚琴察的他一直以在罗马出生为荣，并将进入罗马教廷工作视为人生的最高理想。由于瓦拉的外祖父和父亲均在教廷任职，[①] 舅父梅尔吉奥莱·斯科里巴尼还曾担任教宗书记官，瓦拉在少年时期就得以接触教廷内部的人文主义学术氛围。尤其是在舅父的影响下，瓦拉从十三岁起就跟随乔凡尼·奥利斯帕学习古希腊文，开始了早期的学术训练，几年之后便以出众的才华（尤其是对古希腊文和古拉丁文的造诣）崭露头角。1429 年，梅尔吉奥莱去世后，瓦拉本想进入教廷接替其职位，却因与波焦·布拉乔利尼、安东尼奥·洛斯基等老一辈知名学者学术见解相左而被拒之门外。失望之余，瓦拉前往意大利北部另谋出路，并在著名诗人安东尼奥·贝卡德里（Antonio Beccadelli，1394—1471）[②] 的举荐下进入帕维亚大学任教。尽管身在异乡，瓦拉

---

① 瓦拉的外祖父乔凡尼·斯科里巴尼（Giovanni Scribani，生卒年不详）曾在罗马教廷书记处任职，父亲卢卡·瓦拉曾担任罗马教廷的枢机律师。

② 安东尼奥·贝卡德里是 15 世纪意大利人文主义者、诗人和作家，其代表作

一直心存重归罗马的想法，他创作《论快乐》的目的之一也正是希望凭借自身才华获得教宗的赏识和任用。在这部 1431 年版的辩论体作品中，几乎所有重要人物都是瓦拉早年在罗马生活期间结识的学者，这充分体现出他对于罗马人文主义学术氛围的眷恋。其中，斯多葛派发言人列奥纳多·布伦尼曾先后担任教廷书记官和佛罗伦萨共和国执政官，此人崇拜亚里士多德（Aristoteles，前 384—前 322）① 的哲学思想，曾将《尼各马可伦理学》（*Ethica Nicomachea*）、《经济学》（*Oeconomica*）、《政治学》（*Politica*）等著作由古希腊文译介为拉丁文，瓦拉在研习古代语言的过程中曾多次得到他的指导。伊壁鸠鲁派发言人安东尼奥·贝卡德里因其于 1425 年发表的诗集《赫马佛洛狄忒斯》（*Hermaphroditus*）在人文主义学界声名大噪，1429 年成为米兰公爵菲利波·玛利亚·维斯孔蒂（Filippo Maria Visconti，1392—1447）② 的"宫廷诗人"，1432 年荣获"桂冠诗人"称号。瓦拉正是在罗马与贝卡德里初识的。这一时期，瓦拉对风流倜傥又才华横溢的贝卡德里十分钦佩，不仅将其视为伊壁鸠鲁派代表的不二人选，还以 1427 年他与众位教廷书记官的一次辩论为原型作为《论快乐》的"对话框架"，更将作品中的辩论地点之一设在贝卡德里宅邸的后花园；就连整部作品的

是一部题为《赫马佛洛狄忒斯》的短篇情色诗集。此人曾是瓦拉的亲密友人，在《论快乐》第一版文稿中，此人成为伊壁鸠鲁派发言人这一角色的原型。后来，此人与瓦拉的关系恶化，两人的友谊破裂。

①　亚里士多德是古希腊哲学家，与柏拉图和苏格拉底一道被誉为西方哲学的奠基者。亚里士多德的研究领域涉及诸多学科，包括物理学、形而上学、美学、诗歌、戏剧、音乐、生物学、动物学、逻辑学、政治学以及伦理学等。

②　菲利波·玛利亚·维斯孔蒂是维斯孔蒂家族最后一任公爵，于 1412 年至 1447 年在任。

标题，也是在贝卡德里提议下拟定的。① 第三部分中的基督教派发言人亦是罗马人文主义学界的知名人物——尼科洛·尼科里（Niccolò Niccoli，1365—1437）②。瓦拉出于对此人学识、资历和声望的敬重将其尊为辩论的评判者，并借他之口提出了具有人文主义色彩的基督教伦理观。此外，配角中的波焦·布拉乔利尼也是瓦拉在罗马时期结识的权威学者——1429 年，正是由于此人的反对，瓦拉才没能进入教廷书记处任职。

目前，1431 年版文稿《论快乐》无任何抄本存世，只有 1512 年在巴黎出版的印本《论快乐（暨论真善）》（*De voluptate ac de vero bono*）在内容上与之对应。

二、第二版文稿:《论真善与伪善》（*De vero falsoque bono*，1433，米兰）

1433 年，瓦拉因批判法学前辈巴托罗对亚里士多德的盲从开罪于帕维亚法学界，被迫辞职，转而前往米兰任教。旅居米兰期间，瓦拉对《论快乐》进行了全方位、多角度的调整和完善。修改完成后，瓦拉将第二版文稿分别寄给嘉玛道理会士盎博罗削（Ambrogio Traversari，1386—1439）③、列奥纳多·布伦尼和卡罗·马苏皮尼（Carlo Marsuppini，1399—1453）④ 等人。

---

① G. Di Napoli, *Lorenzo Valla: filosofia e religione nell' Umanesimo italiano*, Roma: Edizioni di storia e letteratura, 1971, p. 180.

② 尼科洛·尼科里是 14 至 15 世纪意大利人文主义者、文学家，曾完成了大量古代文献的抄写、整理、校勘、划分章节、开列目录等工作。

③ 嘉玛道理会士盎博罗削是 15 世纪意大利嘉玛道理会神学家，人文主义者。

④ 卡罗·马苏皮尼是 15 世纪意大利人文主义者，曾任佛罗伦萨共和国书记官。

鉴于书信中的落款日期均为 1433 年，我们由此可以确定该版文稿的完成时间。

在第二版文稿中，作者不仅对辩论的场景和人物进行了重新设置，还将标题由《论快乐》改为《论真善与伪善》。此外，较之第一版而言，具体章节内容虽既有增补也有删减，但整体篇幅扩充了足足一倍。

上述改变何以发生？这与瓦拉的生活经历有着密不可分的联系。1432 年，贝卡德里的诗集《赫马佛洛狄忒斯》遭到加斯帕里诺·巴尔齐扎（Gasparino Barzizza，1360—1431）[1]、列奥纳多·布伦尼、秦乔·鲁斯蒂奇（Cencio Rustici，1390—1445）[2] 等人，尤其是安东尼奥·达·洛（Antonio da Rho，1398—1450）[3] 和皮埃尔·坎迪多·德琴布里奥（Candido Decembrio，1399—1477）[4] 的严厉批驳，[5] 而瓦拉的《论快乐》则激起热烈

---

[1]　加斯帕里诺·巴尔齐扎是 14 至 15 世纪意大利人文主义者、教育学家、语文学家和词汇学家。他的拉丁语书信成为当时其他人文主义者的文辞风格的范文。

[2]　秦乔·鲁斯蒂奇是意大利 14 至 15 世纪人文主义学者，曾担任教廷书记官。此人精通拉丁文和古希腊文，曾将普鲁塔克和阿里斯提德的作品从古希腊文译介至拉丁文。

[3]　安东尼奥·达·洛是 15 世纪意大利人文主义学者、方济各会修士，曾与安东尼奥·贝卡德里一同供职于米兰菲利波·玛利亚·维斯孔蒂的宫廷。安东尼奥曾对贝卡德里的情色短诗集《赫马佛洛狄忒斯》进行激烈批驳。此人在米兰居住期间与瓦拉结识，相互赏识敬重。在《论快乐》第二版及以后版本的文稿中，此人成为第三位主要发言人安东尼乌斯·达·洛（Antonius Raudensis）这一角色的原型。

[4]　皮埃尔·坎迪多·德琴布里奥是 15 世纪意大利人文主义学者、历史学家和文学家，瓦拉的挚友之一。在《论快乐》第三版及以后版本的文稿中，此人成为发言人坎迪杜斯·德琴布尔（Candidus December）这一角色的原型。

[5]　L. Valla, *De vero falsoque bono* (critical edition), M. D. P. Lorch (ed.), Bari: Adriatica Editrice, 1970, p. XXVIII.

反响——尽管学界对其提出的全新伦理观一时褒贬不一。在此期间，贝卡德里与瓦拉之间亦陡生龃龉，瓦拉称其"嫉贤妒能""为人阴险"，两人之间的关系急剧恶化。[①] 这一事件导致的直接后果之一便是第二版文稿《论真善与伪善》中的人物角色变化。伊壁鸠鲁派发言人不再是贝卡德里，而是被马菲奥·维吉奥（Maffeo Vegio，1407—1458）[②] 取而代之。此人以精妙的拉丁文著称，曾为维吉尔（Publius Vergilius Maro，前70—前19)[③] 的《埃涅阿斯纪》(*Eneide*) 续写第十三歌。维吉奥十分欣赏瓦拉的才华，并多年与之保持友情。由于瓦拉称《论真善与伪善》中的对话框架取材于一次真实的辩论，[④] 而维吉奥又并不属于罗马文化圈，于是瓦拉决定将辩论发生的场景和人物完全进行重新设定。因此，在1433年版的文稿中，辩论地点先是在帕维亚的格里高利拱廊下（该地点带有些许虚构色彩），后是在维吉奥的府邸花园，三位主要发言人也都是活跃在帕维亚或米兰的人文主义学者。加图·萨科（Catone Sacco，

---

① L. Valla, *De vero falsoque bono* (critical edition), M. D. P. Lorch (ed.), Bari: Adriatica Editrice, 1970, p. XXXIX.

② 马菲奥·维吉奥是15世纪意大利人文主义学者。他在诗歌创作方面表现出卓著才华，曾在1491年发表《论子女的教育及其习惯的养成》，主张在尊重基督教伦理体系的前提下，重视古典人文主义伦理思想的价值。此人曾在米兰进行人文主义研究，又在帕维亚钻研律法，其间与瓦拉相识，成为《论快乐》第二版及其后续版本文稿中的第二位主要发言人马菲乌斯·维吉乌斯（Mapheus Vegius）这一角色的原型。

③ 普布利乌斯·维吉利乌斯·马罗（普遍依其英译名"Virgil"译作"维吉尔"）是罗马皇帝奥古斯都时代的诗人，其代表作有《牧歌集》《农事诗》和史诗《埃涅阿斯纪》。维吉尔被当代及后世广泛认为是古罗马最伟大的诗人乃至世界文学史上最伟大的文学家之一。

④ L. Valla, *De vero falsoque bono* (critical edition), M. D. P. Lorch (ed.), Bari: Adriatica Editrice, 1970, p. XLI.

约 1394—1463）① 代表斯多葛派发言。此人是帕维亚的知名法学专家，他曾与瓦拉一道坚决反对以巴托罗为代表的一批帕维亚大学法学教授对亚里士多德的迷信和对古代法学经典囫囵吞枣式的误读。伊壁鸠鲁派发言人维吉奥也是瓦拉在帕维亚结识的同道。至于基督教派发言人，则是由方济各会修士安东尼奥·达·洛担当。此人学养深厚，且对瓦拉颇为看重。但在撰写第二版文稿时，瓦拉与安东尼奥·达·洛只能算是相识，交往并不十分密切，之所以选择他作为第三部分的发言人，很有可能是因为此人曾对贝卡德里的作品提出过尖锐批判。

　　除了对话人物，作品的标题也发生了明显的变化。然而，若细读作品内容，便会发现这一变化主要体现的是瓦拉在论述策略上的改变，而非在核心论点上的动摇。通过这一变化，能够看出瓦拉尝试在"快乐"与"人生至善"之间建立某种联系，使整部作品的论述更为严谨、完善和稳固。基于此，瓦拉删除了第一版作者序中对于原标题《论快乐》的阐释，并针对"德行之善"与"快乐之善"之间的关系增添了更为扎实的论述。就语言风格而言，第二版文稿中的用词简明扼要、确切清晰，句式亦更为对称和工整，较第一版有了显著提升。② 1434年，瓦拉得知教宗尤金四世从罗马逃至佛罗伦萨避难。他随即赶到佛罗伦萨，针对第二版文稿的第三部分进行再度润色，并

① 　加图·萨科是 15 世纪意大利人文主义学者。此人于青年时期在帕维亚大学研习律法，开始律师生涯，除 1447—1449 年在博洛尼亚大学任教两年外，一直在帕维亚大学任职。瓦拉任职于帕维亚大学期间，曾就自己的作品听取他的建议。在《论快乐》第二版及其后续版本的文稿中，此人成为第一位主要发言人加图·萨库斯（Cato Saccus）这一角色的原型。

② 　L. Valla, *De vero falsoque bono* (critical edition), M. D. P. Lorch (ed.), Bari: Adriatica Editrice, 1970, p. XLIV.

将其呈献给教宗。据吉洛拉莫·曼奇尼（Girolamo Mancini，1832—1924）[1] 所述，为了获得教宗的赏识，瓦拉特意删除了某些宗教方面的可能引起争议的论述。[2] 然而，瓦拉此次的努力无果而终。值得庆幸的是，他在旅居佛罗伦萨期间认识了许多持有共识的重要学者，如弗朗切斯科·菲莱尔福（Francesco Filelfo，1398—1481）[3]、乔凡尼·托尔泰利（Giovanni Tortelli，1400—1466）[4] 等人，从他们那里获得了热忱的鼓励。

目前，有两个抄本与1433年版文稿《论真善与伪善》对应，分别收藏于米兰盎博罗削图书馆、皮亚琴察兰迪亚纳市立图书馆和明斯特大学图书馆。其中，存于盎博罗削图书馆的抄本损毁严重，皮亚琴察市立图书馆所藏抄本保存较好，且标有抄写员所作的大量注释，明斯特大学博物馆所藏抄本则含有对“通奸”和“古格斯的戒指”这两个论题的零星论述。

三、第三版文稿:《论真善》(De vero bono，1444—1447，那不勒斯)

1435年起，瓦拉以哲学家、历史学家和语文学家的身份

---

① 吉洛拉莫·曼奇尼是19世纪意大利的博学者，曾撰写大量人文主义时期的人物传记作品。

② L. Valla, *Lorenzo Valla: scritti filosofici e religiosi*, G. Radetti (ed.) , Firenze: Sansoni, 1953, p. XXII.

③ 弗朗切斯科·菲莱尔福是15世纪意大利人文主义者、作家，崇尚古希腊哲学家伊壁鸠鲁的思想。

④ 乔凡尼·托尔泰利是15世纪意大利人文主义者，精通医学和基督教神学。1435年至1437年曾旅居于君士坦丁堡。曾被教宗尼古拉五世提名为梵蒂冈图书馆馆员。

效力于国王阿拉贡王朝的阿方索五世[①]，直至1448年才最终离开。这一时期，瓦拉在学术上取得了相当丰硕的成果，其中亦包括对《论快乐》的进一步修订。

在这一版文稿里，瓦拉将标题缩减为《论真善》，并在题记中表明将这一作品献给1439年去世的兄弟——保罗修士。[②]在人物设置方面，瓦拉将一位列席辩论却并未发言的角色由弗朗切斯科·皮奇诺（Francesco Piccino，生卒年不详）更改为坎迪多·德琴布里奥。这一调整很可能是因为作者想对德琴布里奥长久以来的真诚友谊表示感念。就内容而言，第三版文稿在第二版的基础上进行了进一步增补和扩充，包括针对"快乐"一词在古希腊文中含义的探讨；针对"善"与"恶"究竟是指行为还是指品质的辩论；针对亚里士多德之死的评述等。此外，第三部分多处引用的保禄（Paolo di Tarso，约5至10—约64至67）[③]箴言也是在第三版文稿中添加的。尤其值得注意的是，就在同一时期，瓦拉也在撰写另一部批判亚里士多德辩证法理论的作品《辩证法与哲学的再专研》，其中的许多观点也渗透在第三版文稿《论真善》中。例如，瓦拉在第二部分里对论述"沉思"的章节进行了彻底的修改，又在第三部分里提出了"善与恶一一对应，而非一种善行对应两种恶行""上帝是人类对上帝之爱的动力因，而非目的因"等观点，其理论体系与《辩证法与哲学的再专研》一脉贯通。

---

① 参见第19页注②。

② L. Valla, *De vero falsoque bono* (critical edition), M. D. P. Lorch (ed.), Bari: Adriatica Editrice, 1970, p. XLIX.

③ （使徒）保禄是早期基督教最具有影响力的传教士之一。《保禄书信》中的思想构成了后世基督教神学体系的重要来源。

由此可以推测，较之第二版文稿而言，第三版《论真善》的论证体系更为全面、严密、坚实，且在理论层面上已上升至逻辑学的高度。

目前，与该版本文稿对应的有一部存于巴黎国家图书馆的抄本和一部于1483年在比利时鲁汶出版的印本。

四、第四版文稿:《论真善与伪善》(*De vero falsoque bono*，1449年前后，罗马)

根据洛克的研究，第三版文稿《论真善》并非作品的最终形式。现存于梵蒂冈图书馆的抄本较之第三版而言还有补充，且标题被作者再度更改为《论真善与伪善》，因而应被视作第四版，也是最终版文稿。第四版的文字修改和增补之处不多，就内容而言，也几乎没有实质性的变化。

在近二十年的时间里，瓦拉从未停止对自身作品的修改和完善，其严谨的治学态度令人钦佩。在这一过程中，作者改变的是文章的论述策略和技巧，完善的是自身的逻辑思维和思想体系，始终坚持的是最初的人文主义理想，哪怕遭到同行的驳斥、教宗的冷遇，甚至是宗教裁判所的审判，都不曾有丝毫退让，其勇气和品格实属可贵。

五、关于该作品的其他抄本和印本

除前文中提及的抄本和印本之外，德国哥达地区图书馆藏有一个抄本，其内容对应于第三版文稿《论真善》的最初几页。此外，1519年在瑞士巴塞尔出版的《论真善与伪善》以及 1540 年和 1543 年在巴塞尔出版的《瓦拉全集》(*Laurentius Valla: opera omnia*) 中所收录的《论真善与伪善》均系时任编辑综合不同版本内容编纂而成的混合版。[①]

六、《论快乐》(《论真善与伪善》) 的现代印本

基于对现存的古代抄本和印本的整理、比对和分析，洛克最终选定了与第三版文稿《论真善》对应的 1483 年鲁汶版印本和与第四版文稿《论真善与伪善》对应的梵蒂冈图书馆抄本。在上述两个版本的基础上，洛克对该作品的最终版文稿进行重新整理和誊抄，于 1970 出版了《论真善与伪善 (评注版)》一书，令这部重要的伦理学著作在五百年后回归原貌，并重放光芒。[②]

第二节　《论快乐》之篇章布局

《论快乐》是一部辩论体作品，其宗旨在于探讨"何谓至高无上的真善"。作品共分为三个部分，每一部分的场景设置、人物身份和论述侧重各有不同，从篇章结构的角度体现了作者

---

① 关于上述两个版本，20 世纪意大利文学评论家和文学史专家切萨雷·费德里科·葛菲斯 (Cesare Federico Goffis, 1910—2004) 持有不同见解。他认为这两个版本中收录的文稿并非时任编辑综合不同版本的内容的混杂版文稿，而是瓦拉本人在第一版手稿基础上进行修改的文稿。葛菲斯认为，该版文稿应被视为洛克划分的四版手稿之外的另一个版本。参见 C. F. Goffis, "Dal *De voluptate* al *De vero falsoque bono*", in *Studi e problemi di critica testuale*, 1973, Vol. 7, p. 49.

② 出于保持文字连贯性的考虑，1970 年版《论真善与伪善 (评注版)》中的文本保留了原先的章节划分，但并未以辩论体的版式分行呈现文字。

在谋篇布局上的周密构思及论述策略。

一、第一部分

第一部分由作者导言和四十九节正文组成。

在导言中，作者瓦拉提出该作品的论述主旨在于探讨何谓"真善"，并简要介绍了作品结构：第一部分表明快乐是唯一的善；第二部分强调斯多葛派主张的"高尚"不是善；第三部分探讨如何区分真善与伪善。最后，作者指出，本书是一部辩论体作品，所有主要发言人的人物原型均来自同时代的人文主义学者。

第一部分的正文由三个版块组成：辩论框架的构建、斯多葛派发言人的论述、伊壁鸠鲁派发言人的论述。

（一）辩论框架的构建

作品第一部分的第一节以简明扼要的方式构建了整部作品的情节框架。与其他许多类似体裁的作品不同，该作品不仅清晰地介绍了参与人物的姓名和身份，还特意交代了辩论发生的时间、地点和开场契机。

根据作为旁听者的瓦拉的描述，这场辩论发生于15世纪的某一个假日的午后。几位人文主义学者在意大利北部城市帕维亚的一座名为格里高利的拱廊下不期而遇，并在一位倡导斯多葛派学说的学者——加图（Cato Saccus）[①]的提议下就"真善"这一重要的论题展开了辩论。

---

① 加图·萨库斯是《论快乐》第二版及其后续版本文稿中的主要对话角色之一，与意大利15世纪人文主义学者加图·萨科（Catone Sacco）相对应。

关于辩论的时间和地点，瓦拉采取了抽象化的处理方式：不仅没有写明具体的日期，就连"格里高利拱廊"这一地名也带有虚构色彩。然而，恰恰是通过上述抽象却具有代表性的描述，作者巧妙地交代了撰写这部作品的时代背景：其一，这场关于"真善"的辩论并非发生于遥远的古代，而是发生在作者所处的15世纪，表明这一时期人们对于传统伦理价值观念的质疑以及对重新探寻"真善"之所在的迫切需求；其二，在文艺复兴时期，拱廊是学者们谈经论道、畅聊古今的聚会之所，因此，这一地点也象征着那一历史时期人文主义学界活跃而开放的学术讨论传统；其三，辩论由主张古希腊斯多葛派学说的学者发起，表明古代哲学思想在这一时期的复苏——尤其是斯多葛派哲学思想，它不仅是早期基督教思想体系形成的重要来源之一，在文艺复兴时期也得到了众多人文主义学者的支持。作者之所以将发言权首先交给斯多葛派发言人，一方面表明了斯多葛派哲学思想在当时的人文主义思潮中所占据的主导地位，另一方面也暗示该学派的思想将成为作品中其他发言人质疑和驳斥的靶心。

（二）斯多葛派发言人的论述

斯多葛派发言人加图的陈述自第二节起，至第七节止。

在第二节中，加图指出，人性具有一种普遍的弱点，对有悖于"善"和"高尚"之事亦步亦趋；对真理和善良的事物避之不及。只有斯多葛派是最善于传承古代德行的学派，将"高尚"视作唯一的善。

在第三节中，加图表明，人类趋恶避善缘于两大因素：其一，恶行的数量远多于德行；其二，人类以作恶为乐。

在第四节中，加图依据亚里士多德伦理学体系的"中道论"，提出每一种德行都对应两种恶行的观点。基于此，他控诉自然"继母"令人世间恶行泛滥，并认为这是人类趋恶避善的首要原因。

在第五节中，加图就人之为恶的第二大原因进行了分析：人类以作恶为乐。由于其腐朽的天性，人类常常被自然所蒙蔽，沦为高尚之敌。只有少数人能够通过自身的意志力成为追求高尚的智者。

在第六节中，加图继续斥责自然，声称她千方百计与人类作对，令人类频频遭受天灾和毒害，仿佛是要吓唬、责备、惩罚人类。

在第七节中，加图在斥责自然没有赋予人类足够强大的力量和意志去抗拒世间的恶行之后，继而恳请自然通过以下两种方式减轻人类之恶：要么限制恶行的数量，令人类热爱德行；要么减轻惩罚的程度，减少惩罚的种类，不要用残酷折磨人类。加图的论述至此结束。

（三）伊壁鸠鲁派发言人的论述

针对加图对自然和人性的控诉，伊壁鸠鲁派发言人维吉乌斯（Mapheus Vegius）[1] 展开了驳斥，从多个角度论证自然之善和人性之善，其论述从第八节开始，一直持续到第一部分结束。在维吉乌斯的阐述过程中，先后有数位旁听者发表意见，一方面起到承上启下的作用，另一方面也以间接的方式委婉地

---

① 马菲乌斯·维吉乌斯是《论快乐》第二版及其后续版本文稿中的对话角色之一，与15世纪意大利人文主义学者、诗人马菲奥·维吉奥（Maffeo Vegio）相对应。

表明作者在两位发言人之间的倾向性。

在第八节中，维吉乌斯宣称自己必须自告奋勇，担当起为自然和为人类辩护的角色。

在第九节至第十一节中，布里皮乌斯（Iosephus Bripius）①首先对维吉乌斯的勇气及其诙谐犀利的言辞表示赞赏。维吉乌斯感谢诸位听众的肯定，恳请他们就论题本身的是非曲直进行坦诚的探讨。随后，维吉乌斯提出自然创造的一切都是神圣且值得颂扬的，并表明自己将采用修辞学（而不是哲学）的方式证明自身观点。对此，布里皮乌斯赞扬维吉乌斯捍卫修辞学的价值，并支持维吉乌斯以演说家的身份发言。

在第十二节中，维吉乌斯讽刺斯多葛派装腔作势地将智者描绘成唯一的"真福者"和"好人"，还把算不上智者的人统统归为"昏聩者"和"邪恶者"。维吉乌斯认为，当斯多葛派宣称这世上不存在智者的时候，也就意味着他们自己也不是智者。维吉乌斯希望斯多葛派能遵从自然，遵从人之天性。

在第十三节中，维吉乌斯指出自然母亲并没有制造种种恶行，相反，她赐予人类各种快乐，并为其塑造了乐于享受快乐的心灵。加图怒斥自然降灾难至人间，维吉乌斯则认为自然并不曾与人类动怒，并认为自然等同于天主。天主和自然对人类都是友善的。约翰内斯·马尔库斯对维吉乌斯的观点表示赞同。

在第十四节和第十五节中，维吉乌斯首先表明斯多葛主义者和伊壁鸠鲁主义者的不同追求：前者主张追求高尚，后者主张追求快乐。随后，维吉乌斯指出对辩题进行定义的重要性。

---

① 约瑟夫·布里皮乌斯是《论快乐》第二版及其后续版本文稿中的对话角色之一，与意大利15世纪人文主义者、基督教神学家和法学家朱塞佩·布里维奥（Giuseppe Brivio）相对应。

并借用西塞罗之言，分别定义"快乐"和"高尚"。

在第十六节中，维吉乌斯表明，尽管斯多葛派高喊着要自讨苦吃，伊壁鸠鲁派仍然要紧握自然赋予的权利，坚定地追求快乐。作者瓦拉以旁听者的身份对维吉乌斯的发言表示赞赏。为此，加图斥责作者彻底暴露了自己肮脏的心灵。随后，维吉乌斯开始正式探讨落脚于"快乐"的善，包括身体之善和身外之善。

在第十七节中，维吉乌斯指出身外之善包括财富、门第、亲缘、荣耀、权力等，它们的价值在于能给人类带来身心的愉悦。

在第十八节至第二十七节中，维吉乌斯逐一谈论身体之善：健康、美丽（尤其是女性之美）、活力及各类与视觉、听觉、味觉、嗅觉相关的感官快乐，盛赞美食、美酒、语言、笑、音乐、诗歌、演说艺术的价值。此外，维吉乌斯斥责斯多葛主义者蔑视基本的身体之善。

在第二十八节至第三十二节中，维吉乌斯将话题由身体之善转向身外之善，并指出相比于身体之善，身外之善能带来更大的愉悦。身外之善包括：地位、姻亲、权力、荣耀等。它们并非源于自然，而是人类世界的产物。

在第三十三节和第三十四节中，维吉乌斯将德行分为四种：审慎、节制、正义、端庄。[①] 在对上述德性一一加以阐释之后，维吉乌斯指出，快乐相对于德行而言，并不是混在良家女中的荡妇，而是统领女仆的女主人。各种德行都应为快乐服务。

在第三十五节中，维吉乌斯批驳加图将追求感官快乐之人

---

① 维吉乌斯所说的这四种德行与天主教伦理体系的四枢德大致对应：审慎对应智德，节制对应节德，正义对应义德，唯有勇德未被提及，而是以端庄取而代之。

视为沉沦于恶行之人。他强调，感官快乐是生命中最值得珍藏的事物。若无视感官之乐，就等于违抗自然预设的法则。

在第三十六节中，维吉乌斯指出人们之所以乐于享受稀奇古怪的快乐，是因为最大的享受往往蕴于其多样性和稀缺性。

在第三十七节至第四十二节中，维吉乌斯就男女之爱展开了论述。首先，他提出人类应舒展其天性，尤其是在两性之爱的问题上，若是男女双方情投意合，即使是通奸行为也无可厚非。维吉乌斯进而鼓吹柏拉图（Plato，约前427—前347）①提出的"公妻制"，声称美丽的女子属于国家和所有公民。在维吉乌斯看来，古罗马的尤利亚法典（*Lex iulia de adulteriis coercendi*）②是制度之法，而柏拉图法是天性之法。他认为智者应遵从天性之法。此处，维吉乌斯以美女海伦（Helena）③为例，指出倘若人类早能遵从天性之法，就能避免历史上的很多战争，包括特洛伊之战。维吉乌斯转而强调，在满足欲望的过

---

① 柏拉图是古希腊哲学家，柏拉图学园的创建者。柏拉图是苏格拉底的学生，也是亚里士多德的老师，他们三人被广泛认为是西方哲学的奠基者，史称"希腊三哲"。
② 古罗马《关于通奸的尤利亚法》是一部惩治通奸罪、强奸罪及其他性犯罪的法律。按照该法规定，已婚女子若与其他男子通奸（或遭到其他男子强奸），两人均应被惩处。通奸女子的半数嫁妆和财产的三分之一将被没收充公，本人应被流放至荒岛；奸夫的半数财产将被没收充公，本人应被流放至另一座荒岛。通奸女子的父亲若在自家或遭到背叛的女婿家将女儿与奸夫捉奸在床，应立即将二人处死，不得有半点包庇姑息（此种行为可免于被起诉谋杀罪）。遭到妻子背叛的男子有权处死奸夫（除非该男子的社会地位远低于妻子的奸夫，在此种情形下，该男子无权处死奸夫，但有权打骂奸夫并将其监禁，以便收集证据，连续监禁时长不得超过二十个小时）。若遭到妻子背叛的男子不起诉妻子、不惩处奸夫，或为谋取经济利益私下了结通奸罪，将以"纵容通奸"罪名遭到起诉，并与奸夫同罪论处。
③ 特洛伊的海伦是古希腊神话人物之一。海伦是宙斯与丽达之女，被誉为"世界上最美的女人"。在荷马史诗《伊利亚特》中，她和特洛伊王子帕里斯的私奔引发了特洛伊战争。

程中，要注意谨慎克制，避免舍本逐末。换言之，那些因授人以柄而遭到处罚的通奸者只是为自己的不慎付出代价，却并不意味着通奸本身有罪。因此，维吉乌斯认为节制是一种重要的德行。

在第四十三节至第四十六节中，维吉乌斯就女性贞洁的价值进行了探讨。他首先表明，人类对于贞洁的迷信，其源头不在女人，而在于男人。随后，他展开了一场"辩中之辩"：将自己假想为一位被迫守贞的少女，控诉守贞制度的残酷。少女发言结束后，维吉乌斯再次转换身份，以辩护律师和法官的口吻盛赞少女的勇气。维吉乌斯进而强调，许多事情本身无可非议，但要注意场合，避免不合时宜之举。他认为，反倒是斯多葛派应该在这一点上进行检讨。

在第四十七节至第四十九节中，维吉乌斯对自己的论述进行总结。他重申人类应遵从自然天性的引导，不必为了追求空洞的高尚而抗拒自然、抗拒人性、抗拒对快乐的欲望。随后，维吉乌斯表示伊壁鸠鲁派的思想定能获得支持，而斯多葛派不仅会被大众所唾弃，甚至会被打上无耻的标签。维吉乌斯的论述暂告一段落，第一部分结束。

二、第二部分

第二部分由作者导言和三十六节正文组成。

在导言中，作者瓦拉阐释修辞学的两大技巧：一是只说有用之话，二是把话说得恰到好处。基于此，作者阐明了第二部分的论述策略：以有限的篇幅进行重本弃末的论述，并请读者从具有整体性、重要性或相似性的论题自行推演至那些貌似被忽略的细节。

第二部分的正文基本由伊壁鸠鲁派发言人维吉乌斯的个人论述构成，其间穿插了若干旁听者的评论。就具体内容而言，该部分包含以下六个论题：针对高尚之举的动机分析、针对荣誉的价值的思考、针对义与利关系的研究、针对沉思与行动的探讨、针对灵魂的论述、针对高尚与快乐关系的重新定义。

（一）针对高尚之举的动机分析

在第一节至第八节中，维吉乌斯针对加图先前称颂的诸多高尚之举展开剖析，挖掘所谓贤人义举背后的真正动机。

在第一节中，维吉乌斯就加图盛赞的为国捐躯之举进行剖析，并探讨了国家利益与个人利益之间的优先关系，提出个人利益至上的观点。

在第二节中，维吉乌斯批驳加图先前称颂的禁欲之举，斥责斯多葛派的消极处世之道。维吉乌斯认为忍气吞声和自我压抑无法医治创伤和痛苦，只有以积极的方式拥抱快乐，才能获得希望。

在第三节和第四节中，维吉乌斯斥责为了所谓"高尚"而盲目自戕的行为，尤其是古罗马贞洁烈女卢克蕾提亚（Lucretia，？—前509）[1]的自杀之举。维吉乌斯批判她的做法

---

① 根据李维（Titus Livius，前59—17）在《罗马史》中的记载，古罗马王政时期最后一任国王卢基乌斯·塔奎尼乌斯·苏培布斯的儿子塞克斯图斯·塔奎尼乌斯在阿尔德亚驻防期间听闻当地贵族卢基乌斯·塔奎尼乌斯·科拉提努斯（Lucius Tarquinius Collatinus）的妻子卢克蕾提亚十分貌美，便趁其夫婿外出之机深夜造访她的家宅并将其强暴。塞克斯图斯·塔奎尼乌斯离开之后，卢克蕾提亚向夫婿和父亲解释了事情的原委，并当着他们的面抽出匕首，愤然自杀。

并不能惩罚恶人,却将自己置于死地。

在第五节至第八节中,维吉乌斯针对加图称颂的一系列古代先贤的英雄壮举展开分析:自焚右手的古罗马勇士穆修斯(Gaius Mucius Scaevola,前524—前480)①、战死沙场的古罗马执政官德西乌斯(Publius Decius Mus,? —前339)父子②、宁死反对与迦太基议和的古罗马军事家雷古鲁斯(Marcus Atilius Regulus,前307—前250)③ 等,表明所谓贤人义举的真正目的

---

① 盖乌斯·穆修斯·谢沃拉是古罗马传说中的勇士,原名穆修斯·科尔多(Mucius Cordus)。相传,公元前508年,埃尔森纳率领下围攻罗马,年轻的穆修斯自告奋勇,前去刺杀波尔森纳。穆修斯随身携带一把匕首,混入埃特鲁里亚营地,趁卫兵疏忽之际刺向敌军首领。然而,被穆修斯刺中的并非波尔森纳本人,而是他的秘书官。穆修斯暴露后,向波尔森纳坦白了一切,并表示自己犯下了不可饶恕的疏漏之过。随后,他将自己的右手置于火盆中,直到完全被烧焦,才将其拿出(此后,"左撇子穆修斯"就成了他的别称)。波尔森纳感佩其勇气,令人将其释放。穆修斯见状,心生一计,对波尔森纳说:"为了感谢您的不杀之恩,我向您透露一个消息。罗马城内有三百名勇士誓死要将您杀死,我是第一人,即使我死了,身后还有二百九十九人前仆后继。"波尔森纳担心其他罗马青年也如穆修斯同样英勇,便做出决定,与罗马停战议和。

② 普布利乌斯·德西乌斯·穆斯(Publius Decius Mus,? —前339)是古罗马将军和政治家,于公元前340年担任执政官。公元前339年,德西乌斯在维苏威战役中以血誓(devotio)献身。德西乌斯的儿子与其同名(Publius Decius Mus,? —前295),也是古罗马将军和政治家,于公元前312年担任执政官。公元前295年,德西乌斯在第三次萨姆尼战争中效仿父亲以血誓献身。德西乌斯的孙子与祖父和父亲同名(拉丁文:Publius Decius Mus,? —前279),也是古罗马将军和政治家,于公元前279年担任执政官。同年,德西乌斯在对抗皮洛士的战争中效仿祖父和父亲以血誓献身。

③ 马尔库斯·阿蒂利乌斯·雷古鲁斯是古罗马军事活动家,第一次布匿战争时期的统帅。根据诗人贺拉斯(Quintus Horatius Flaccus,前65—前8)的描述,公元前250年,迦太基人在遭到罗马人重创之后曾释放雷古鲁斯,企图凭借此人与罗马人议和。回到罗马后,雷古鲁斯在元老院慷慨陈词,坚决反对与迦太基人议和。后来,雷古鲁斯自愿返回迦太基,并被酷刑处死。西塞罗对此也有提及。

不外乎是通过为国家立功，获得相应的奖赏。此种奖赏并不是高尚，而是高尚的影子——荣耀。

（二）针对荣耀的价值的思考

在第九节中，维吉乌斯阐述了伊壁鸠鲁派的生命观，认为人死后灰飞烟灭，既无灵魂也无来世。因此，死后的美誉或恶名是分文不值的。

在第十节中，维吉乌斯探讨人生在世时的荣耀的价值。他首先指出荣耀与快乐相比，其价值可谓微乎其微。随后，维吉乌斯改换口吻，声称荣耀极为重要，值得渴求，但前提是将荣耀看作一种快乐。

在第十一节中，维吉乌斯划分了荣耀的性质。他认为不应根据获取手段来划分荣耀的真假，而应根据结果来区分美誉和恶名。

在第十二节中，维吉乌斯指出，荣耀不仅如斯多葛派所说，只体现于豪言或壮举，也蕴藏在财产、灵魂和身体之中。

在第十三节中，维吉乌斯剖析了人类追求荣耀的目的，认为荣耀能带来权威和信任，进而能够带来快乐和利益。反之，人们避免耻辱，也是为了避免情感上的折磨。

（三）针对义与利关系的研究

在第十四节和第十五节中，维吉乌斯从整体上论述了义与利的关系：一方面，维吉乌斯肯定正义是一种具有重要价值的德性，但在另一方面，维吉乌斯反对将追求高尚视作培养德行的宗旨。他指出，所有贤人义举都是以追求利益为目的的。所谓有利，指的是"无害"或"利大于弊"。两害相权应取其轻，两利相权应取其重。

在第十六节至第二十节中，维吉乌斯以暴君大狄奥尼西奥斯（Dionysius I，前432—前367）[①]、古罗马第一任执政官布鲁图斯（Lucius Iunius Brutus，前545—前509）[②]、古罗马政治家托尔夸图斯（Titus Manilius Torquatus，生卒年不详）、古罗马执政官法布里基乌斯（Caius Fabritius Luscinus，生卒年不详）[③]等人以及古罗马元老院的领土扩张政策为例，指出人们追求正义并非是为了企及高尚，而是为了获得美名和利益带来的快乐。同样，人们应避免恶行，也不是为了追求高尚，而是为了避免恶行带来的损害。

在第二十一节和第二十二节中，维吉乌斯强调追求利益本就无可厚非，无论是贤人还是恶人，其行事的目的都是为了追求利益。至于为何前者流芳百世，后者遗臭万年，其原因在于后人在对逝者进行评价时，也是以自身利益为出发点的。斯多葛派若不分青红皂白，给追求利益的人统统扣上"见利忘义"的帽子，便会更加暴露自身的虚伪。

在第二十三节至第二十五节中，维吉乌斯转而探讨法律的功能。斯多葛派认为法律的宗旨在于惩恶扬善，但伊壁鸠鲁派

---

① 大狄奥尼西奥斯是古希腊西西里岛叙拉古的僭主（前405—前367在位），后由于民怨沸腾而被迦太基击败，被迫割地赔款，本人亦在动荡不安中死去。

② 卢基乌斯·尤尼乌斯·布鲁图斯是罗马共和国的建立者和第一任执政官。在他执政期间，其子图利乌斯为被罢黜的末代君王卢基乌斯·塔奎尼乌斯·苏培布斯筹谋复辟。事情败露后，布鲁图斯逮捕了儿子，并不顾民众求情，将其处死。

③ 盖乌斯·法布里基乌斯·卢西努斯是古罗马政治家，曾多次担任执政官，以品德高尚、为人正直而著称。公元前280年，他严词拒绝了来自摩罗西亚国王皮洛士的巨额贿赂，以维护罗马的利益。

则认为法律旨在趋利避害：法律并不要求人们消除害人之心，只要求他们不做害人之事。法律保护的是人们的利益，而不是虚幻、空洞的高尚。斯多葛派要求将不畏惧法律的好人与畏惧法律的坏人加以区分，这样的想法毫无意义。他们顾忌的无非是民众的爱戴、荣耀和权力。

　　在第二十六节和第二十七节中，维吉乌斯对古老的"古格斯的戒指"的传说进行了重新解读，表明古格斯的行为应遭到痛斥的原因不在于他违背高尚的准则，而在于他在权衡利益时轻重不分。随后，维吉乌斯开始谈论如何在不同的利益之间进行轻重取舍。他斥责损人利己、鼠目寸光、过度纵欲的行为，指出最大的利益在于助人助己，且应重视长远之利。

（四）针对沉思与行动的探讨

　　在第二十八节中，维吉乌斯针对被亚里士多德盛赞的"沉思的生活"展开了探讨，批判了亚里士多德推崇精神快乐、蔑视感官快乐的观点，指出身体的行动之善与头脑的沉思之善同样重要。在此基础上，维吉乌斯强调，即使是沉思之善，也与追求高尚无关，而与追求快乐有关。

（五）针对灵魂的论述

　　在第二十九节至第三十一节中，维吉乌斯阐述了伊壁鸠鲁派的生命观。在他看来，将灵魂比作身体的说法无非是奇谈怪论：死人既得不到奖赏，也不会遭受惩罚。在此基础上，他先后驳斥了毕达哥拉斯（Pyragothas，约前580—前500）[1]、柏拉

---

① 毕达哥拉斯是古希腊哲学家、数学家和音乐理论家。

图、塞涅卡（Lucius Annaeus Seneca，约前4—65）①等人的灵魂轮回转移之说，否认存在来世。基于此，维吉乌斯鼓励世人追求现世的人生欢乐。

（六）针对高尚与快乐关系的重新定义

在第三十二节和第三十三节中，维吉乌斯对先前的论题进行了总结，重申对快乐的追求是人类社会得以持续发展的唯一动力。在此基础上，维吉乌斯重新定义了高尚与快乐之间的关系。他将高尚归于德行之列，让它与其他德行一道为利益和快乐服务。

在第三十四至三十六节中，维吉乌斯见暮色降临，便结束了发言，并邀请参与辩论的朋友们一同前往自己家中享用晚餐。加图讥讽维吉乌斯以美食贿赂诸位听众，并表示自己要充当不速之客，一道前往，还要在用完餐之后继续驳斥维吉乌斯。维吉乌斯对加图的提议表示欢迎，随后起身引领诸位听众前往家中用餐。第二部分结束。

三、第三部分

第三部分由作者导言和二十八节正文组成。

在导言中，作者瓦拉明确表示第三部分是整部作品的重点，因此无论在内容还是论述方式上都将采取有别于前两个部分的策略。就内容而言，第三部分的主要发言人——基督教神

---

① 卢基乌斯·阿涅乌斯·塞涅卡是古罗马时期斯多葛派哲学家、政治家、剧作家。塞涅卡曾任尼禄皇帝的导师及顾问，62年因躲避政治斗争而引退，但仍于65年被尼禄逼迫，以切开血管的方式自杀。

学家安东尼乌斯·达洛修士（Antonius Raudensis）①首先将对加图和维吉乌斯的发言进行评价，随后他将站在基督教的立场上，揭示何谓真正的善及其与快乐之间的关系。就论述策略而言，作者表明第三部分的行文将呈现出稳重严肃、谨小慎微的风格，使之与这一部分的论述主题相得益彰。

第三部分的正文由基督教神学家安东尼乌斯·达洛修士的个人论述和瓜里努斯等旁听者的评论组成，具体包含以下六个板块：旁听者瓦拉交代辩论地点和情境的转换、安东尼乌斯对加图和维吉乌斯的论述作出评判、安东尼乌斯阐释何谓真正的善、安东尼乌斯具体描绘天国至善、瓜里努斯等旁听者总结陈词、旁听者瓦拉描述辩论的尾声情节。

（一）旁听者瓦拉交代辩论地点和情境的转换

在第一节中，瓦拉以旁听者身份交代了辩论地点和情境的转换。此时，众位学者已在维吉乌斯家享用完美味而不铺张的晚餐，来到花园中继续辩论。加图斥责维吉乌斯的府邸花园过于精致幽雅，令人沉溺于享乐，从而放弃对高尚的追求。维吉乌斯对加图的讽刺不以为然，加图便邀请在场听众对他们两人的发言做出评判，第三部分的探讨由此展开。

从格里高利拱廊到伊壁鸠鲁派发言人的府邸花园，从午后针锋相对的学术争论到晚餐后平心静气的畅所欲言，在这一部分中，作者通过重新设置辩论的地点和情境，从侧面表明了自身对于"人性"的重视。就地点而言，精致幽雅的府邸花园代

① 安东尼乌斯·达·洛是《论快乐》第二版及其后续版本文稿中的对话角色之一，与15世纪意大利基督教神学家、方济各会修士、知名人文主义者安东尼奥·达·洛（Antonio da Rho）对应。

表了人对于美好生活环境的向往，倘若如加图所言，如此优美的环境也不适于探讨关于真善的论题，那么他所谓的"真善"，必然是有悖于人类普世价值的"伪善"。就情境而言，任何激动人心的学术探讨都不应超越生理条件的限制，与其废寝忘食地持续进行唇枪舌剑，不如在酒足饭饱之后继续心平气和地探讨。此外，就更深层的伦理观念而言，作者认为真正能引领人类企及真善的思想，理应尊重人的天性以及人的正常欲求——如果说"美食佳酿"能够带来感官层面的满足，"精致幽雅的府邸花园"则在某种意义上体现了人对于精神享受的需求，它们非但不是浸淫人意志的腐朽之物，还应被视作值得积极追求的善。由此，作者以委婉的方式点明了作品的主题：所谓真正的善，不外乎身体和心灵两方面的快乐。

（二）安东尼乌斯对加图和维吉乌斯的论述作出评判

在第二节至第八节中，基督教神学家安东尼乌斯在众人的推举下对加图和维吉乌斯的言论作出评判。安东尼乌斯首先指出，加图和维吉乌斯主张的"高尚乃至善"和"快乐乃至善"都应被赞同，也都应被批判。随后，安东尼乌斯逐一驳斥了加图对自然之恶的控诉、对人性之恶的斥责以及亚里士多德关于善行与恶行的"中道论"。在第七节和第八节，安东尼乌斯指出加图的"高尚至上论"和维吉乌斯的"快乐至上论"均来自古希腊的哲学观点。安东尼乌斯表示，在所有的古代哲学流派中，斯多葛派和伊壁鸠鲁派的理念最为高尚，但若与基督教教义相比，两者都无法令人真正信服。安东尼乌斯批评维吉乌斯否认灵魂和来世的存在；批判加图盲目崇拜古人的智慧。最后，安东尼乌斯表示，任何不以信奉天主为前提的德行不仅不是德行，而是恶行。因此，安东尼乌斯将斯多葛派比作心口不一的法利赛人①，将伊壁鸠鲁派比作否认天国存在的撒都该派②。然而，尽管安东尼乌斯对加图和维吉乌斯的观点都持有异议，但仍然更为赞同伊壁鸠鲁主义，反对斯多葛派的观点。

（三）安东尼乌斯阐释何谓真正的善

在第九节至第十一节中，安东尼乌斯着力阐述何谓真正的高尚和真正的快乐。他指出，基督教信徒所说的高尚是通往灵魂幸福的阶梯，而非不以任何外界奖赏为目的的空洞概念。随后，安东尼乌斯表明了"快乐"一词在希腊文和拉丁文中的表述及其渊源。安东尼乌斯强调，人们无条件追寻的并非高尚，而是快乐。随后，安东尼乌斯将快乐分为两种，一种存在于眼前的尘世，另一种存在于多重天界。他表示前者是恶行之母，后者则是德行之源。在此基础上，他断言，所有以追求现世之乐而非来生之乐为目的的行为都是罪行。在第十一节中，安东尼乌斯指出，获得天国真福的先决条件是高尚——天主教的高尚，而非古代哲人所说的高尚。

在第十二节中，安东尼乌斯从辩证逻辑的角度驳斥了波爱修斯（Anicius Manlius Severinus Boëthius，480—约524至525）③在《哲学的慰藉》（De consolatione philosophiae）中将真

---

① 法利赛人是公元前2世纪至2世纪犹太教内部的一个派别，主要由文士和律法师组成。福音书载耶稣称其为伪君子。
② 撒都该派是公元前2世纪至2世纪犹太教内部的一个派别，主要由祭司、贵族和富商组成。后屈从于罗马统治。
③ 爱尼修斯·玛里乌斯·塞维里努斯·波爱修斯是6世纪早期的罗马哲学家，主要作品《哲学的慰藉》是中世纪最有影响力的哲学著作。

善诠释为高尚的观点。

在第十三节和第十四节中，安东尼乌斯表示，天主创造了人类并为之提供了各种善，供其享受。既然天主制造了快乐，那么爱的过程即快乐的过程。换言之："天主本身就是他被爱的原因。"天主造物是完美的，使好人感受善，恶人体验恶。天主是善的源泉。

（四）安东尼乌斯具体描绘天国至善

在第十五节中，安东尼乌斯指出真正的善是基督教所倡导的善，只存在于天国，人间无法企及。他希望尽力阐述其内涵及其伟大之处，又感到责任重大，恐怕辜负听众。旁听观众之一坎迪杜斯立刻对安东尼乌斯表示肯定和鼓励。

在第十六节中，安东尼乌斯将需要阐释的内容分为四个部分：第一部分论人世生活的诸多不幸，第二部分论人世生活的快乐屈指可数，第三部分论恶人死后的恶报，第四部分论好人死后的善果。考虑到天色已晚，他重点谈论最后一部分内容。

在第十七节和第十八节中，安东尼乌斯论述造物主的伟大及其对人类的关爱：世间万物都是天主专为每一个人类个体而创造的，目的就在于凸显人类的价值。天主的目的在于让人类珍视自身伟大的天性，既不蔑视人间之善，也努力追求天国之善。随后，安东尼乌斯阐述天主具体针对人类的关爱，将其比作慈父，时时关爱、训诫、教导、保护人类。

在第十九节和第二十节中，安东尼乌斯一方面指出天主向人类承诺的幸福远远超出人类思维的理解力，若妄图加以描绘，无异于痴人说梦；另一方面也表示尝试想象天主赐予的幸福也是有所裨益的。

在第二十一至第二十五节中，安东尼乌斯凭借想象对灵魂进入天国的过程及其所见所闻展开了极其具体且详细的描绘，将天国描绘成一处比人间更为高贵、完美、永恒的所在。在第二十一节和第二十二节，安东尼乌斯描写人的灵魂从人间到达天国的一路见闻：灵魂逐渐飞升，见证天使军团与恶魔的搏斗，赞颂天使军团凯旋的荣光。在第二十三节，安东尼乌斯描述了天国中神圣灵魂的高贵姿态和装扮。他指出，天国中的美丽既不会点燃淫欲也不会引起嫉妒和憎恨，可谓各美其美，美美与共。在第二十四节，安东尼乌斯阐述人间之善和神圣之善的转换。他将灵魂之善假想成肉体之善，用身体的感受来描述灵魂的感受，通过"近似伟大的事物"来想象"真正伟大的事物"，通过现世的快乐预想来世的快乐。在第二十五节，安东尼乌斯描绘了灵魂穿越多重天界的情景，盛赞天国高贵的城门、华丽的珠宝、繁茂的树木果实、怡人的秀丽景色以及亲朋好友在天国重逢的喜悦。最后，安东尼乌斯重点铺陈升入天国的灵魂得到玛利亚（Maria）[①] 和天主接见时无以言表的激动和幸福。如此，安东尼乌斯表明了自己对人间之乐和天国真福关系的看法：前者是后者的序曲，后者是对前者的完善和升华。安东尼乌斯的发言至此结束。

（五）瓜里努斯等旁听者总结陈词

在第二十六节和第二十七节中，诸位旁听者感到余音绕

---

① 玛利亚是基督教《圣经》中耶稣的母亲。

梁，不绝于耳。贝尔尼乌斯（Antonius Bernius）^①盛赞安东尼乌斯的发言妙语连珠，并邀请瓜里努斯（Guarinus Veronensis）^②表达看法。瓜里努斯表示加图虽是自己的委托律师，但仍然不赞同加图在辩论中所提出的观点。相反，他认为维吉乌斯和安东尼乌斯的发言各有千秋。瓜里努斯将维吉乌斯比作燕子，将安东尼乌斯比作夜莺：维吉乌斯把众人的躯体带入了天堂（也就是古希腊人称之为"田园"的地方），安东尼乌斯则携着听众的灵魂飞到了另一处更高的天堂。

（六）旁听者瓦拉交代辩论的尾声情节

在第二十八节中，旁听者坎迪杜斯宣布辩论结束。作为旁听者的瓦拉交代尾声情节：维吉乌斯对各位友人热情相送，尤其是对安东尼乌斯尊敬有加。随后，众人相互道别，各自离开。整部作品结束。

作者在这一部分中不曾提及加图的言行，却对维吉乌斯和安东尼乌斯之间的友好互动进行了生动的描述：尽管维吉乌斯的观点与安东尼乌斯不尽相同，后者甚至还批驳了前者的某些言论，但维吉乌斯仍以兼容并包的态度对安东尼乌斯的论述表示赞赏，并坚持安排家仆护送安东尼乌斯离开。面对维吉乌斯的坦诚和热情，安东尼乌斯一再礼让，但最终接受了对方的好

---

① 安东尼乌斯·贝尔尼乌斯是《论快乐》第二版及其后续版本文稿中的对话角色之一，与15世纪意大利人文主义学者安东尼奥·贝尔涅里（Antonio Bernieri）对应。安东尼奥·贝尔涅里是15世纪意大利人文主义者，于1417年至1433年担任米兰大主教的代牧，其间与伦巴第地区的人文主义学者（包括瓦拉）多有交往。
② 维罗纳的瓜里努斯是《论快乐》第二版及其后续版本文稿中的对话角色之一，与意大利15世纪人文主义学者、文艺复兴早期希腊古典文学研究之先驱维罗纳的瓜里诺（Guarino Veronese）相对应。

意。作者设置这一情节的用意是不言而喻的：表明伊壁鸠鲁派哲学思想与基督教思想存在某些共通之处。整部作品的主旨由此亦可窥见一斑：通过借鉴古代哲学思想对人性的尊重和关怀，在某种程度上实现对基督教伦理体系的创新。

第 二 篇

快乐与真善

《论快乐》是一部以"人生至善"为核心论题的作品，集中体现了瓦拉在伦理哲学领域的丰富思考。针对15世纪处于新旧价值体系交替之际的欧洲社会在伦理方面所呈现出的诸多困惑、迷茫和疑问，瓦拉展开了一系列具有鲜明的人文主义色彩的反思：对自然的认识、对人性的界定、对利益关系的权衡、对快乐的定义、对女性的同情、对人类社会发展动力的探寻以及对传统基督教教义的反思。

　　在论述过程中，瓦拉大量引述古希腊—古罗马文献，且在论述策略、修辞手法、遣词造句上博采诸位古代作家之长，展现出文艺复兴时期人文主义学者所普遍具备的深厚的古典主义学养；然而，就见识和观点而言，瓦拉却是一位拒绝盲从古代权威的"疑古者"。换言之，瓦拉对于古代经典的重视，并非止步于单纯的欣赏和崇拜：一方面，他乐此不疲地挖掘一度被掩埋的古希腊—古罗马文明，以昔日的经典为时代思想提供滋养；另一方面，他并不主张自身所处的时代向古代倒退，相反，他更注重构建一种能够体现时代特征的、全新的伦理价值体系，提炼本时代的精神。

第三章 继母或慈母？——《论快乐》的自然观

作为哲学术语，自然观是指人对自然界认知的总和，包括自然界的本源、演化规律以及人与自然的关系等方面。可以说，自然观是人认识自我和认识世界的基础，是构建任何一种伦理哲学体系的根基所在。在《论快乐》里，三位主要发言人：加图、维吉乌斯和安东尼乌斯围绕何谓"人生至善"这一主题先后发表言论。尽管三人所持的观点截然不同，但在论述方式上却不谋而合地选择了同一个起始点：对自然的探求。借这三位发言人之口，瓦拉阐述了三种迥异的自然观，分别是古希腊斯多葛派的悲观主义自然观、古希腊伊壁鸠鲁派的乐观主义自然观以及基督教神学自然观。

第一节 歹毒的继母与善良的慈母

在演说的开篇，斯多葛派发言人加图首先对自然发起了控诉，称其为人类冷酷严苛的"继母"：

谁能怀疑自然在与我们作对？她根本不是我们的亲娘，而是继母！她强加于我们的法则比吕库古给斯巴达人制定法律还要严苛，她伺机向我们要求的义务比向继子、仆人甚至奴隶要求的还多！①

关于"继母"这一提法，可以从两个层面加以解读：一方面，将自然视为"母亲"，体现了人类在自然面前的渺小无力，并表达了人类对自然怀有的敬畏；另一方面，将自然称为"坏的母亲"，表达了人类对自身生活境遇的不满，对人世生活的失望和挣扎。此外，此种观点将人生的诸多痛苦统统归咎于冷酷、残暴且人类无以支配的自然，充满了悲观主义色彩。

斯多葛派发言人从三个角度将自然描绘为人世之恶的源头。

其一，加图指出人类社会之所以恶行泛滥，是出于自然之母的蓄意安排。加图援引亚里士多德在《尼各马可伦理学》中的观点，指出在人类社会中，与一种德行相对立的，往往有两种以上的恶行。例如，"刚毅的对立面是怯懦或鲁莽；审慎的对立面是狡诈和昏聩；和善的对立面是庸俗和粗鲁"②。五花八门的恶行将人类团团包围，令人腹背受敌，避免了一种恶行，就要面临落入另一种恶行的危险。由此，加图向自然发起责难，称其为人类的歹毒"继母"，令恶行遍布人类社会。

其二，加图抱怨自然不曾赐予人类强有力的灵魂和心智，令绝大多数人类无法抵御恶行的诱惑，逐渐走上趋恶避善的歧途，从而导致恶人大行其道，良善之人寥寥无几。

① ［意］瓦拉：《论快乐》，李婧敬译，人民出版社2017年版，第23页。
② ［意］瓦拉：《论快乐》，李婧敬译，人民出版社2017年版，第21页。

其三，加图指责自然针对人类的恶行，屡屡制造灾难以示惩罚，令人类在生活层面上承受诸多痛苦，陷入因恶行而遭厄运的恶性循环，无以自拔：

尽管如此，自然还是竭尽其所能与人类作对。她让我们频频遭受海难、饥荒、洪水、火灾、疾病、瘟疫和战争。平日里，她派骄阳、狂风、骤雨、暴雪、冰雹、冰冻和严寒来折磨人类，无所不用其极，令人不寒而栗。最令人无语的，是她在每一个夏天都要用狂怒之手制造电闪雷鸣，仿佛是要吓唬、责备、惩罚我们。那无数的病痛就更不用说了，难道药品还不能说明问题吗？更何况还有许多瘟疫之气，蛇蝎之毒？每每想起这些，我就常常心有余悸。倘若自然能在我们面前露出真容，我倒想用以下这些话问问她，何苦要与我们作对？①

最后，加图为人类的悲惨命运向自然发出无力的祈求：请求她减少恶行的数量，使人类对于德行的热爱深入内心；并请她减少惩罚的种类，减轻惩罚的程度，使人类不至于陷入万劫不复的绝境。

加图的发言结束后，瓦拉安排第二位主要人物——伊壁鸠鲁派发言人维吉乌斯出场发表言论。针对斯多葛派的悲观主义自然观，维吉乌斯进行了针锋相对的反驳，指出加图"之所以会对自然做出如此残酷的控诉，是被斯多葛派的邪恶思想蒙蔽所致"②。

随后，维吉乌斯从加图对自然的控诉出发，尝试以乐观主义的视角一一化解斯多葛派对自然发起的责难。

① ［意］瓦拉：《论快乐》，李婧敬译，人民出版社2017年版，第30页。
② ［意］瓦拉：《论快乐》，李婧敬译，人民出版社2017年版，第34页。

维吉乌斯并不承认自然为人类社会制造了数不胜数的恶行。在伊壁鸠鲁派看来，"自然母亲赐予了我们各种快乐，并为我们塑造了一颗乐于享受快乐的心灵"[①]，斯多葛派之所以将其视为恶行，无非是因为他们固执地将追求快乐视为罪恶。因此，需要指责的，并不是自然母亲，而是斯多葛派学者：他们不懂得体会自然母亲的苦心，也无法感受人世间的诸多美好。

……而你们斯多葛派出于病态的心理（的确如此），不仅不感谢自然母亲，还要反咬一口。事实上，自然真是一位慷慨的好母亲，你若明智地遵从她的引导，便能享受幸福惬意的人生。[②]

维吉乌斯进而驳斥加图将所有灾难归咎于自然的观点，指出自然并不是蓄意迫害人类的"继母"，而是赏罚分明的睿智的母亲。自然赐予人类美好的生存环境和生存资源，人类理应对其心存感激；至于人类承受的诸多灾难，大多是自身恶行造成的恶果，不应一味地怨怼自然。

你对自然怒吼，仿佛战争、海难、饥荒，还有其他灾祸全是自然对人类恶行的惩罚。然而，你的怒吼吓不倒世人。事实上，绝大部分灾难都是人类自己造成的。[③]

相较于斯多葛派面对自然所表现出的被动、无助与愤懑，伊壁鸠鲁派的自然观显得更为主动、自信与乐观，人与自然之间的关系亦更为和谐：不以对抗争高下，而是根据不同的自然环境随机应变。

---

① ［意］瓦拉：《论快乐》，李婧敬译，人民出版社 2017 年版，第 42 页。
② ［意］瓦拉：《论快乐》，李婧敬译，人民出版社 2017 年版，第 42—43 页。
③ ［意］瓦拉：《论快乐》，李婧敬译，人民出版社 2017 年版，第 43 页。

　　自然已赐予人类诸多恩惠，而我们只需学会享受它们。别人投身于战争，你大可乐享对你更为有利的平静。别人奔向大海，你大可安于岸边观赏河流以及在其中嬉戏的人群。别人废寝忘食地追逐钱财，你大可安享自己的劳动所得。某地遭受饥荒鼠疫，你便可迁徙至更为宜居的他乡。生活的选择多种多样，你尽可享受，就好比日夜交替，阴晴变换，季候更迭。①

　　当然，无论如何因地制宜，随机而动，作为自然界的子孙，人类不可避免地需要面对伤病、衰老和死亡。对此，维吉乌斯认为，人类理应遵循生老病死的自然规律。斯多葛派若是因为自然未能赐予人类一副不朽之躯便称其为歹毒的继母，那便是"欲加之罪，何患无辞"了。

　　我明白你的不满，你抱怨自己没生得一副不朽之躯，便觉得大自然有愧于你。这是什么奇谈怪论？就算是亲生父母也不可能为子女事无巨细地准备周全，自然已经竭尽所能赐予你现有的一切，你难道不应为此而感恩吗？也许你不愿每天承受刀枪剑戟、蚊叮虫咬和毒药疫病的威胁，然而，若说不用承受这些，不就与自然和天主一样，变成神灵了吗？这要求太过分，是自然无法赐予我们的。②

　　此处，维吉乌斯除了强调人类向自然的索取应有所限度，还表达了知足常乐的主张：与其苛求自然之母为自己"事无巨细地准备周全"，不如珍惜、善用现有的自然资源，享受人生的美好。

---

① ［意］瓦拉：《论快乐》，李婧敬译，人民出版社2017年版，第47页。
② ［意］瓦拉：《论快乐》，李婧敬译，人民出版社2017年版，第45页。

第二节　自然之母与上帝之父

在《论快乐》的第三部分，基督教神学家安东尼乌斯作为众人推选的辩论评判人对前两位发言人的观点进行了评点。对于斯多葛派的悲观主义自然观，安东尼乌斯给予了简短却明确的批驳：

我不否认坏人比好人多，可这并非大自然之过，而是那些人自身之过。①

至于自然，你先前说人类趋恶避善的本性是来自于她，对此我稍后再作评价，届时我将表明所有人都热爱德行之人。②

同样，对于伊壁鸠鲁派的自然观，安东尼乌斯也提出了异议。

维吉乌斯，尽管你的言论比加图的言论更易腐化人类的心灵，但又有谁会怀疑你之前那番宏论与你的为人其实并不相干？事实上，你真正的言行举止与先前的表现是大相径庭的。③

寥寥数语，已充分体现出安东尼乌斯对前两位发言人的观点均不认同。在此基础上，安东尼乌斯提出了第三种自然观——基督教神学自然观：自然作为上帝专门为人类创造的生存环境，体现了上帝对人类的关爱，以彰显人类相对于世间万物独有的尊严。

你（加图）为何将自然而不是天主视为造物主？……最后，你的感慨为何要针对自然，而不是耶稣基督而发呢？耶稣可以

---

① ［意］瓦拉：《论快乐》，李婧敬译，人民出版社 2017 年版，第 222 页。
② ［意］瓦拉：《论快乐》，李婧敬译，人民出版社 2017 年版，第 223 页。
③ ［意］瓦拉：《论快乐》，李婧敬译，人民出版社 2017 年版，第 229—230 页。

做到无所不在（更准确地说，他的确无所不在，包括我们今天的辩论，他也在静静聆听），随时准备帮助呼唤他的人，此时此刻也不例外。所以说，你的实际所指，并非大自然，而是创造了大自然的天主……毫无疑问，一切神圣之物都是听命于他的。①

在安东尼乌斯那里，自然并不是独立存在的，更算不上人类的主宰。倘若将自然奉为人类的母亲，就必须承认在这位母亲的身边，还有一个更重要的角色——上帝之父。

现在，我们来谈谈天主具体针对人类的关爱……每当我手捧着神圣的书籍，读到那些始于世界起源的神圣历史，就会真切感受到天主对于我们人类的爱护、关心以及期望。在我看来，他对人类世界的操劳远远超过他对天国事务的关照。他来到我们中间，与我们共处，时时提点、教导我们。总之，他仿佛阿耳戈号上的守卫，目不转睛地守护着我们，除非是人类在他面前犯下的某些恶行迫使他将尊贵的面庞转移开去。此时的他不仅不愿直视我们，甚至还会呜咽啜泣。然而，他并不因此放松对人类的训诫、要求、责备、希望和担忧。此时的天主不仅像学校老师，教导、惩罚和鼓励顽皮的学生，更像是一位父亲，为子女倾注所有的心血。什么？天主像我们的父亲？没错，他对我们的期许甚至超过了我们对自己的期许。他的一切心思都花在我们身上，从来不知疲倦，就算当我们睡着的时候，他也不眠不休地看护着我们。即使我们不知好歹地抗拒他，他也从不会弃我们于不顾。②

不难看出，上文体现了安东尼乌斯的"上帝创世"的神学观点。在他那里，上帝之父和自然之母尽管享有不同的神学地

---

① ［意］瓦拉：《论快乐》，李婧敬译，人民出版社2017年版，第232页。
② ［意］瓦拉：《论快乐》，李婧敬译，人民出版社2017年版，第256页。

位，却都是以爱护人、帮助人、成就人的形象出现的。安东尼乌斯指出，人类身处其中的大自然并非斯多葛派所说的充斥着罪恶的眼泪之谷，而是上帝专门为人创造的所在，人类理应接受它，并努力使之更美丽、更荣华、更典雅。

在总体方向上，上述三种看待自然的视角是彼此迥异的，但三种观点并非彼此孤立，全无关联。倘若将这三种观点视为一个整体加以审视，便能发现三者之间千丝万缕的联系——这也正是作者瓦拉将其一一陈述，继而引导读者仔细辨别、品读、比较、体味的初衷。

应当承认，无论是斯多葛派、伊壁鸠鲁派还是基督教发言人，三人的自然观都带有一定程度的神性色彩，这与他们所代表的宗教背景是息息相关的。

作为古希腊最重要的两大哲学派别，斯多葛派和伊壁鸠鲁派均植根于以多神教信仰为基础的文化土壤。在加图和维吉乌斯的发言中，他们一方面将自然视作至高无上的主宰，但在另一方面，却并不强调其精神性，而是更多地将其描绘为某种至高的物质力量或是客观规律，这一点在主张唯物主义的伊壁鸠鲁派的发言中尤为明显。

我认为，自然塑造的一切不可能不是神圣且值得颂扬的。例如我们头顶的天空：有日月交替、布局和谐、赏心悦目。其他自然现象，如海洋、土地、空气、高山、平原、河流、湖泊、泉水、云彩和雨水自不必提，就更不用说各种牛羊牲畜、花鸟鱼虫、草木五谷了。总之，没有哪样东西不是完整、有序而美好的，体现出极致的理性、美观和实用性。[①]

---

① ［意］瓦拉：《论快乐》，李婧敬译，人民出版社 2017 年版，第 36 页。

我认为，自然和天主几乎可以等同。奥维德（Publius Ovidius Naso，前43—18）①就曾提出这个概念："天神即自然，他解决了争端。"②

论及两者之间的差异，斯多葛派视自然为人类的敌人，这敌人既冷酷又强大，仿佛一位高高在上的继母，给人世生活制造源源不断的罪恶和痛苦。与此相反，伊壁鸠鲁派则认为自然界的阴晴雨雪、旦夕祸福代表了某种公正的客观规律，这种规律虽不以人类的意志为转移，却也给予了人类充分的自由：倘若人类选择顺应自然，就能获得幸福，反之就理应遭到严惩。对于人类的选择，自然并不进行干涉，也不会给予带有任何感情色彩的惩罚。

既然你们那位高尚的斯多葛派导师塞涅卡也曾说过："不朽的神灵，不愿也不能造成伤害。"你们何来理由，说自然要因作恶之人动怒？……请相信我，自然是不会动怒的。③

相较于前两者的言论，第三位发言人安东尼乌斯的发言代表了完全不同的宗教背景。作为基督教神学家，安东尼乌斯拒绝如加图和维吉乌斯一样，将自然视作主宰，而是将其置于上帝之下，表明自然乃是由上帝创造、同时处于上帝掌控之中的。自然界提供给人类的一切体现了上帝对人类的关爱，彰显了人类作为"上帝的相似"所应享有的尊严。然而，这种关爱并非仅仅以"关爱"的形式呈现，在某些时刻，也会表现为"约束""考验""磨砺""惩戒"和"引领"。安东尼乌斯正是从这

---

① 普布利乌斯·奥维德·纳索是古罗马诗人，与贺拉斯、卡图卢斯和维吉尔等人齐名，代表作有《变形记》《爱的艺术》等。
② [意] 瓦拉：《论快乐》，李婧敬译，人民出版社2017年版，第44页。
③ [意] 瓦拉：《论快乐》，李婧敬译，人民出版社2017年版，第44页。

个角度解释了人世间的种种灾难和悲苦。

> 频繁的灾害（如旱灾、洪涝、鼠疫等）只是对人类恶行的惩戒。这是针对恶人而言的。对于善者来说，上述灾祸的目的则在于磨砺其心志。事实上，所有高尚的心灵都是在逆境里熠熠生辉的。①

安东尼乌斯首先否定了加图所说的"邪恶的自然"，随后批判了维吉乌斯的"至高无上却对人类听之任之的自然"，在此基础上描绘了一个"恩威并举的上帝专为人类创造的自然"。

瓦拉之所以在《论快乐》中将对自然观的探讨置于作品的开篇，一个重要的原因就是该作品的出发点在于探讨何谓人生至善，而落脚点则在于鼓励世人坦然追求"快乐"。既然对于快乐的追求并非人类在后天产生的需求，而属于人类的天性，就须证明此种天性的合理性。人作为万物生灵之一，其天性来源于自然的赐予，因此，只有首先确立自然之善，进而确立人性之善，才能最终确立对快乐的追求的合理性。

斯多葛派斥责自然为继母，进而号召人类以高尚为武器，奋起与不公正的自然抗争，将"高尚"奉为少数"出淤泥而不染"的智者追求的人生至善。伊壁鸠鲁派赞扬自然为慈母，主张人类顺应自然，接受自然赐予的一切，包括追求快乐的天性，将快乐视为唯一且至高无上的真善。安东尼乌斯则首先承认自然之善，继而表明自然与上帝的区别与联系。

生活在 15 世纪的瓦拉是一位基督教徒。毫无疑问，在他那里，上帝和自然这两个概念之间是存在本质差异和高下之别的。然而，不容否认的是，瓦拉在某种程度上吸取了伊壁鸠鲁

---

① ［意］瓦拉：《论快乐》，李婧敬译，人民出版社 2017 年版，第 229 页。

派的思想，将古典自然哲学融入基督教教义，通过两个步骤表明了自身的自然观：首先通过维吉乌斯所说的自然之善驳斥加图所说的自然之恶，从而确立人类应顺应自然、顺应天性，而非对抗自然、压抑天性的观点；进而借安东尼乌斯之口表明人类不仅有自然之母，还有上帝之父。人类的确应该接受自然之母的恩赐，舒展天性，但这并非最为高远的追求。此处，作者通过安东尼乌斯的发言否定了"自然主宰"的概念，以"上帝"取而代之，并将其形象地比喻为"父亲"，意在强调基督教对于人之天性的约束和引领。相较于古希腊充满"田园色彩"的自然观而言，瓦拉意在用基督教框架下的人文主义自然观为人们指明一处更为高远的天堂。

第四章 邪恶或善良？——《论快乐》的人性观

瓦拉深知，在寻找人生至善的过程中，仅仅各执己见地罗列出一系列优秀的品质或美好的事物，是不足为信的。既然要寻找"至高无上的真善"，就不能回避一个具有根本性的问题：这所谓的"至善"究竟能对人性产生怎样的影响？它将引领人类走向何处？因此，对人性进行深入透彻的剖析，是定义"人生至善"的必要前提。

在分别阐述各自的自然观的基础上，三位发言人进而谈论自然赋予人类的天性，并就人性的善恶趋向展开了针锋相对的辩论，为正式探讨"何谓人生至善以及如何企及人生至善"这一核心论题奏响了序曲。

第一节 趋恶避善或是身心俱善？

关于人之本性对于善恶的选择，加图延续了悲观主义的论调，在否定自然之善的同时否定人性之善。

加图首先抨击自然令人类社会恶行泛滥。在论述过程中，他援引亚里士多德的伦理道德学说，提出每一种德行都被两种居于两端的恶行包围，从而表明人类社会的恶行种类和数量远远多于德行，并将其视作人类趋恶从善的外因。

随后，加图转而斥责人之天性对于恶行的酷爱和渴求，借昆体良和西塞罗之口斥责人类对于恶行的内心欲求，并认为这一欲求是构成其趋恶避善行为的内因所在。

昆体良说得好："他的作恶欲望是如此之强烈，以至于即使在没有实惠的条件下，为了作恶而作恶在他也是一种乐趣。"西塞罗也曾写道："人类的心中充满对罪孽的欲求，即便没有任何理由，也认为犯罪本身就是一种娱乐。"①

此种天性从何而来？加图毫不掩饰地将过错再次归咎于自然之母："人类从母亲的乳汁里吸取了对于恶行的爱。"②在加图看来，恶行遍布的人类社会是自然这位"继母"设定的，人类在恶行面前的自甘沉沦是天生注定的，人世生活的恶性循环亦是无可避免的。

加图所说的"恶行"究竟指向哪些行为？在发言中，加图举例进行了说明：

人类在孩提时期就表现得好吃好玩，不喜规矩正经；难守贞洁，渴望爱抚；逃避说教，追求无度的自由；人类究竟有多么不愿意被各种规则礼仪所束缚，相信我不用多言。不仅幼童如此，成人也并无二样。对于各种规范，大家嘴上接受，心中厌恶，丝毫不享受自身的正确行为，并积极改正不足之处。更为糟糕的是，人们还常常把为自己纠正错误之人的好心当成驴肝肺。③

上述文字表明，加图所谓的"恶行"是指人之天性对于感

---

① [意] 瓦拉：《论快乐》，李婧敬译，人民出版社 2017 年版，第 25 页。
② [意] 瓦拉：《论快乐》，李婧敬译，人民出版社 2017 年版，第 24 页。
③ [意] 瓦拉：《论快乐》，李婧敬译，人民出版社 2017 年版，第 24 页。

官享受、情欲、自由的追求。出于对人之天性的敌视，加图将快乐视作"精神瘟疫"①，将人类追求快乐的行为视作自甘堕落之举："即使我们有能力战胜那些最顽固、最无耻、最致命的敌人，也不愿这么做，以至于作恶变成一种娱乐。"②

如此，加图完成了对自然和人性的全盘否定，为人性、人生、人世生活统统打上了"恶"的烙印。作为"恶"的对立面，"善"的目的就在于对抗自然、打压人性和抵御人生的种种罪孽。在完成一系列的理论铺垫之后，加图捧出了能够达到上述目的的法宝——"高尚"，并将其奉为"人生至善"。

针对加图的悲观主义自然观和人性观，维吉乌斯展开了循序渐进的批驳。

首先，维吉乌斯一针见血地指出当斯多葛派痛心疾首地哀叹世人普遍自甘堕落，又装腔作势地将所谓智者描述成人世间硕果仅存的好人时，其言论无异于搬起石头砸自己的脚：假如人发自天性追求快乐的欲求也属于恶行，那么在斯多葛派描述的恶行泛滥的世界里，不沾染任何恶行的智者并非凤毛麟角，而是根本没有存在的可能。换言之，从古至今，斯多葛派所说的智者标准是无人能够企及的——"连他们自己也找不到任何真实存在的例证"③。这样一来，斯多葛派自身也无法免俗，沦为"愚民"。

你们不明白此种谩骂和诬蔑会带来怎样的后果，当你们搬起石头，宣称这世上不存在智者的时候，却没想到会砸着自己的脚，你们也不是智者——对此，我们不是傻子，而你们不也主动承认了吗？或者说你们根本不在乎自己的名誉，只要能把

① ［意］瓦拉:《论快乐》，李婧敬译，人民出版社2017年版，第19页。
② ［意］瓦拉:《论快乐》，李婧敬译，人民出版社2017年版，第19页。
③ ［意］瓦拉:《论快乐》，李婧敬译，人民出版社2017年版，第39页。

脏水往别人头上泼，便不惜让自己也身陷泥泞。你们毫无节制地享受他人和自己的谩骂，不断地说出和聆听恶言恶语，将舌头和耳朵沉浸在一个没有"善"、只有"恶"的世界里。①

关于加图对自然的怒斥，维吉乌斯不以为然，表示自然"并未制造种种恶行，也不曾唆使它们与人类作对"②；针对加图对于人性趋恶避善的哀叹，维吉乌斯就善的概念进行了界定，将善分为"高尚之善"和"快乐之善"，并提出后者才是至高无上的善。

从第一部分的第十七至二十七节，维吉乌斯逐一谈论最为重要的身体之善：美丽、健康、视觉之善、触觉之善、听觉之善、味觉之善和嗅觉之善。从第二十八至三十二节，维吉乌斯由身体之善过渡至身外之善，探讨了地位、姻亲、权力、荣耀的价值。

在维吉乌斯眼中，自然之母既赐予人类快乐的人世生活，又赋予人类追求快乐之善的灵魂，因此，人性与自然一样，都是天然且合理的存在，人类应顺应自然，舒展身心俱善的天性。在第二部分的第三十四节，维吉乌斯在即将结束发言时，并没有摆出一副正襟危坐、慷慨激昂的架势，而是热情邀请在场的诸位友人前往家中共进晚餐。这一细小的情节虽与辩论本身无关，却是伊壁鸠鲁派人性观的生动体现：无论辩论的主题多么重要和严肃，都要适可而止，都要想到尊重人的自然天性和生理本能。

倘若我能请大家前往我家用餐，将感到荣幸之至，愿诸位

---

① ［意］瓦拉：《论快乐》，李婧敬译，人民出版社 2017 年版，第 39 页。
② ［意］瓦拉：《论快乐》，李婧敬译，人民出版社 2017 年版，第 42 页。

不要拒绝我这一诚恳的请求：大家都是良善之人，想必不会令我难堪。白天我一直滔滔不绝，令诸位的耳根不得清净，今晚若不能以盛宴来弥补，今后必然不敢在大家面前再度坦然发言。至于我的反对者们，既然我此前已大度表示没有什么东西比"高尚"更好，所以也请你们拿出肚量，不要断然拒绝我友好的邀请。我向诸位承诺，今晚我将让大家酣畅淋漓，你们不仅不会后悔赴约，还会舒心尽兴。再者说，听了这么长时间的发言，诸位理应稍事休息，餐后才能更有兴致地倾听加图的发言。最后，请大家斟酌自便。①

众人接受了维吉乌斯的邀请，加图作为斯多葛派发言人也应邀前往。晚餐过后，他对维吉乌斯的生活方式颇有微词，斥责他为"转世投胎的伊壁鸠鲁"，为享受快乐放弃了对高尚的追求。

众人酒足饭饱之后，决定到维吉乌斯家的后院散步。这园子十分精致，大家转了两三圈，不由对其和谐之美交口称赞。此时，加图开口说道："这园子的风格与维吉乌斯的为人倒是颇为协调呀！只可惜在享乐追随者与德行追随者之间，在真正的哲学家和贪图身体享乐的人之间，却很难找到此种默契。瞧瞧，维吉乌斯的言行举止、穿着打扮、饮食习惯、家宅装饰无一不体现出他对伊壁鸠鲁主义的追捧。谁没听说过伊壁鸠鲁的花园呢？据说他常常在那里谈经论道。如今，我们这位维吉乌斯仿佛是伊壁鸠鲁转世投胎，不仅用语言来论述伊壁鸠鲁的思想精髓，更是用宴饮、美景等精心布置的细节来加以展现。我的天啊，维吉乌斯，你若肯去追求高尚，哪怕不用如此这般的

---

① ［意］瓦拉：《论快乐》，李婧敬译，人民出版社 2017 年版，第 198 页。

费心，也足以成为一个伟人！"①

面对加图的指责，维吉乌斯反唇相讥，讽刺加图的言辞
虚伪：

……但是加图，你说话时务必要蒙上面孔，就像《斐德罗
篇》里站在梧桐树下谈论爱情和肉体之乐的苏格拉底(Socrates,
前470—前399)②那样……当你痛斥快乐之时，根本就不应目
睹这精致的花草树木、水榭楼台，以免它们潜移默化地动摇了
你的心智，让你无法斥责这美好的快乐。③

在维吉乌斯看来，斯多葛派不但不欣赏幽雅精致的花园所
体现的审美情趣和休闲品味，反将其视作导致人玩物丧志的罪
魁祸首，此种观点已能充分说明斯多葛派所宣称的善必然是有
悖于人类普世价值的伪善。维吉乌斯反复强调，斯多葛派之所
以会沉浸在恶的世界里，是因为他们对真正的善视而不见，却
将虚空的高尚视为人世至善。显然，在人性善恶的问题上，维
吉乌斯与加图的观点是背道而驰的。不同的自然观和人性观将
导致二者在探寻"人生至善"的过程中走上两条南辕北辙的道
路：斯多葛派"高喊着要自讨苦吃"，伊壁鸠鲁派"紧握自然
赋予的权利，坚定地追求快乐"；斯多葛派"渴望折磨"，伊壁
鸠鲁派"纵情欢乐"；斯多葛派"走向死亡"，伊壁鸠鲁派"乐
享人生"。④

---

① ［意］瓦拉：《论快乐》，李婧敬译，人民出版社2017年版，第206页。
② 苏格拉底是古希腊哲学家，被认为是西方哲学的奠基者，与柏拉图及亚里士
多德并称为"希腊三哲"。苏格拉底没有留下著作，其生平和思想记述于后世学
者（主要是他的学生柏拉图）和同时代的剧作家阿里斯托芬的剧作中。
③ ［意］瓦拉：《论快乐》，李婧敬译，人民出版社2017年版，第206页。
④ ［意］瓦拉：《论快乐》，李婧敬译，人民出版社2017年版，第52页。

第二节　拥有自由意志的人

加图和维吉乌斯的发言结束后，安东尼乌斯应众人之邀对两位发言人的观点进行点评。

针对加图提出的“自然之母令人类社会的恶行种类远远超过德行”这一观点，安东尼乌斯分两步进行了驳斥。第一步，否认自然是令人类社会恶行泛滥的罪魁祸首，肯定自然之善；第二步，指出“人类社会的恶行种类远远超过德行”这一论断本身就是一个荒谬的逻辑学错误。

你在论证“人类的恶行多于善举”时虽言之凿凿，但事实上却站不住脚。尽管你搬出了智慧绝顶的亚里士多德，将其奉为权威，却无法强迫我们盲目认同……我认为，亚里士多德的观点毫无依据。理性告诉我们，德行与恶行一一对应，所谓“恶有过度与不及之分，而德行则是居于其间的中道”，这纯属无稽之谈。①

安东尼乌斯认为，亚里士多德的荒谬之处在于“他一方面将同一种行为割裂为二，另一方面又将不同的行为混而论之，冠以同一个名称”②。例如，城墙外奋勇杀敌的士兵是为勇敢（即不怯懦），可一旦攻下城池，就应（谨慎地）放下武器，否则其行为就成了鲁莽的表现。因此，不应将“勇敢”视为居于“怯懦”和“鲁莽”之间的中道（即加图所说的，勇敢这种德行同时被“怯懦”和“鲁莽”这两种恶行包围），而应看到，

---

① ［意］瓦拉：《论快乐》，李婧敬译，人民出版社2017年版，第210页。
② ［意］瓦拉：《论快乐》，李婧敬译，人民出版社2017年版，第212页。

"勇敢"与"怯懦"、"谨慎"与"鲁莽"是一一对应的。换言之，若以两种恶行作为端点，就有两种德行居于其间，或者说一种德行与一种恶行对应。

安东尼乌斯进一步阐明，人类真正需要警惕的，并非是在两个极端上遥遥相望的恶行之间的差异（如"勇敢"与"怯懦"、"吝啬"与"豪奢"），而是一种德行与一种看上去十分相似的恶行之间的差异，例如"勇敢"与"鲁莽"、"慷慨"与"豪奢"、"节约"与"贪吝"等：

> 贪吝能伪装成节约，却伪装不成慷慨；同样的，豪奢不是贪吝的敌人，而是慷慨的敌人。然而亚里士多德不认为如此，坚称慷慨的敌人不是豪奢，而是贪吝……因此，对后者应更为警惕。按照他的说法，我们倒应该防范金匠以锡充金，而不是以铜充金了——恐怕就算瞎子也不会分不清楚锡与金的差异吧。①

另外，安东尼乌斯还对亚里士多德推崇的"中道"发表了看法。他认为恶行未必处于两端，德行也未必居于正中。在某些情况下，极致的美与智慧远胜于平庸。

> 举个大家都熟悉的例子：声音。位于高音和低音之间的中音自然是最好的，但若需要大声说话，高音则很必要。反之，若要进行劝说，低音的效果则较其他两种更好。所以说，在需要高音和低音的情况下，不温不火的中音是有缺点的，高音和低音反而应景，令人感到舒适。噢，你这昏头昏脑的家伙，谁告诉你所有的极端都是恶行？难道是因为一切德行都处于居中的位置？我决不赞同这种观点。②

---

① ［意］瓦拉：《论快乐》，李婧敬译，人民出版社 2017 年版，第 214 页。
② ［意］瓦拉：《论快乐》，李婧敬译，人民出版社 2017 年版，第 218 页。

在论证了"德行与恶行一一对应"的观点之后，安东尼乌斯进而审视人之天性是否（如加图所说）是趋恶避善的。

安东尼乌斯指出，只有清晰地理解"善"的所指，才能在此基础上谈论人性对于善恶的趋向性。安东尼乌斯不否认斯多葛派追求的"高尚"是一种善，但反对将其视为唯一的善。在他看来，维吉乌斯主张的"快乐"也是一种善，并且是一种更为重要的善。不会思考的动物尚且知道避免饥饿、口渴、酷热和其他带来苦痛的恶，追求与之相反的善，人类又何尝不是如此呢？加图正是因为否认了快乐之善的价值，将其视作"恶"，才会误认为人之天性是趋恶避善的。

安东尼乌斯否定了加图的悲观主义人性观，并对维吉乌斯的人性本善之说表示认可。然而，安东尼乌斯是否对维吉乌斯的人性观百分之百赞同？在第三部分的第四节，安东尼乌斯对人之天性进行了较为客观的描述：

> 人人都希望旁人美丽、强健、富有，但同时也希望自己能在所有人中鹤立鸡群。所以说，人人都希望他人好，自己更好。若某人嫉妒、怨恨、辱骂他人，也不是因为真想让对方遭殃，只是希望为自己谋求好处。①

此处，安东尼乌斯表明人之天性的确是向善的，但由于人人都期望自己比旁人获得更多，难免导致"嫉妒""怨恨""辱骂"等恶行的产生。因此，善的本性并不能确保善的行为和善的结果。换言之，尽管人性本善，却无法阻止恶行的产生：

---

① L. Valla, Lorch M. D. P. (ed.), *De vero falsoque bono* (critical edition), Bari: Adriatica Editrice, 1970, p. 105.

由此看来，无论是对利益或快乐的追求，还是对德行的崇尚（这也是为了给心灵带来快乐）都有可能导致世人去伤害他人……但这并不能归咎于人之天性，而要归咎于作恶者本身。①

正如先前反复强调的，恶行的产生既不能归咎于自然（及其背后的上帝），也不能归咎于自然赋予人类的追求快乐和享受的天性，那么只能归咎于"作恶者本身"。然而，既然人的本性是趋善避恶的，恶行究竟是如何产生的呢？对于这个维吉乌斯并未给出明确解释的问题，安东尼乌斯进行了更为深刻的阐述。

关于恶的起源的探讨古已有之，观点众多，却往往难逃悖论，基督教神学伦理系统亦是如此：假如上帝是全善的，就不应创造恶；假如恶并非上帝创造的，而是源于人类自身，那么上帝的善就不是全能的——要么为了全善放弃全能，要么为了全能放弃全善。对此，基督教早期教父奥古斯丁（Aurelius Augustinus Hipponensis，354—430）② 在《论自由意志》中进行了探讨，提出恶是人类滥用上帝赋予的自由意志的结果。奥古斯丁指出：上帝是全善的，其创造的一切也都是善的。上帝赋予了人自由意志，从而赋予了人选择作恶的权能，因此，恶的起源在于人的自由意志。关于人性的善恶，奥古斯丁认为人性本属中性，起初并无善恶之分，后来才因自由意志有了的善恶选择。

如果说安东尼乌斯的言论在很大程度上认同了伊壁鸠鲁派

---

① ［意］瓦拉：《论快乐》，李婧敬译，人民出版社 2017 年版，第 228 页。
② 希波的奥古斯丁是古代基督教教父，重要的基督教神学家和哲学家。其主要著作有《忏悔录》《天主之城》《三位一体论》等。

的乐观主义人性观，那么在"恶行如何产生"的问题上，则吸取了奥古斯丁的思想。

噢，天主是如此宽宏，而我们却如此叛逆！即使被我们千百次拒绝、排斥，只要我们一声呼唤，他便必然在恰当的时刻平静、温和地回到我们身边。这一点，恐怕连奴仆也做不到吧。我们不在乎自身的救赎，他却为我们的救赎而战。但愿万能的他能在这场较量中胜出，我们能服从他的统治！事实上，他若能赢，我们就能赢，他若失败，我们便失败。①

安东尼乌斯将上帝比作人类宽宏的慈父，即使人类凭借自由意志选择作恶（"不知好歹地抗拒""拒绝""排斥""自作孽"），"静处不动"的上帝也不会真正"弃人类于不顾"，只要人类弃恶从善，他便会施以援手，帮助人类战胜恶行——然而这一切，全都基于人类意志的自由选择。

随后，安东尼乌斯从基督教神学伦理的角度就"恶"的内涵进行了阐释。他指出，所谓"恶行"，是人类对于属世的享乐的贪恋，是人类为了属世利益放弃永恒利益的行为。当然，属世利益并非对人类全无作用，但为了低等利益而放弃高等利益，这便是堕落，便是恶行。相反，"谁若出于对天主之爱放弃尘世享乐，就能获得远胜于现在的永恒来生"②。

由此，安东尼乌斯提出了如何规避、约束及纠正"恶行"的问题。显然，如伊壁鸠鲁派所主张的那样，完全依赖人类向善的本性，这是远远不够的——缺乏约束的人性尽管纯良，却无法避免在自由意志的趋势下做出"恶"的选择。维吉乌斯正

---

① ［意］瓦拉：《论快乐》，李婧敬译，人民出版社2017年版，第256页。
② ［意］瓦拉：《论快乐》，李婧敬译，人民出版社2017年版，第239页。

是因为没有意识到这一点，才会"不但不唾弃强暴、通奸、放荡等恶行，还强行将其归入善举的行列"①。

然而，维吉乌斯主张的"任其自然"固然有其弊端，但加图所说的"高尚"更加不可信赖：

> 古人那些不曾被记忆尘封的豪言壮举便被冠以"德行"之名，其实也不过是些空洞飘渺的幻影。有些人被这空名所打动，即使根本不明就里，也将其奉为无条件追求的目标，并对其另眼相看，认为它有别于凡俗之物，斯多葛派就是这些人的典型代表……然而，对于我们基督教徒来说，我们所推崇的高尚一来不是无条件追求的——高尚本身意味着艰辛困苦，二来也不以凡俗利益为目的。②

因此，安东尼乌斯强调，真正能够实现对人性的约束和引导，避免其误入歧途的，不是斯多葛派口中空洞的"高尚"，而是对上帝的信仰——这是任何古代异教哲学都无法替代的：

> 诚然，古代哲人的言行不乏益处良多的内容，也结出过丰硕的成果，但其价值和成果都是在耶稣被其圣父派遣至人间、救赎人类，并将这世间的荆棘清除干净之后才开始显现的。这就好比月亮，若不是从对面的太阳那里获得光和热，本身什么也做不了，只会危害处于它下方的生灵。同样的道理，若不曾被真理之光照耀，被耶稣的仁爱之热温暖，凡间的事物不过是应遭唾弃的虚妄幻像。犹太人暂且不论，若这世上还有信奉真正宗教的群体，那必定是信仰耶稣的基督徒。除此之外，无论

---

① ［意］瓦拉:《论快乐》，李婧敬译，人民出版社 2017 年版，第 241 页。
② ［意］瓦拉:《论快乐》，李婧敬译，人民出版社 2017 年版，第 237 页。

是希腊人、罗马人还是其他民族，他们的所作所为都不值得被褒奖，也不值得被指责。①

至此，安东尼乌斯完成了基督教神学系统对人性观的阐述：上帝赋予了人类向善的天性。然而，怀揣一颗向往善、追求善的初心，却未必不会做出恶行，造成恶果。在行善还是作恶的问题上，人类是拥有自由意志的。所谓"善"，是在上帝的引导与约束下不断完善、升华人之天性；而所谓"恶"，则是背离对上帝的信仰，任凭人性为达到凡俗利益而堕落。

当创造万物的天父呼唤其子民时，有什么比转过身体、弃他而去更为邪恶的吗？有什么比无视天国永恒之善、沉沦于昙花一现的属世利益更为昏聩的吗？谁请求奖赏，就能获得奖赏；若不曾请求，自然两手空空，怨不得旁人。②

关于人的自由意志，瓦拉在另一部对话体作品——《论自由意志》中展开了更为详细的论述。该作品对德意志哲学家、被誉为"17世纪的亚里士多德"的莱布尼茨（Freiherr von Gottfried Wilhelm Leibniz, 1646—1716）③的宗教观产生了直接的影响。在《神正论》（Theodicy）中，莱布尼茨录载和续写了瓦拉的《论自由意志》：

我想起先前提到的洛伦佐·瓦拉就自由意志反对波爱修斯而写的一篇对话。我认为在保留对话形式的条件下将它缩写录载于此是很恰当的，然后继承他所使用的幻想，在他中断的地方接续下去。这固然是为了使论题更富于趣味

① ［意］瓦拉：《论快乐》，李婧敬译，人民出版社2017年版，第240页。
② ［意］瓦拉：《论快乐》，李婧敬译，人民出版社2017年版，第240—241页。
③ 莱布尼茨是17世纪德意志哲学家和数学家。

性，更是为了在本文的结尾以更加清楚易懂的方式表述我的
意见。①

随后，莱布尼茨对瓦拉的《论自由意志》进行了中肯的评
价，称"瓦拉的这篇对话虽然并非没有值得商榷的地方，但仍
然十分精彩"②。由此可见瓦拉对于人的自由意志的探讨在后世
产生的重要影响。

第三节　关于"笑"的善恶之辩

在探讨人性善恶的过程中，作者瓦拉有意安排三位发言人
针对"笑"这一行为的善与恶发表了各自的看法。

斯多葛派发言人加图在论及人性之恶时，将"笑"这一行
为视作人类因他人之痛苦而幸灾乐祸之举：

除此之外，当我们因为别人甚至是自己的昏聩、下流或
愚昧而狂笑不止时——说到底，这是一种恶意的快乐——我
们不得不将此种行为归咎为人性本恶（这还只是小恶）。这就
好比维吉尔笔下的墨诺厄特斯（Menoetes）③ 落入大海，好不
容易游出水面，大口吐出苦涩的海水时遭人嘲笑，又好比恩
特鲁斯（Entellus）④ 在比赛中重重摔倒在地，却引起众人的兴

---

① F. V. G. W. Leibniz, *Theodicy*, E. M. Huggard（ed.），Charleston: BiblioBazaar, 2007, p. 370.

② F. V. G. W. Leibniz, *Theodicy*, E. M. Huggard（ed.），Charleston: BiblioBazaar, 2007, p. 374.

③ 墨诺厄特斯是维吉尔的史诗作品《埃涅阿斯纪》中的一位年轻的战士。

④ 恩特鲁斯是维吉尔的史诗作品《埃涅阿斯纪》中的人物，是西西里的老拳击手。

奋。许多时候，我们是出于玩笑而激怒他人，他们越是生气，我们便越是开心。[①]

此处，加图将"笑"的动机笼统归结为"因他人甚至是自己的昏聩、下流和愚昧"而产生的"恶意的快乐"，给"笑"这种行为及其所表达的快乐的情感打上了"恶"的烙印，不仅对其加以严厉斥责，还将导致该行为的原因归咎于人类与生俱来的以作恶为乐的本性。

针对加图对笑的贬斥，维吉乌斯展开了针锋相对的驳斥。他不仅盛赞"笑"是自然慈母赐予人类的天性，是人类表达内心愉悦的途径，还反讽加图对"笑"的斥责实乃违背常识和天性之举：

> 说话不是我们的本能，但笑却是我们的天性。你可以仔细观察，哑巴不跟别人笑，却常常自己笑到浑身散架，这种获得愉悦的本领是自然赐予我们的馈赠……倘若适度的害怕、希望、喜悦、痛苦、哭泣、愤怒都要被斥责，还有什么不算是过错呢？[②]

维吉乌斯不仅捍卫了人类"笑"的权利，而且捍卫了人类与生俱来的表达喜怒哀乐的权利，进而捍卫了人的天性之善以及人类在天性的引导下追求"快乐"的权利。论及加图对"笑"大加斥责的理由，维吉乌斯指出，这是加图的悲观主义人性观所导致的：

> 你也斥责"笑"这一行为。或许你不曾想到，你不仅在斥责你所从事的工作中最美好的、也最能为你增光添彩的部分，也在斥责这种自然独独赐予人类却没有赐予其他动物的特

---

① [意] 瓦拉：《论快乐》，李婧敬译，人民出版社2017年版，第27—28页。
② [意] 瓦拉：《论快乐》，李婧敬译，人民出版社2017年版，第40页。

质……我想，你之所以谴责笑无非是为了赞颂你在家中思忖再三后才决定采取的这副悲天悯人的腔调。[1]

维吉乌斯进一步指出，斯多葛派之所以要摆出一副悲天悯人的姿态，并不是因为世界果真如他们所说的那般充斥着罪恶，而是因为他们希望通过斥责众人的凡俗天性来凸显自身的鹤立鸡群。然而，对于明辨是非的人而言，他们所宣扬的理论是站不住脚的：

如果说世人的耳朵拒绝他们的谴责，他们就该好好在自己身上找原因，尤其是这种口不择言的谩骂。[2]

最后，维吉乌斯一言击中要害："我们的理念遵从自然，你们的想法违背自然，而我正试图说服你。"[3]

在作品的第三部分，基督教派发言人再一次谈及关于"笑"的论题，并对加图所说的"人类从恶行中获取快乐"的观点予以再度批驳。尽管安东尼乌斯并未如维吉乌斯一般，对"笑"赞不绝口，却相当肯定地表明，"笑"这种行为本身无关善恶，是一种值得尊重的人之天性：

说到你对于笑的看法，事实上，任何因自己而发笑的人绝不会认为自己所笑之事是丑恶的（就连你也承认笑是一种快乐）。至于人们因他人的卑鄙而发笑，也不是乐见他人的可笑，而是庆幸自己与那些人不同。不仅如此，人们不禁会为从未经历过的新奇之事发笑，也会因高尚、得体和适宜之事而笑。例如，当我们遇见某位朋友，往往会在开口问安之前报以微笑。我不否认，人们常常出于一些愚蠢且错误的原因发笑，但笑与

---

[1]　[意] 瓦拉：《论快乐》，李婧敬译，人民出版社 2017 年版，第 40 页。
[2]　[意] 瓦拉：《论快乐》，李婧敬译，人民出版社 2017 年版，第 40 页。
[3]　[意] 瓦拉：《论快乐》，李婧敬译，人民出版社 2017 年版，第 42 页。

哭一样,都是中性的。显然,若不是有益于自身,谁也不会哭,谁也不会笑。①

通过对三位发言人关于"笑"的论述进行分析,可以较为清晰地探察其对于人之天性的不同理解。很明显,在这场关于笑的善恶之辩中,基督教神学家与伊壁鸠鲁派发言人的观点并不存在根本的冲突:二者都否认人之天性是"恶"之源头,也都不主张对其进行谴责和抵制。

事实上,三位发言人对"笑"的态度不仅体现于其发言的内容,也充分反映在作者瓦拉对三位发言人的表情描述中,尤以对维吉乌斯的神色描绘最为频繁和生动。

在加图结束发言,维吉乌斯首度出场时,瓦拉先后八次使用了与"笑"有关的词汇,将加图的"不苟言笑"和维吉乌斯的"谑而不虐"勾画得栩栩如生:

> 加图说完,维吉乌斯微笑着接过了话茬:虽说各位谈论的是无与伦比的重要论题,且加图发表高论时不仅内容深刻,情绪更是激昂,我却还是忍不住笑意:没想到一代雄辩大师、法庭中的常胜将军竟会马失前蹄,说出一番难以自圆其说的言论。为了不被这位不苟言笑的法官指责为恶意取笑,以至于我无法开口,我要表明我得意的原因并不在于他背叛了自己的立场,而在于他的言论居然对我的立场有利。
>
> ……
>
> 噢,你这冥顽不化的斯多葛派,原来你是真心希望人类无忧无虑地追求快乐!我真为你感到好笑,但愿今天在座的听众里没有你的同僚,有我这个伊壁鸠鲁派就足够了。否则他们定

---

① [意]瓦拉:《论快乐》,李婧敬译,人民出版社 2017 年版,第 227 页。

会斥责你，而我只会讥笑你；你在一番高谈阔论之后，居然会在结束之际哀求上天减轻对人类罪恶的惩罚（就算是在你眼里骄奢软弱的伊壁鸠鲁派也不敢如此），若是你的同僚们听见了，必定勃然大怒；而我却要乐不可支地默默支持你的言论，倒不光是因为你在替我说话，而是因为你撩开了内心所想的面纱。①

不难看出，作者在此处对两位发言人的描述其不仅仅局限于陈述其发言内容，还着意刻画了两人的性情和神态，因而具有明显的戏剧化表现色彩。除此之外，瓦拉在后续章节先后使用了"忍住不笑"②"笑掉大牙"③"博人一笑"④"嘲笑"⑤"说笑"⑥"笑柄"⑦"笑料"⑧等词汇来点缀维吉乌斯的演说，将其乐观的态度和幽默的性格展现得相当传神。在第三部分，安东尼乌斯也对维吉乌斯的幽默进行了同样风趣的调侃："维吉乌斯，你总爱开玩笑，捉弄这一帮朋友。"⑨

瓦拉为何要对发言人的神色进行如此细致入微的描述？除了从形式上令作品显得更为生动以外，瓦拉也试图通过这些细节表明整部作品的论理方式："在谈笑之间阐明道理。"⑩

---

① ［意］瓦拉：《论快乐》，李婧敬译，人民出版社 2017 年版，第 32—33 页。
② ［意］瓦拉：《论快乐》，李婧敬译，人民出版社 2017 年版，第 45 页。
③ ［意］瓦拉：《论快乐》，李婧敬译，人民出版社 2017 年版，第 110 页。
④ ［意］瓦拉：《论快乐》，李婧敬译，人民出版社 2017 年版，第 160 页。
⑤ ［意］瓦拉：《论快乐》，李婧敬译，人民出版社 2017 年版，第 183 页。
⑥ ［意］瓦拉：《论快乐》，李婧敬译，人民出版社 2017 年版，第 184 页。
⑦ ［意］瓦拉：《论快乐》，李婧敬译，人民出版社 2017 年版，第 184 页。
⑧ ［意］瓦拉：《论快乐》，李婧敬译，人民出版社 2017 年版，第 184 页。
⑨ ［意］瓦拉：《论快乐》，李婧敬译，人民出版社 2017 年版，第 291 页。
⑩ ［意］瓦拉：《论快乐》，李婧敬译，人民出版社 2017 年版，第 6 页。

从这个意义上说，伊壁鸠鲁派发言人维吉乌斯的幽默风趣恰恰代表了作者瓦拉在《论快乐》中所采取的行文风格。关于这一点，瓦拉借维吉乌斯之口对两位古希腊哲学家进行了对比：

> 我们曾读到某个叫赫拉克利特的家伙，他常常在公众场合对他人的行为指手画脚，甚至可怜他们丧失理智；相反，德谟克里特出现在大家面前时却总是笑容可掬。同一桩事情，令一个人哭，却让另一个人笑。在我看来，你与赫拉克利特很相似，总为人类哭泣……至于我，尽管我喜欢笑，你却不能将我比作德谟克里特。因为我笑的不是众人，而是为众人哭泣的某一个人。倘若你认为我是德谟克里特，也就是认为赫拉克利特被德谟克里特嘲笑，这一点的确没错：赫拉克利特是斯多葛派的先驱，德谟克里特则是伊壁鸠鲁的导师。①

此处，瓦拉比较的不仅仅是两位古希腊哲学家，也不仅仅是作为伊壁鸠鲁派发言人的维吉乌斯和作为斯多葛派发言人的加图，而是瓦拉本人与其他同类伦理学论著的作者。"用轻松调侃来代替惯常的犀利严肃"②——这正是瓦拉在《论快乐》中采取的与众不同的修辞策略。换言之，瓦拉对维吉乌斯"笑意盈盈"的演说风格的描绘可谓是对他本人的真实写照，从侧面反映出他对"快意人生"的理解：畅快地表达、耐心的倾听、彼此的尊重以及求同存异的胸怀。

综上所述，《论快乐》阐述了三种具有代表性的人性观：

---

① [意] 瓦拉：《论快乐》，李婧敬译，人民出版社2017年版，第33页。
② [意] 瓦拉：《论快乐》，李婧敬译，人民出版社2017年版，第6页。

加图眼中趋恶避善的人、维吉乌斯眼中身心俱善的人和安东尼乌斯所说的凭借自由意志对善恶进行自主选择的人。

无论是从篇幅、笔墨，还是陈述的顺序来看，加图的悲观主义人性观显然是瓦拉批判的对象，安东尼乌斯的人性观则最能代表瓦拉真正的观点。值得探讨的是瓦拉对伊壁鸠鲁派发言人维吉乌斯言论的看法：既批判，也赞赏。

诚然，瓦拉作为基督教徒，其对于人性的观念不可能与异教背景下的伊壁鸠鲁主义哲学完全吻合，但他对于伊壁鸠鲁派伦理思想的欣赏却是显而易见的。在整部对话中，瓦拉本人一直隐藏于诸位听众之中，唯一一次发言的内容就是为维吉乌斯的乐观主义自然观和人性观进行辩护：

劳伦修斯（Laurentius Valla）① 说：你的承诺很好，维吉乌斯！你不仅吸引了我们的注意，还赢得了我们的些许支持。但愿神灵不会降罪于我，但我的内心确实默默倾向于你的观点。②

在此，瓦拉通过最后一句话委婉而精妙地道出了自身对伊壁鸠鲁派人性观的态度：一方面，针对伊壁鸠鲁派哲学对于人性的尊重，他表示认同和赞赏；另一方面，这种赞赏却仅仅限于"内心的默默倾向"，而非百分之百的趋同。正因如此，瓦拉才会让安东尼乌斯继续阐述基督教的人性观，并以后者为最终的落脚点。在这一过程中，瓦拉与许多同时代的人文主义者一样，表现出了一种意识与潜意识、理性与感性之间的矛盾：

---

① 劳伦修斯·瓦拉是《论快乐》文稿中的对话角色之一，与《论快乐》的作者、15世纪意大利人文主义学者、语文学家、演说家和哲学家洛伦佐·瓦拉（Lorenzo Valla）相对应。

② ［意］瓦拉：《论快乐》，李婧敬译，人民出版社2017年版，第52页。

在感性的潜意识层面，他接纳并且赞同伊壁鸠鲁派哲学思想中的人性化元素；然而，在理性的意识层面，他依然选择依靠基督教信仰去寻求至高无上的真善。

从这个意义上说，瓦拉的人性观既不是纯粹的伊壁鸠鲁派思想，也明显有别于中世纪的基督教神学伦理。一方面，他的确借安东尼乌斯之言肯定了伊壁鸠鲁主义哲学思想中某些元素的价值；但另一方面，他的真正目的并非以伊壁鸠鲁派的人性观替代基督教的人性观，而是将这二者视作盟友，通过这两种伦理价值体系驳斥斯多葛派对人性的悲观看法。事实上，在人性善恶的问题上，加图的发言并不仅仅代表斯多葛派的观点，在某种程度上也反映了亚里士多德的道德理论。瓦拉深知，单纯以伊壁鸠鲁派的观点为武器对亚里士多德的思想加以反击，是不够充分有力的。因此，在摆出伊壁鸠鲁派观点之后，瓦拉随即以基督教神学家的发言作为补充，通过后者来论证前者的合理性，同时对前者的某些观点进行修正，在肯定、认同的前提下加以补充、完善、升华。

表面看来，安东尼乌斯的观点与加图的言论不乏相似之处：两者都提到了人性的约束和限制——事实上，斯多葛派思想的确是早期基督教教义的来源之一。但两者之间是存在本质差异的：前者尊重人之天性，后者抗拒人之天性；前者乐观，后者悲观；前者以信仰和希望鼓舞人追求快乐，后者以高尚之名阻止人追求快乐；前者在尊重人性的基础上加以节制和引领，使之更为完满幸福；后者在贬斥人性的基础上与人性为敌，令人感到生活无可眷恋，从而将志趣转移至空洞的高尚，将其作为无趣人生聊以自慰的调料。

在《论快乐》中，瓦拉希望构建的是一种尊重人性的基督教伦理系统，"既懂得人性，又懂得超越人性"，而不是"脱离人性去空谈超越性和神圣性"。[①] 在此基础之上，瓦拉全面展开了对于人生至善的探寻。

第五章 舍生取义或利义相生？
——《论快乐》的义利观

基于对自然观和人性观的探讨，瓦拉正式开启了探索人生至善的过程。在分别阐述斯多葛派和伊壁鸠鲁派主张的过程中，瓦拉对"高尚"和"利益"的内涵进行审视，针对一系列具有代表性的历史人物和历史事件展开剖析，驳斥了以"高尚"为名否定人性、蔑视利益、压抑人欲的禁欲主义思想，重新构建了世俗生活中"义"与"利"的关系。

第一节 高尚乃人生至善

在《论快乐》第一部分的第十五节，瓦拉借维吉乌斯之口对"高尚"和"利益"进行了定义。维吉乌斯表示，对"高尚"的定义借鉴了西塞罗在《论至善与至恶》（*De finibus bonorum et malorum*）中的观点：

我们也可借用西塞罗的说法："高尚"是一种与任何利益、奖赏和成果无关的，纯粹因自身魅力而赢得赞赏的品质。①

---

① ［意］瓦拉：《论快乐》，李婧敬译，人民出版社 2017 年版，第 50 页。

这一定义表明"高尚"与"利益、奖赏和成果"等其他价值之间并无因果关联，突出强调了"高尚"这种品质本身就是人理应追求的终极目标，即人生至善。

关于利益，维吉乌斯则归纳了"有益之事"的两大特征："首先，'有益'意味着没有恶，包括危险、担忧和劳累；其次，'有益'意味着受人喜爱，且应成为所有快乐的源泉。"[1] 通过维吉乌斯的阐释，瓦拉在"利益"与"快乐"之间建立了一种直接的联系：所谓利益，必然能够带来快乐，而所谓快乐，则是利益与愉悦的结合体。基于此，对于"高尚"与"利益"的探讨也就演变成了对于"高尚"与"利益"及其所能带来的"快乐"的探讨。

作为第一位发言人，加图首先表明了斯多葛派的义利观。继斥责自然令人类社会恶行泛滥和人之天性趋恶避善之后，加图捧出了用于对抗自然之恶和人性之恶的利器——"高尚"：

> 人性具有一种普遍的弱点：面对有悖于"善"或"高尚"之事亦步亦趋；相反，对于真理和完美而善良的事物，不仅追求者极少，甚至常常为众人所憎恨、唾弃和忽视。这所谓的"善"与高尚、正义、刚毅和节制[2] 息息相关。[3]

在此，加图不仅指出了"善"与"高尚"之间的趋同关系，还着意强调了一个现象："善"常常被大众所憎恨、唾弃和忽视，只是极少数人追求的对象。这些深谙高尚真谛的"极少数人"究竟是何许人也？加图列举了一系列古代先贤，称

---

① ［意］瓦拉：《论快乐》，李婧敬译，人民出版社 2017 年版，第 145 页。

② 其中，后三种德行——正义、刚毅和节制与天主教伦理体系中四枢德中的义德、勇德和节德相对应。

③ ［意］瓦拉：《论快乐》，李婧敬译，人民出版社 2017 年版，第 12 页。

其为"高尚之人":大义灭亲的共和国执政官布鲁图斯、击退埃特鲁利亚军队的独眼英雄豪拉提乌斯（Publius Horatius Cocles，生卒年不详）①、冒死刺杀敌军领袖并自焚右手以明志的壮士穆修斯、战死沙场的古罗马执政官德西乌斯父子、在第二次布匿战争中成功抵抗汉尼拔进攻的军事家费边（Quintus Fabius Maximus Verrucosus，约前 280—前 203）②、为挽救罗马而牺牲的爱国青年库尔提乌斯（Marcus Curtius）③、拒收皮洛士巨额贿金的政治家法布里基乌斯、宁死不与迦太基议和的军事活动家雷古鲁斯、布匿战争中功勋卓著的将领西庇阿祖孙（大西庇阿，Publius Cornelius Scipio Africanus，前 235—前 183；小西庇阿 Publius Cornelius Scipio Aemilianus Africanus Numantinus，前 185—前 129）④、古希腊政治家地米斯托克利

---

① 普布利乌斯·豪拉提乌斯·科莱勒斯是古罗马的独眼英雄。公元前 508 年，由埃特鲁里亚人组成的军队入侵罗马，毁坏了台伯河上的苏布里基乌斯桥。豪拉提乌斯奋勇遏止敌军进攻，后因溺水身亡，其事迹在罗马被广为传颂。

② 昆图斯·费边·马克西姆斯·维尔鲁科苏斯是古罗马政治家、军事家、杰出的统帅。费边曾五次当选为执政官，两次出任独裁官，并担任过监察官。在第二次布匿战争中，费边为了挽救处于危难之中的罗马，采用拖延战术，成功抵御了汉尼拔的进攻，留下英名。

③ 马尔库斯·库尔提乌斯（拉丁文：Marcus Curtius）是古罗马传说中的一位青年。相传公元前 362 年，罗马发生了一次地震。地震后的古罗马广场突然崩裂，出现了深不见底的裂缝。预言家说该裂缝是通往地狱的入口，将不断扩大并最终毁掉罗马城，除非罗马人民愿意牺牲罗马最珍贵的财富方可阻止此事的发生。库尔提乌斯见状走上前去，表示罗马人最珍贵的财富就是武器和勇气。随后他骑着马，带着武器，纵身跳入裂缝。裂缝弥合，罗马得救。

④ 大西庇阿是古罗马统帅和政治家，第二次布匿战争中罗马主要将领之一，以击败迦太基统帅汉尼拔而著称于世，获得"征服非洲者"称号。小西庇阿是罗马共和国将领，两次出任执政官一职。小西庇阿曾率军攻陷迦太基城，结束了罗马与迦太基的百年争霸。小西庇阿继他祖父之后获得"征服非洲者"称号的第二人，此外，他还因征服西班牙城市努曼提亚获得了另一称号："征服曼提亚者"。

（Themistocles，前525—前460）①、人称"正义者"的雅典政治家阿里斯提德（Aristides，前530—前468）②、领导底比斯脱离斯巴达控制的伊巴密浓达（Epaminondas，前418—前362）③ 等。此外，加图还盛赞毕达哥拉斯、苏格拉底、柏拉图、亚里士多德、泰奥弗拉斯托斯（Theophrastus，约前371—约前287）④、芝诺（Zeno Citieus，约前336至前335—约前263）⑤、克里安西斯（Cleanthes，前331—前232）⑥、克律西波斯（Chrysippus，约前281／277—约前208／204）⑦、荷马（Homerus，约前9世纪—前8世纪）⑧、品达（Pindarus，约前518—前438）⑨、米南德（Menander，前342—前291）⑩、希罗多德、欧里庇得斯

---

① 地米斯托克利是古希腊政治家、军事家。

② 阿里斯提德是古希腊雅典政治家、军事家，人称"正义者"。

③ 伊巴密浓达是古希腊城邦底比斯的政治家和军事家。他领导底比斯脱离斯巴达的控制，并且使其跃升为希腊最强大的城邦之一。

④ 泰奥弗拉斯托斯是古希腊哲学家和科学家，先后受教于柏拉图和亚里士多德，后来接替亚里士多德领导其"逍遥学派"。

⑤ 季蒂昂的芝诺是古希腊哲学家。芝诺于公元前313年左右到雅典研究哲学，受到苏格拉底、赫拉克利特、犬儒学派等的影响，后于公元前305年左右创立了斯多葛学派。

⑥ 克里安西斯是古希腊斯多葛派哲学家，师从季蒂昂的芝诺，后成为斯多葛学派的领袖。

⑦ 克律西波斯是古希腊斯多葛派哲学家，在克里安西斯教诲下信奉斯多葛派哲学，并于公元前232年继任该学派领袖。

⑧ 相传荷马是古希腊诗人，生于小亚细亚，双目失明，其史诗作品《伊利亚特》和《奥德赛》统称《荷马史诗》。关于荷马的具体身份，至今没有确凿的史实证据，某些学者将其视为传说中的人物，并将其代表作《荷马史诗》视作当时口头流传的诗作结晶。

⑨ 品达是古希腊抒情诗人，诗风格庄重，词藻华丽，形式完美，对后世欧洲文学有很大影响。

⑩ 米南德是古希腊剧作家，被认为是古希腊新喜剧的代表人物。米南德的剧本

(Euripides，前 480—前 406)[①]、德摩斯梯尼(Demosthenes，前 384—前 322)[②] 等饱学之士。

为了凸显高尚的价值，加图进一步指出，高尚如同"耀眼的阳光"，崇高而神圣，并非人人能够企及，只有少数智者才能了解其要义：

> 它太过高贵和神圣，以至于无法映入我们的眼帘，只能凭头脑和心灵来凝望。所以说，越是拥有智慧的人，就越能清晰地看见高尚的面孔，如同看清太阳一般。[③]

这里，加图强调了高尚与智慧之间的联系。最后，加图表示，当今世人大多忙于追名逐利，唯有斯多葛派学者继承了古代先贤的智慧，成为当代追求"高尚"的典范：

> 如今，斯多葛派可谓是最善于传承古代德行的学派，他们宣称高尚是唯一的善：我对他们佩服得五体投地，正如塞涅卡所期望的："与其他所有的哲学流派相比，他们是如此出众，如同女人堆里的男人。"[④]

加图在论证"高尚乃人生至善"的过程中并未对所谓"高尚"本身的内涵进行清晰的规定，却极为重视榜样行为的典范效应（包括古希腊—古罗马先贤和当代斯多葛派学者做出的典范）。这一做法深受亚里士多德的德行伦理体系的影响。亚里

多以爱情故事和家庭生活为主题，塑造出性格丰富的人物形象，其代表作有《古怪人》和《公断》等。

① 欧里庇得斯是古希腊剧作家，与埃斯库罗斯和索福克勒斯并称为"希腊三大悲剧大师"。他一生共创作九十多部作品，其中十八部保存至今。

② 德摩斯梯尼是古希腊演说家、民主派政治家。德摩斯梯尼有大量作品传世，系古代雄辩术的典范，但部分疑为伪作。

③ ［意］瓦拉：《论快乐》，李婧敬译，人民出版社 2017 年版，第 12 页。

④ ［意］瓦拉：《论快乐》，李婧敬译，人民出版社 2017 年版，第 18—19 页。

士多德认为，德行作为一个人的内心品性，源自行为的惯常养成。蕴藏于内心的品性通过行为来表达，行为也就成了内心品性的外在表征。在如何才能做出德行的问题上，亚里士多德认为无须从理论层面对德行的内容制定规范，只需模仿榜样的行为。[1] 相较于后世的规范伦理学而言，德行伦理学所强调的正是将德行视为人生的引领，鼓励世人自发地、主动地、为企及高尚而颐养德行，加图所主张的"高尚乃人生至善"与这一体系是一脉相承的。

第二节　两利相权取其重

与加图针锋相对，维吉乌斯首先阐明了伊壁鸠鲁派乐观主义的自然观和人性观，并以此为前提，指出真正的人生至善并非以对抗人之天性为宗旨的"高尚"，而是以顺应和舒展人之天性为目的的"快乐"。

一、"高尚之举"实乃"有益之行"

针对加图先前列举的一系列以追求高尚而流芳百世的典范人物，维吉乌斯提出尖锐的质疑：古代先贤究竟是在何种力量的驱使下选择作出令人赞赏的明智之举？是"与任何利益、奖赏和成果无关的，纯粹因自身魅力而赢得赞赏的"[2] 高尚，还

---

[1]　张传有：《道德的人世智慧——伦理学与当代中国社会》，人民出版社2012年版，第119页。

[2]　[意] 瓦拉：《论快乐》，李婧敬译，人民出版社2017年版，第50页。

是作为"快乐之源泉"①的利益？为此，在《论快乐》第二部分里，维吉乌斯从被加图视为典范的先贤事迹中选择了若干，就其行为动机逐一进行具体解析。

在维吉乌斯看来，刺杀波尔森纳未遂的穆修斯之所以能以令人难以置信的强大意志将自己的右手送进火炉，乃是因为他十分清楚自己已无路可逃，不如以自焚右手明志，以此达到弃手保命并且迷惑敌人的目的。②

关于战死沙场的德西乌斯父子，维吉乌斯指出，在当时大军溃散、败局已定的情况下，德西乌斯父子只好退而求其次，选择"为军队而死"，而不是"随军队而亡"，以此留下美誉，算是为后代积累一份财富。出于同样的动机，德西乌斯的孙子也在对抗皮洛士的战争中做出了与家族前辈同样的选择。③

谈到宁愿客死异乡也坚决反对罗马与迦太基议和的雷古鲁斯，维吉乌斯从三个角度分析了促成其大义赴死的动机：其一，他担心与迦太基交换战俘会使本已胜券在握的战局颠覆，他自己亦有可能再度被俘，如此一来必将招致众人的怨恨；其二，他对迦太基恨之入骨，以至于宁死也要将对方彻底击溃——与其归降乞怜，不如为国捐躯；其三，根据奥鲁斯·格利乌斯（Aulus Gellius，约125—约180）④在《阿

① [意]瓦拉：《论快乐》，李婧敬译，人民出版社2017年版，第50页。
② [意]瓦拉：《论快乐》，李婧敬译，人民出版社2017年版，第117—118页。
③ [意]瓦拉：《论快乐》，李婧敬译，人民出版社2017年版，第118页。
④ 奥鲁斯·格利乌斯是1世纪古罗马作家，其代表作《阿提卡之夜》是他在阿提卡过冬时创作的作品。该作品记录了作者的所见所闻所读，为后世提供了许多关于那个时代的重要史料，许多已失传的古籍的内容也保留在其中。

提卡之夜》（*Noctes Atticae*）中的记载，迦太基人曾给雷古鲁斯下过慢性毒药。于是，明知已是日薄西山的雷古鲁斯不但用时日无多的生命换回了女儿的嫁妆，还赢得了爱国者的荣耀。①

至于以品德高尚而著称的法布里基乌斯，维吉乌斯不仅赞扬他拒收贿款，还讲述了关于他的另一则佳话：一名从皮洛士那里来的逃兵，自称是皮洛士的御医。声称只要有酬金，便自愿前去毒死旧主。法布里基乌斯认为此举不妥，便将此人遣返回国，交由其国王处理。对此，维吉乌斯认为法布里基乌斯之所以做出如此明智的决定，并不是为了追求高尚，而是因为他极其重视荣誉——法布里基乌斯深知，不光明正大地兵戎相见，却在暗地里投毒，这不仅是他个人的耻辱，更是整个罗马民族的耻辱。法布里基乌斯之所以采用这一策略，是希望用巨大的恩惠不战而屈人之兵，将对方国王化敌为友。事实也的确如此，出于对法布里基乌斯的敬佩，皮洛士释放了罗马的战俘，为他和罗马都带来了极大的利益。②

维吉乌斯还列举了科德鲁斯（Codrus）③、墨诺扣斯

---

① ［意］瓦拉：《论快乐》，李婧敬译，人民出版社2017年版，第119—120页。
② ［意］瓦拉：《论快乐》，李婧敬译，人民出版社2017年版，第149—151页。
③ 科德鲁斯是古希腊雅典的最后一位君主。传说雅典的王政时期终结于一场与斯巴达的战斗。根据德尔菲神谕的预言，雅典人只有牺牲自己的君王，才有可能在战斗中取胜。斯巴达人在得知该预言后千方百计避免伤害科德鲁斯。科德鲁斯为了拯救雅典，乔装为一位老人，故意激怒在树林中砍柴的斯巴达士兵，随后被他们杀害。后来，斯巴达人才得知死去的老人就是雅典国王科德鲁斯。预言变成现实，斯巴达人在战斗中失败，雅典得以留存（随后进入共和国时期）。科德鲁斯国王成为为国捐躯的代表人物。

(Menoeceus)①、萨贡托英雄②的事迹，表明英勇献身之举的真正目的不外乎是通过为国家立功，获得相应的奖赏，且这种奖赏是"不以任何外物为目的"的"高尚"无法带来的。

维吉乌斯进而指出，某些被加图视作高尚之举的行为，实则包含了险恶的用心，丝毫不值得效仿。针对布鲁图斯的大义灭亲之举，维吉乌斯作出了如此评价：

> 说到布鲁图斯，谁能否认他根本不是为了追求高尚而弑杀自己的儿子？在常人看来，儿子有罪，做父亲的不仅不极力挽救，还要借题发挥，亲自对其施加刑罚，这样的人不算恶人也就罢了，怎可被归为好人之类？还是让我来说说他此举的真正动机吧。原来，布鲁图斯对国王塔奎尼乌斯早已怀恨在心，并因此装疯卖傻很长时间。由于儿子为了拥护被罢黜的国王复辟，不惜将他流放并杀害，他便怀疑他们并非己出，而是塔奎尼乌斯的子嗣。于是，他将自己的儿子当作死敌暴君的后代加以处置。他之所以如此，无非是想杀鸡儆猴……布鲁图斯的所谓爱国之心，并不等同于追求高尚和维护罗马的自由，而是为了保全自身在罗马的性命和名誉。为了满足自身对溢美之词的无底贪欲，他竟不惜杀害自己的儿子，这种行为有何正义可言？恐怕在你们斯多葛派看来也是极其卑鄙的吧。③
>
> ……

---

① 墨诺扣斯是希腊神话中底比斯君主克瑞翁的父亲。在"七雄攻打底比斯"期间，先知特伊西亚斯预言只有一位地生人的牺牲才能使底比斯城摆脱瘟疫的折磨，墨诺扣斯于是从城墙上纵身跳下，以自己的生命换取底比斯的安全。

② 公元前219年，迦太基将领汉尼拔出兵攻打西班牙萨贡托，该城向罗马求援，但罗马认为该城不是罗马的同盟，故未能出兵相助。迦太基军队围困该城八个月，尽管守城将领顽强抵抗，但最终仍被占领。

③ ［意］瓦拉：《论快乐》，李婧敬译，人民出版社2017年版，第147—148页。

同样，托尔夸图斯的行为也并非义举。他嫉妒儿子无与伦比的美誉，便想尽办法罗织一个虚妄的恶名。他以所谓的大义灭亲之举在罗马民众面前炫耀自己比其他任何人都严守军队的纪律。这样的父亲简直该被儿子处死！果不其然，当他回到罗马之后，没有任何年轻人对他表示拥护。①

总之，在维吉乌斯那里，先贤们令人赞叹的豪言壮举都是有所图谋的，所有"高尚之举"都不外乎是"有益之行"。事实上，这一点在西塞罗对"高尚"的定义中（"一种纯粹因自身魅力而赢得赞赏的品质"）也有所体现：不错，西塞罗的确强调"高尚"是不以获取其他价值为目的的，但他也没有否认这一品质能够赢得赞赏——究其根本，这所谓的赞赏若不是"荣耀"，又能是什么呢？维吉乌斯强调，对包括荣耀在内的利益的追求并不妨碍先贤们为后人所称赞、效仿、敬仰。通过对一系列贤人义举的动机进行剖析，维吉乌斯化解了贤人和凡人之间的界限，表明典范与凡人的行为动机并不存在本质区别；即使对于贤人而言，高尚也只是工具，而非目的。两者之间的差异只在于贤人能够审时度势，铸就美名，而凡人却常常因目光短浅而因小失大。世人追求利益本就无可厚非，是光明正大的。斯多葛派若不分青红皂白，给追求利益的人统统扣上"见利忘义"的帽子，便会更加暴露自身的虚伪。

二、"古格斯的戒指"之辩——两利相权取其重

在论证"高尚之举"不外乎"有益之行"的基础上，维吉

---

① ［意］瓦拉：《论快乐》，李婧敬译，人民出版社 2017 年版，第 148—149 页。

乌斯进一步阐述何谓真正的"有益之行"。在《论快乐》第二部分的第二十六节，维吉乌斯引述了"古格斯的戒指"这一古老的寓言。

作为探讨义利伦理的代表性篇章之一，"古格斯的戒指"最早出现在柏拉图的《国家篇》(De Republica) 第二卷中。[①]这则颇具神话色彩的寓言讲述了吕底亚的一位牧羊人古格斯偶然获得一枚具有隐身魔力的戒指，并利用这一秘密，在无人知晓的情况下占有王后、杀死国王，从此坐拥江山美人的故事。

在《国家篇》里，故事的讲述人格劳孔 (Glaucon，前445—约前 4 世纪)[②] 作出了一个推论：

> 倘若有两只这样的戒指，正义者和不正义者各戴一只，没有人能看见他们。在这种情况下，那个正义者不会坚定不移地继续实施正义，也不会约束自己的双手不拿别人的东西，不碰别人的财物，即使在市场上他也不用害怕，要什么就拿什么。他还能随意穿门越户，奸淫妇女，杀人劫狱。总之，他的行为就像神一样，可以在人世间为所欲为。在这样行事的时候，他和那个不正义者就没有什么差别，而是一模一样了。[③]

在格劳孔看来，在没有约束的情况下，人并不会以"正义"为准则行事。针对格劳孔的观点，柏拉图以"正义至上论"进行了批驳。在他看来，对于灵魂而言，正义是最好的东西，无

---

① ［古希腊］柏拉图：《国家篇》，载《柏拉图全集》（第二卷），王晓朝译，人民出版社 2003 年版，第 315—317 页。

② 格劳孔是古希腊哲学家，柏拉图的长兄，《国家篇》中的一个对话人物的原型。

③ ［古希腊］柏拉图：《国家篇》，载《柏拉图全集》（第二卷），王晓朝译，人民出版社 2003 年版，第 316 页。

论有没有"古格斯的戒指"，都必须行正义之事。因此，"人生前或者死后来自人和神的各种报酬和奖励都应归于正义和德行"。①

西塞罗在《论义务》（De officiis）第三卷中再次详述了这则寓言，并得出了与柏拉图相似的结论：

> 假定一个智慧的人也有了这样一枚戒指，他仍会和没有它时一样，不会想到随意害人的。因为优秀人物追求的是道德上的正确，而不是秘密。②

可以看出，针对"古格斯的戒指"，柏拉图和西塞罗都认为格劳孔的推断不成立，其理由在于对于心灵而言，只有高尚才是人生至善。因此，真正的智者永远会在义与利之间选择重义轻利，甚至舍利取义。

在《论快乐》中，维吉乌斯就古格斯的奇遇提出了同样的假设：

> 假如某人能在他人毫不知情或毫不怀疑的情况下，采取某种行为，从而获取财富、权力和统治地位，或者说满足其一切贪欲，他是否会这么做？③

对于这一问题，维吉乌斯的回答与柏拉图和西塞罗不约而同："若要问我是否赞同古格斯的做法，我一定会说不。"④但其论证的方式和理由却与前两者存在本质的差异。

维吉乌斯首先表明该寓言仅是一则传闻，如影子，又如面

---

① ［古希腊］柏拉图：《国家篇》，载《柏拉图全集》（第二卷），王晓朝译，人民出版社 2003 年版，第 637 页。
② ［古罗马］西塞罗：《论义务》，张竹明等译，译林出版社 2015 年版，第 119 页。
③ ［意］瓦拉：《论快乐》，李婧敬译，人民出版社 2017 年版，第 161 页。
④ ［意］瓦拉：《论快乐》，李婧敬译，人民出版社 2017 年版，第 163 页。

具,只为博人一笑,不足信以为真。在指出故事本身的逻辑漏洞之后,维吉乌斯进一步阐释了古格斯凭魔戒之力为所欲为的做法不值得效仿的理由。

首先,鉴于戒指的秘密迟早会被他人知晓,凭借其隐身魔力弑君篡位的古格斯势必会遭人猜疑、畏惧、仇恨,甚至招来他人或神灵的报复。如此一来,身为国王的他不仅无人真心爱戴,还将日日心存忌惮,时时担心戒指被他人觊觎、偷窃,令眼前的权利、荣耀和财富化为乌有。

其次,倘若被古格斯弑杀的并非昏君或暴君,而是良善、睿智的国王,那么古格斯无论以何种手段谋得王位,都将被臣民视为冷酷无情的刽子手,收获的也必将是举国哀悼,而非举国欢庆。可以想见,在唾骂和痛恨中统治国家的古格斯将如何不堪其忧,度日如年。

最后,古格斯原本是粗俗无知的牧羊人,在宫廷中既无亲眷,也无友人,对治国之道一无所知。为了不泄露戒指的秘密,他也不能将先前牧羊时的朋友召进宫廷辅佐。如此一来,纵使他王袍加身,也必然因国事缠身而长吁短叹,苦不堪言。长久以往,王位势必不保。

基于上述分析,维吉乌斯认为古格斯与其提心吊胆地坐在王座上惶惶不可终日,还不如从不曾拥有那枚戒指,一辈子做个无忧无虑的牧羊人。对于他的奇遇,维吉乌斯非但不羡慕,反因怜悯而哀叹道:

噢,古格斯,你何苦要疯狂地闯入宫廷,时刻担心死者的亲属子嗣找你寻仇——除非你将他们全都杀死,免除后患?在宫廷里,你谁也不认识,是没有朋友的孤家寡人,难道要把先前一同放牧的伙伴召进皇宫吗?恐怕他们也会畏惧你的残忍狡

诈；你这样一个粗俗无知，对国家大事一窍不通的家伙，必定
日夜被国事所纠缠，不得安宁。①

在整个分析过程中，维吉乌斯自始至终不曾提及"高尚"
一词，其关注点只在"利益"这个字眼上。在章节末尾，瓦拉
清清楚楚地写道：

> 我要痛斥古格斯的行为：不是因为他违背高尚的准则，而
> 是因为他粗鲁莽撞，不辨黑白。②

维吉乌斯认为，真正的"有利"或"有益"之事需具备以
下两大特征：一是不会带来伤害、危险、担忧和劳累；二是意
味着受人喜爱，且应成为所有快乐的源泉。根据这一原则，牧
羊人古格斯通过隐身戒指获取的财富、权利、荣耀、爱情（如
果被他诱骗的王后甘心为他付出爱情）皆属昙花一现、危如累
卵的蝇头小利，其价值是无法与平静安然、幸福长久的人生相
提并论的。正如鱼儿不能为了免费的饵料而上钩，人也不能舍
本逐末，为了小利而损害大益。

当然，现实生活远比故事中假定的情形错综复杂。面对诸
多似是而非的利益，究竟孰真孰伪，需要根据具体情形来判
定。轻重利弊，也会随时间、地点、人情和其他条件的变化而
变化。战场上坚守阵地的士兵是为勇敢，但若同伴都已撤离，
某人还负隅顽抗，他的举动就成了疯狂；慷慨大方之举值得赞
誉，但若分文不留便是败家；面对一两人的辱骂委曲求全是涵
养，但若长久听凭他人羞辱，便成了麻木不仁。因此，倘若战
友都已撤离，全身而退、保存实力就胜于垂死挣扎；与其将全

---

① ［意］瓦拉：《论快乐》，李婧敬译，人民出版社 2017 年版，第 166 页。
② ［意］瓦拉：《论快乐》，李婧敬译，人民出版社 2017 年版，第 166 页。

部财富都用于博施济众，不如为自己保留若干，当作后路；在横行霸道者面前，忍气吞声无用，以牙还牙才能解决问题。究其原因，无非是后一种做法能带来更多的益处。

维吉乌斯始终坚持，选择也好，取舍也罢，都只是在不同种类和程度的利益之间进行权衡，与所谓"高尚"并无关联。换言之，所有的善举，都不以追求高尚为目的，而以获取利益及其所带来的快乐为目的。智慧之人即使戴上隐身的魔戒，也不会鼠目寸光，为所欲为，因为他懂得两利相权取其重的道理。

基于同样的考虑，维吉乌斯提出人们应避免恶行——不是为了追求高尚，而是因为多行不义必自毙。维吉乌斯以暴君大狄奥尼西奥斯为例：他统治期间处处压榨民众、大肆杀戮，居然没有为神圣的良心留下一点点余地。所以，当所有人说到他都面露惧色时，他也因所有人心惊胆寒。[1] 当然，恶人偶尔也会行善举，但这并不代表他们追求高尚，而是为了谋得利益：

> 回到大狄奥尼西奥斯和其他作茧自缚的人身上，这些人几乎是瞎子，即使他们（如你们所言）偶尔睁眼，头脑恢复正常，也绝不是为了追求高尚，而是为了追求利益。不错，大狄奥尼西奥斯放走了毕达哥拉斯的朋友，汉尼拔将敌人安葬，但他们这么做，无非是为了避免落下残酷不仁的恶名，收买人心；至于减免赋税，保留城池之举，也不过是为了稳固其政权罢了。[2]

简而言之，在维吉乌斯那里，无论是贤人还是恶人，其行

---

[1] ［意］瓦拉：《论快乐》，李婧敬译，人民出版社2017年版，第145页。

[2] ［意］瓦拉：《论快乐》，李婧敬译，人民出版社2017年版，第147页。

事的目的都是为了追求利益。斯多葛派若不分青红皂白地一味斥责，只会更加暴露自身的虚伪。

三、"惩恶扬善"或是"趋利避害"——关于法律的宗旨

尽管维吉乌斯反复强调以追求利益作为行为导向，却并不主张极情纵欲、利欲熏心的生活。相反，他认为只有在理性的制约和辅佐下，快乐才能真正长存。基于此，维吉乌斯提出，法律的根本宗旨并不在于斯多葛派所说的"惩恶扬善"，而在于"趋利避害"：

> 一座城邦的立法者，往往是此地的王公贵族，他们制定律法是为了维护其疆土（及其荣耀头衔）的伟大、稳固和安定。一方面，他们可用奖赏招贤纳士，令其为国家效力；另一方面也可用严刑峻法威慑不轨之徒，避免他们造成损害。若是有人违反了为保护君主和臣民利益而设立的法律，我们便认为他违背了高尚的准则，而不是冲撞了立法者的利益，这不是令人笑掉大牙吗？……法律并不要求人们消除害人之心，只要求他们不做害人之事。它惩罚的是恶行，而不是恶意。这足以说明法律保护的是人们的利益，而不是高尚或道德。①

维吉乌斯指出，法律的"惩恶"功能实则是以刑罚威慑人们不造成恶果（而非阻止人们产生恶念），而所谓"扬善"，无非是以桂冠、塑像、荣誉等作为奖赏，鼓励人们追求利益及其所带来的快乐，而非高尚。因此，只有承认"好人为追求自身

---

① ［意］瓦拉：《论快乐》，李婧敬译，人民出版社 2017 年版，第 157 页。

之利而避免犯罪，坏人因畏惧惩罚而避免作恶"①，才能真正理解法律是如何通过宽严相济、恩威并重的方式来维护国家的秩序和安宁的。此种观念体现了对于德行伦理体系的反省，是功利主义伦理思想的早期雏形。

第三节　重构义与利的关系

维吉乌斯关于义与利的论述是最能体现《论快乐》伦理观精髓的篇章之一。瓦拉正是借维吉乌斯之口重新审视了"利益"的价值，从世俗层面上确立了追求"利益"（及其背后的"快乐"）的合理性，提出了最初的功利主义伦理价值观。

一、利益至上

维吉乌斯多次表明，斯多葛派口中的"高尚"并无确切的内涵，只是用于对抗人性和人欲的工具。

倘若一个人追求高尚，即便没有任何回报，也会做出如此选择。你要说：高尚从不要求奖赏，只因它本身就是对于自己的最高奖赏。我从未听过如此荒谬的言论，什么叫"对自己的最高奖赏"？我为什么要英勇？为了高尚。何谓高尚？高尚就是英勇。在我看来，这是文字游戏，不是处世之道；是玩笑话，不是警世格言。我英勇是为了英勇，我赴死是为了赴死。这是什么奖赏，什么报偿？干脆承认，高尚是虚无缥缈，无法

---

① ［意］瓦拉：《论快乐》，李婧敬译，人民出版社2017年版，第158页。

实现的。为了跑而跑，为了坐而坐，为了走路而走路，我的老天爷，若是有人这么说话，恐怕要让人笑掉大牙。①

基于上述分析，瓦拉指出"高尚"与"卑鄙"之说乃是空洞的言辞：斯多葛派所提到的贤人义举既不算高尚之举，也不算卑鄙之行。维吉乌斯进而指出，世俗生活的方方面面都是以追求利益为目的的：

不仅我先前提到的法律条文是为了追求能够带来快乐的利益，整个城邦和国家的体系也是如此，民众不会选择无法为他们谋利的人成为城邦的统治者或管理者。人文科学之外的各种技艺，诸如农业、建筑业、纺织业、绘画业、造船业、雕塑业、印染业等，哪种不是为了使人类的生活更为丰富而存在的？又有哪种是为追求高尚而服务的呢？所谓"七艺"②不也是如此吗？难道算术、几何和音乐能教会我们追求高尚？那么医学呢？医者的宗旨是治病救人，并从中谋求利益——当然，他们也得为自己治疗疾病；说到法学家，他们与医生类似，除了谋求利益，还谋求名望；至于诗人，他们正如贺拉斯（Quintus Horatius Flaccus，前65—前8）③所说："渴望带来用途，或者带来愉悦"——愉悦带给他人，名望却要留给自己；历史学家也差不多，收人钱财，为他们树碑立传；雄辩术被称为所有学科之王，其种类有三：前两种分别是为了教导和感动听众（诸

① ［意］瓦拉：《论快乐》，李婧敬译，人民出版社2017年版，第110页。
② "七艺"是起源于古希腊时期的七门课程，包括三艺（拉丁文：trivium）和四艺（拉丁文：quadrivium）：前者指语法学、修辞学和逻辑学，后者包括算术、几何、音乐和天文学，两者相和即所谓的"七门自由艺术"（拉丁文：septem artes liberales），简称"七艺"。
③ 昆图斯·贺拉斯·弗拉库斯是古罗马帝国时期的著名诗人、批评家和翻译家，其代表作有诗体长信《诗艺》等。

位一定明白我的所指），第三种则为了带来快乐，单从"快乐"这个字眼就能明白此类演说属于阿瑞斯提普斯（Aristippus，前435—前356）① 还是克律西波斯。谈到友谊，其目的何在？自古以来，这种普天之下共同追求、赞颂的美好情谊若不是相互帮助，不是为了在付出与接受中获得快乐，不是在一起谈笑风生，共同努力，又能是什么呢？至于主仆之间，就更是互惠互利的关系了。老师与学生之间又如何？师生关系的融洽基于学生希望从老师那里得到教诲，老师期待从学生那里获取荣耀。老师若无真才实学，只会夸夸其谈，或者对学生不是和蔼可亲，而是处处苛责，就无法赢得学生的爱戴——倘若前者关乎利益，后者则关乎快乐。再来看看父母与子女之间，这人世间最为亲密的关系难道不是靠利益和快乐来维系的吗？②

在坦诚认可利益的价值的前提下，维吉乌斯同时表示人世间的各种利益纷繁复杂，因此，当人们在多种利益之间进行取舍时，应遵循"两害相权取其轻，两利相权取其重"的原则。所谓"有益"，指的是"无害"或"利大于弊"。根据这一标准，就可通过一个人在利弊之间的选择来判断他的行为是"善举"还是"恶行"。事实上，人们不仅是根据利弊的原则来衡量自身行为的善恶，在评价他人的善恶时，人们考虑的焦点也在于对方的行为是否对自身有利：

> 赞誉者在高唱颂歌时关注的并非被赞颂者的壮举，而是自己的所得；同理，当他们疾言厉色时，考虑的仍然是自己……给我们造成损害，我们便恨他，给我们带来益处，我们便

---

① 昔兰尼的阿瑞斯提普斯是古希腊昔兰尼学派创始人，支持享乐主义哲学。
② ［意］瓦拉：《论快乐》，李婧敬译，人民出版社2017年版，第194页。

爱他。①

　　综上所述，维吉乌斯完全颠覆了加图的义利观，突出强调了"利益"在伦理价值体系中的优先性。在《论快乐》的第三部分，安东尼乌斯也对维吉乌斯的义利观表示认可。当然，在基督教伦理的框架下，安东尼乌斯将利益分成了两种：眼前的尘世之利和天国的永恒利益，并将后者视为完美的真福。在基督教的三超德之中，"信"是前提，"爱"是收获，而"望"则是企盼——对于至高无上的天国真福的期盼。尽管安东尼乌斯对伊壁鸠鲁派否认来世的生命观进行了批判，但在义利观的问题上，安东尼乌斯显然是赞同伊壁鸠鲁派利益至上的观点的。

二、义利相生

　　维吉乌斯捍卫世俗利益的价值，并不意味着否认德行的作用：

　　我并不否认这世界上德行与邪念并存，他们所提到的忠诚、仁慈等品质也确实是阻挡邪念产生的利器。但他们将追求高尚解释为培养德行的宗旨，这却有失偏颇。②

　　伊壁鸠鲁派坚持人性的自然舒展和人欲的达成，倡导世人光明正大地追求利益和快乐，但这并不代表他们在品行上自甘堕落，与某些口不应心的禁欲主义者相比，他们的坦诚和磊落尤为可贵：

---

① 　[意] 瓦拉：《论快乐》，李婧敬译，人民出版社 2017 年版，第 154—155 页。
② 　[意] 瓦拉：《论快乐》，李婧敬译，人民出版社 2017 年版，第 143 页。

至于少数真正践行自身言论的斯多葛派和犬儒学派[1]，他们引以为豪的抑欲苦修之举无非是为了特立独行。为了不被他人嘲笑，他们便来指责旁人，凭借伪装出来的严肃、朴素和古怪的衣着和乖张的行为来掩饰自己在德行上的堕落。相反，伊壁鸠鲁主义者率直坦荡，豁达平静，真正懂得什么叫做幸福快乐地生活，幸福快乐地死去。[2]

维吉乌斯提倡的，是一种带有功利主义色彩的义利观：义与利相辅相成，利是目的，义是手段，是获取利益和快乐的途径。[3]

既然许多至高无上的智者，尤其是我们的斯多葛派朋友将高尚捧到了九天云上，我们便也不用将它强拽下来，令其一文不值。于是，我们将高尚归于德行之列，与其他德行一道为利益服务。[4]

应当承认，维吉乌斯否定的不是德行本身，而是加图所宣称的培养德行的目的——成为高尚之人。维吉乌斯认为，所有德行的终极目的，都是为了获得平静、祥和、快乐的生活。

三、取舍有道

若要达到幸福而豁达的人生境界，对于各种不同利益的鉴

---

[1] 犬儒学派是苏格拉底的弟子安提斯泰尼（Antisthenes，前445—前365）创立的一个古典哲学流派。第欧根尼是该学派最著名的代表性人物。

[2] ［意］瓦拉：《论快乐》，李婧敬译，人民出版社2017年版，第186页。

[3] L. Barozzi, R. Sabbadini, *Studi sul Panormita e sul Valla*, Firenze: Le Monnier, 1891, p.201.

[4] ［意］瓦拉：《论快乐》，李婧敬译，人民出版社2017年版，第197—198页。

别和取舍是至关重要的。因此,人们应本着审慎之德,审时度势,避免鼠目寸光,重视长远之利。为此,维吉乌斯举出了一则关于大西庇阿的美谈:

> 我想说说大西庇阿,他可谓是第一个参透此理的人。当年,他攻占了迦太基人在西班牙的领地,并在众多被迦太基人囚禁的西班牙俘虏中发现了一名血统高贵、容颜美艳的少女。大西庇阿将这女子完璧归赵,交还给她的未婚夫。为了显得自己并非为了大把赎金,而是为了融洽与西班牙居民的情谊才这么做,他还特地将赎金作为嫁妆赠予少女。①

维吉乌斯指出,大西庇阿先有克己复礼,后有慷慨解囊,这双重善举使得西班牙的凯尔特伊比利亚人对他的威望心悦诚服,眼前看似吃亏的行为带来了更为长远的利益。

维吉乌斯还谈到了"利己"与"利人"的问题,并以拾到他人钱财为例,阐述了在不同情况下应采取的行为:

> 如果你偶然捡到路人掉落的钱币,就应该归还于他——只要他不是地痞流氓。即使他是地痞流氓,你也要当心,不要冒犯他,省得他一怒之下迁怒于其他良善之人,让他们也跟着遭受池鱼之殃。总之,如果掉落钱币的是个好人,就应该物归原主。这么做并非为了追求所谓高尚,而是为了分享他人的快乐,赢得他人的敬爱,同时获取他人的信任。当然,你采取这一举动时务必把握好时机,要让对方知晓,不要做了无名英雄。原因我已解释过许多次:我们追求的是利益,而不是高尚……如果你不将钱币还给其主人,便会损害自己的好名声。话说回来,假如你迫切需要这钱来维持生计,那么不还也就罢

---

① [意]瓦拉:《论快乐》,李婧敬译,人民出版社 2017 年版,第 167—168 页。

了，相信你们也不会有异议。同样的道理，假如我们沦落到走投无路的境地，那么不好意思，也只好采取偷盗的办法混口饭吃了。当年，罗慕路斯（Romulus，约前771—约前717）① 也是经过深思熟虑，才理直气壮地掳走了周边城池的妇女，因为他知道这些女人是祈求不来的。②

维吉乌斯认为，在对待"个人利益"和"他人利益"的问题上，倘若斯多葛派的准则是不给他人造成伤害，那么伊壁鸠鲁派的准则要更为高尚：助人助己——通过帮助别人，为自己谋取长远的利益。当然，助人的前提是首先解决自身的问题：穷则独善其身，达则兼济天下。

在《论快乐》的第一部分和第二部分中，关于高尚与利益的辩论仅仅停留于世俗层面，在第三部分里，基督教神学家安东尼乌斯从宗教层面进行探讨，倡导世人不仅应追求世俗的利益和快乐，更应追求天国的永恒真福。

---

① 罗慕路斯是古罗马传说中建立罗马城邦的孪生兄弟之一。

② ［意］瓦拉：《论快乐》，李婧敬译，人民出版社 2017 年版，第 166—167 页。

第六章　快乐与真福——《论快乐》的快乐观

关于"快乐"的探讨是《论快乐》的核心论题，主要在伊壁鸠鲁派发言人维吉乌斯和基督教神学家安东尼乌斯之间展开。两者分别从世俗和宗教层面首先澄清了"快乐"一词原本不应承载的负面含义，进而赋予该词以先前不曾拥有的丰富内涵，最终论证了"快乐"作为"人生至善"的价值，共同驳斥了斯多葛派发言人加图将"高尚"视作"人生至善"的观点。尤其是后者的观点，可以被视作对前者的修正、完善和提升，体现了 15 世纪在意大利逐渐兴起的人文主义伦理观精髓。

第一节　从《论快乐》到《论真善与伪善》

《论快乐》的第一稿完成于 1431 年初。时年，瓦拉在帕维亚大学获得讲席，成为年轻的修辞学教授。在这一版文稿的撰写过程中，倡导伊壁鸠鲁享乐主义哲学的人文主义学者安东尼奥·贝卡德里扮演了十分关键的角色。此人因其于 1425 年发表的诗集《赫马佛洛狄忒斯》在人文主义学界声名大噪，于 1432 年荣获"桂冠诗人"称号。这一时期，瓦拉出于对贝卡德里的钦佩,以 1427 年他与众位教廷书记官的一次辩论为原型,创作了《论快乐》,并以他的绰号"巴勒莫人"(Panormita)为伊壁鸠鲁派发言人命名。贝卡德里对该作品赞赏有加,建议瓦拉将标题定为《论快乐》。

在尚未走出禁欲主义阴云的欧洲社会,"快乐"是一个原本无辜却屡遭诟病的词汇,在学界公然谈论"快乐"更是一种禁忌。贝卡德里的诗集虽彰显了诗人的才华,但其宣扬享乐的主题却引起流言纷纷。面对贝卡德里的建议,瓦拉没有表示反对,但内心不乏堪忧,不仅担心"某些固执的学究朋友"误解自身的为人和作品的内容,更担心读者将该作品的主题与贝卡德里的享乐主义哲学混而论之。[①] 为此,瓦拉在作品的前言中特意写下一段说明:

> 某些固执的学究朋友一看到本书的标题就会质疑我是否人格分裂。他们也许会问我究竟是出于怎样古怪的想法要写一部关于快乐的作品——因为事实上,我们从未想过要沉溺其中。他们有这样的疑问,一点也不稀奇,我也很乐意立刻给出回答……我之所以钟爱"论快乐"这一标题(这个词既柔和又不怨天尤人)更甚于"论真善"(本书的确探讨了这一主题),其目的在于夺人眼球,因为说到底,"真善"无非在于"快乐"。[②]

尽管瓦拉做出了交代,这部作品仍然因其剑走偏锋的标题引发了学界的轩然大波,赞誉与批驳之声交杂而至。为了避免此作品遭到封禁,瓦拉最终选择在后续三版文稿的标题中以

---

① G. Di Napoli, *Lorenzo Valla: filosofia e religione nell' Umanesimo italiano*, Roma: Edizioni di storia e letteratura, 1971, p. 180.

② L. Valla, *Il piacere*, traduzione di Grillo V, Napoli: R. Pironti & figli Editori, 1948, pp.3-4.

"真善"替代"快乐"一词。

这一更改应该如何解读？表面看来，这似乎是瓦拉的一种让步，一种妥协。然而，倘若我们考虑到生活于15世纪的瓦拉作为基督教徒面对宗教审查时所遭遇的压力，甚至是危险——1444年，瓦拉因其在《论快乐》和《论自由意志》中的人文主义伦理观遭到那不勒斯宗教法庭的审判，险些被指为异端——便能明白这一更改恰恰体现了瓦拉富有智慧的勇气。事实上，除了标题出现明显更改，后三版手稿仅仅是在具体论述手法上针对第一版进行了补充和完善，在核心观点上，瓦拉始终坚持将"快乐"视为"真善"，不曾有过半分妥协。对瓦拉而言，"真善"与"快乐"几乎是同一个概念：前者是形式，后者是内容；前者是探索的出发点，后者是论证的落脚点。

第二节　快乐的定义及类别

在《论快乐》中，瓦拉借维吉乌斯之口阐释了"快乐"的含义："'快乐'是一种善，无论它源自何处，都落脚于心灵和身体的愉悦，这一定义与伊壁鸠鲁的观点大致吻合。"[1] 随后，维吉乌斯又引用西塞罗的观点，为古希腊文中的快乐一词"ηδονή"[2] 找到了拉丁文中的对应词汇"voluptas"[3]：

正如西塞罗所说，在拉丁语中，没有比"voluptas"这个拉丁语词汇更能准确地表达相应的希腊语词汇（ηδονή）的含

---

① ［意］瓦拉：《论快乐》，李婧敬译，人民出版社2017年版，第50页。

② 希腊文，意为"快乐"。

③ 拉丁文，意为"快乐"。

义了。①

除了"voluptas",文中还提到了另一个词——"delectatio"（"欢愉"），两者的含义十分接近，唯一的差异就在于"voluptas"的程度强于后者，表示"极致的欢愉"②。

关于快乐的类别，维吉乌斯认为快乐由心灵和身体的愉悦共同组成，并将二者视为不可分割的整体。这一观点与亚里士多德将肉体享受和精神愉悦分而论之的二元论针锋相对：

> 亚里士多德也提出了两重不同的快乐，一重是感官之乐，另一重则是精神之乐。这我就有些不明白了，明明是同一个字眼，怎可生生将其割裂为两重呢？无论是哪一种快乐，都是由身体和心灵共同感受的，这一点，相信伊壁鸠鲁也会认可。有谁能够质疑只有通过心灵的配合，身体才能感受快乐，同样，有了身体的合作，心灵才会愉悦？③

维吉乌斯之所以驳斥禁欲主义者所谓的二元论，既是为"voluptas"一词正名，更是为了捍卫长期遭到压抑的肉体享受。维吉乌斯认为，人是自然界的生灵，其自然属性（包括动物属性）不应遭到轻视。

当然，人类作为万物之灵长，作为"上帝的相似"，不仅拥有自然属性，还享有高于世间万物的尊严。基于此，瓦拉在序言中开门见山地提出了"善"（"快乐"）的两种层次："一种存于此生，另一种则属于来世。"④在第三部分，安东尼乌斯对此进行了更为具体的阐释：

---

① ［意］瓦拉：《论快乐》，李婧敬译，人民出版社 2017 年版，第 50 页。

② ［意］瓦拉：《论快乐》，李婧敬译，人民出版社 2017 年版，第 238 页。

③ ［意］瓦拉：《论快乐》，李婧敬译，人民出版社 2017 年版，第 171 页。

④ ［意］瓦拉：《论快乐》，李婧敬译，人民出版社 2017 年版，第 3 页。

快乐分为两种，一种存在于眼前的尘世，另一种存在于多重天界（按照我们基督教的教义，天界有不同层次，不似古人，认为只有一重天）；一种是恶行之母，另一种是德行之源；我可以公开断言，所有以追求现世之乐而非来生之乐为目的的行为都是恶行……若要享受彼岸之乐，我们就得放弃此岸之乐。它们之间有着天与地、灵与肉的区别，二者只可择一，无法得兼。①

此处，安东尼乌斯言辞犀利，将属世快乐称为"恶行之母"，并宣称"若要享受彼岸之乐就必须放弃此岸之乐"，且"所有追求现世之乐而非来生之乐为目的的行为都是恶行"。

毫无疑问，这是安东尼乌斯从宗教层面上对维吉乌斯的伊壁鸠鲁派快乐观的某种批判。然而，这是否意味着安东尼乌斯所代表的基督教神学与斯多葛派哲学相互结盟，共同反伊壁鸠鲁派以"快乐"作为"人生至善"的思想呢？

应该看到，安东尼乌斯此处所说的善与恶承袭了奥古斯丁的善恶观：所谓恶，是指为了属世利益放弃永恒利益，为了低等利益放弃高等利益。诚然，对于基督教信徒而言，属世快乐与天国的永恒快乐是无法相提并论的。但是，这两种快乐之间的差异，只是程度上的高下不同，并非性质上的良莠之别。换言之，快乐的确是人生至善，属世快乐亦是快乐，只是在程度上不及天国之乐。正所谓"谁若出于对天主之爱放弃尘世享乐，就能获得远胜于现在的永恒来生"②，这与维吉乌斯在探讨利益取舍时所说的"两利相权取其重"的原则是相符合的。

相反，安东尼乌斯眼中的斯多葛派无视上帝，斥责自然，

---

① ［意］瓦拉：《论快乐》，李婧敬译，人民出版社 2017 年版，第 239 页。
② ［意］瓦拉：《论快乐》，李婧敬译，人民出版社 2017 年版，第 239 页。

贬损人性，将善与人性脱离，甚至是对抗的"高尚"视为人生至善。在这种错误思想指导下，越是努力追求，就离真善越远，实乃南辕北辙之举：

> 古代哲人是无法获得他们所期望的那份祥和安宁的。他们都是些满嘴谎言、好吃懒做的家伙。火苗越是旺盛，燃料就越容易耗尽。同样的道理，头脑越是发热，就越容易损耗身心，如一场大火般令其化为灰烬。①

综上所述，《论快乐》的最终版文稿标题《论真善与伪善》中所说的"伪善"，指的并不是维吉乌斯所说的不完美的"属世之乐"，而是加图所说的与人之天性背道而驰的"高尚"。

关于快乐的具体内容，瓦拉借维吉乌斯和安东尼乌斯之口，分别就属世的快乐和永恒的天国之乐进行了极为详尽的描述。

第三节　属世的快乐

在描述快乐的种类时，维吉乌斯将大量笔墨用于铺陈各种感官快乐，描写具体细致，凸显了自然赐予人类的天性的可贵。随后，他又阐述了财富、名誉等利益价值以及精神生活带来的愉悦。

一、感官的快乐

维吉乌斯依次列举了视觉、触觉、听觉、味觉、嗅觉带来

---

① ［意］瓦拉：《论快乐》，李婧敬译，人民出版社2017年版，第234页。

的快乐。

在视觉快乐中，维吉乌斯将身体的美丽（及其内蕴的健康）置于首位，并引用奥维德的诗句，称其为"天神的馈赠"①。维吉乌斯指出，健美的身体是古人最为重视的身体之善，如尤维纳利斯（Decimus Iunius Iuvenalis，约50至60—127以后）②所言："有了健全的身体，才有健全的心灵。"③正因如此，古希腊的荷马才会称赞海伦的妩媚、阿伽门农（Agamemnon）④和阿喀琉斯（Achilles）⑤的健硕；古罗马的维吉尔才会歌颂劳苏斯（Lausus）⑥、图尔努斯（Turnus）⑦、帕拉斯（Pallas）⑧、埃涅阿斯（Aeneas）⑨、阿斯卡尼俄斯（Ascanius）⑩和欧吕阿鲁斯

---

① ［意］瓦拉:《论快乐》，李婧敬译，人民出版社2017年版，第57页。

② 德西姆斯·尤尼乌斯·尤维纳利斯是古罗马帝国时期的诗人、演说家。

③ D. G. Giovenale, *Le satire di D. Giunio Giovenale recate in versi italiani, Tomo secondo*, traduzione di , Gargallo T., Firenze: Società poligrafica, 1844, p. 213.

④ 阿伽门农是古希腊神话人物之一，荷马史诗《伊利亚特》中的迈锡尼国王，也是希腊诸王之王。在特洛伊战争中，阿伽门农成为希腊联合远征军统帅。

⑤ 阿喀琉斯是古希腊神话人物之一，荷马史诗《伊利亚特》中希腊阵营里的英雄人物，被誉为"希腊第一勇士"。

⑥ 劳苏斯是维吉尔的史诗作品《埃涅阿斯纪》中的英雄人物，是图尔努斯阵营里的墨赞提乌斯之子。

⑦ 图尔努斯是维吉尔的史诗作品《埃涅阿斯纪》中的鲁图里亚年轻而凶狠的国王。此人是《埃涅阿斯纪》后半部分的主要人物之一。

⑧ 帕拉斯是维吉尔的史诗作品《埃涅阿斯纪》中的人物，阿尔卡狄亚国王厄凡德尔的儿子。埃涅阿斯为了给帕拉斯复仇，杀死了图尔努斯。

⑨ 埃涅阿斯是古希腊神话人物之一，特洛伊国王普里阿摩斯的堂兄弟安奇塞斯与爱神阿佛洛狄忒的儿子，在古希腊与古罗马神话及历史中扮演着重要的角色。荷马史诗《伊利亚特》中特洛伊阵营里的英雄人物之一。维吉尔的《埃涅阿斯纪》描述了埃涅阿斯从特洛伊逃出，历经坎坷，最终建立罗马城的故事。

⑩ 阿斯卡尼俄斯是维吉尔的史诗作品《埃涅阿斯纪》中的人物，埃涅阿斯的儿子。

(Euryalus)① 的俊朗。美丽是高尚之人的一种重要天赋，谁拥有健美的身体，不仅充满自信，也能让欣赏者感到愉悦。根据史书记载，毕达哥拉斯也因相貌出众而赢得他人更多的好感。

除了男性之美，维吉乌斯专门谈论了女性之美的价值。他着意指出，女性之美并不限于面容，而是包括整个身体：

> 女性之美并不限于面容，还有美丽的头发（荷马就曾酣畅淋漓地赞美过海伦的秀发）、乳房和臀部，总之是整个身体：包括身材是否高挑，肤色是否白皙，形态是否优美，肢体是否匀称等。正因如此，我们看到许多女神的雕塑不仅露出头部，还会将一只胳膊、一只乳房或一条玉腿裸露出来，这正是想展示身体最美的部分。许多裸体的女子甚至不用纱巾遮掩，我的老天爷，这是再好不过了。②

在上述文字中，维吉乌斯丝毫不掩饰自己对于女性身体细节之美的赞赏与渴望。他甚至大胆地指出，男女之间对彼此身体的相互爱慕属于人类的天性，不颂扬美丽的人是身心俱盲的可怜虫。

继美丽之后，维吉乌斯描述其他与视觉和触觉相关的快乐：金银珠宝、羊毛、大理石等。此外，他指出人类的劳作也是为了创造"养眼"的事物：塑像、画作、建筑、竞技表演、田间劳作等，莫不如此。若仍有古板之人对此视而不见，他们便只配闭上眼睛，仿佛从来不曾拥有视觉。

接下来，维吉乌斯列举与听觉相关的快乐：语言、笑声、音乐、诗歌和演说艺术等，并引用柏拉图的名言，表明音乐是

---

① 欧吕阿鲁斯是维吉尔的史诗作品《埃涅阿斯纪》中的人物，埃涅阿斯的部下。
② ［意］瓦拉：《论快乐》，李婧敬译，人民出版社2017年版，第60—61页。

"文明之人的不可或缺之物"①。

关于味觉带来的快乐，维吉乌斯津津乐道于美食和美酒的价值，不仅援引泰伦提乌斯（Publius Terentius Afer，约前195至185—前159?)②对美食的评论："一顿丰盛的晚餐应让宾客们在众多菜肴面前不知如何选择才好。"③他还严厉批驳那些不珍视美食之乐的人：若是因生活节俭而粗茶淡饭，尚且属于可怜；若是因特立独行而不思饮食，则属于可恶。在维吉乌斯眼中，那些渴望拥有仙鹤脖颈的人必是智者：既然味觉能给人带来愉悦，那么在仙鹤细长的脖颈里，必然能体验到悠长的吃喝之乐。④

与味觉有关的另一大享受是饮酒。维吉乌斯毫不掩饰对美酒的青睐：

> 噢，美酒，你是欢愉的父亲，你是快乐的导师，你是幸福的伴侣，你是化解敌意的灵丹妙药！你是宴席的主角，你是婚典的指挥，你是和平、和谐与友谊的裁判，你是美梦的源泉！（如你的崇拜者荷马所言）你能在疲惫的躯体中唤醒力量，你能令忧愁痛苦化为乌有，你让我们从软弱变得强壮，从怯懦变得刚毅，从沉默变得雄辩。无论男女老少，你都能给他们带来长久的欢乐，噢，我向你致敬！⑤

这一段文字洋洋洒洒，坦诚率真，充分表达了维吉乌斯个

---

① ［意］瓦拉：《论快乐》，李婧敬译，人民出版社2017年版，第65页。
② 普布利乌斯·泰伦提乌斯·阿弗尔是古罗马共和国时期的剧作家，其代表作包括《婆母》《两兄弟》《福尔弥昂》《安德罗斯女子》等。
③ ［意］瓦拉：《论快乐》，李婧敬译，人民出版社2017年版，第66页。
④ ［意］瓦拉：《论快乐》，李婧敬译，人民出版社2017年版，第69页。
⑤ ［意］瓦拉：《论快乐》，李婧敬译，人民出版社2017年版，第71页。

人对美酒的挚爱。除此之外,他又先后引用泰伦提乌斯、提布鲁斯(Albius Tibullus,前 55—前 19)①、尤维纳利斯、柏拉图、贺拉斯等名人对于美酒的歌颂,并列举了众多善饮的古代名人:古希腊的阿格西莱(Agesilaus II,前 444?—前 360)②、亚历山大大帝(Alexander Magnus,前 356—前 323)③、法律制定者梭伦(Solon,约前 638—前 559)④,以及古罗马的监察官加图(Marcus Porcius Cato,前 234—前 149)⑤、盖乌斯·马略(Gaius Marius,前 157—前 86)⑥。此外,维吉乌斯还与参与讨论的诸位学者分享了自己品鉴美酒的爱好和经验,并邀请大家前往家中小酌。

谈及嗅觉,维吉乌斯表示,能够带来嗅觉快乐的既有自然之物(如鲜花、香草、祭祀神灵的贡香和先前提到的美酒),也包括人造之物(如饭菜、香脂等)。他特别强调,对于嗅觉享受的重视体现了人类的文明程度:

> 好些丑妇招人厌恶,不是因为说话粗鲁、相貌丑陋,也不是因为身体孱弱,而是因为体味难闻。类似的情形若发生在我

---

① 阿比乌斯·提布鲁斯是古罗马共和国末期诗人,著有二卷本诗作《挽歌》。

② 阿格西莱二世是欧里庞提德世系的斯巴达国王。

③ 马其顿的亚历山大三世是古希腊北部马其顿国王,史称"亚历山大大帝"。亚历山大大帝三十岁时已经创立历史上最大的帝国之一,疆域极其广袤。他一生未尝败绩,被认为是历史上最成功的军事统帅之一。

④ 梭伦是古希腊的政治家、立法者和诗人,古希腊七贤之一。公元前 594 年,梭伦出任雅典城邦的第一任执政官,制定法律,进行改革,史称"梭伦改革"。他在诗歌方面也有成就,诗作内容多以赞颂雅典城邦及法律为主题。

⑤ 马尔库斯·波尔基乌斯·加图是古罗马共和国时期的政治家、国务活动家、演说家,公元前 195 年担任共和国执政官。为与其曾孙"小加图"区别,史称"老加图"或"监察官加图"。他也是罗马历史上重要的拉丁文散文作家。

⑥ 盖乌斯·马略是古罗马共和国时期的军事统帅和政治家。

们男人身上就更应受到谴责。我们要去广场、元老院、法庭，倘若散发恶臭的女性会因此招来他人对其身体之恶的厌恶，我们则会如卢菲鲁（Rufillos）和加戈纽（Gorgonius）[1] 一般，因体臭招致他人对自己心灵之恶的鄙夷。[2]

基于此，维吉乌斯对某些不注重个人卫生和形象的斯多葛派学者表示批判，斥责他们给旁人造成了不悦。

除了五种常规的感官之乐，维吉乌斯还大胆谈论了人类的性欲。他不仅鼓励世人坦然享受男女之间的欢爱，甚至表示只要双方你情我愿，婚姻之外的爱情（乃至"奸情"）也是无可厚非的，重要的是顺应人的天性。此处，维吉乌斯不仅站在男性的视角呼吁人类遵从天性之法，还站在女性的角度控诉了守贞制度对于人性的摧残，倡导世人逐渐从压抑、泯灭天性走向舒展、解放天性。

在逐一描述各种感官带来的快乐之后，维吉乌斯总结道，快乐是人生最值得珍藏的事物，感官快乐更是维持人生命的基本动力："若没有味觉、视觉、听觉、触觉和嗅觉，我们一天也活不下去。所以说，有人要对这些感官指手画脚，就是违抗自然预设的法则，自作自受。"[3]

二、精神的愉悦

关于精神层面的愉悦，斯多葛派认为，心灵的平静与安宁

---

① 卢菲鲁和加戈纽是贺拉斯《讽刺诗集》第一部第二首中提到的两个浑身散发恶臭的人物。

② ［意］瓦拉：《论快乐》，李婧敬译，人民出版社 2017 年版，第 76 页。

③ ［意］瓦拉：《论快乐》，李婧敬译，人民出版社 2017 年版，第 82 页。

是"奖给高尚之人的桂冠"①，若要守护心灵的宁静，就必须去除感官的欲望。亚里士多德也强调，沉思是神灵的生活状态，因而是最为高贵的，且只有"剥去"感性世界的快乐，才能体会理性世界的快乐。

> 人们认为神灵享有完善的幸福，而恰恰是沉思构成了他们完善的幸福，由此可以证明沉思活动固有的幸福属性。②

对此，维吉乌斯不以为然。在他看来，获得精神愉悦并不需要所谓的超凡脱俗之举，内心的平和真诚才是获得心灵快乐的第一要义。在这一方面，伊壁鸠鲁堪称表率：

> 当然，伊壁鸠鲁派是不在此列的。他们率直坦荡，从不陷害他人，安于自身的快乐……事实上，伊壁鸠鲁对此的论述要精彩得多！在伊壁鸠鲁看来，若临终时分对自己的一生充满美好而幸福的回忆，那么这一刻也是幸福的。③

其次，能够带来精神愉悦的，并非（如亚里士多德所说）硕学鸿儒的深思熟虑，寻常百姓的日常生活同样能够令心灵感到快乐：

> 哲学家无论是对着市场，还是天空、大地和海洋沉思，都与少男少女们看着广场上的店铺，欣赏比对其中的金银首饰、画作、雕塑作品时的情形一般无二。你说你观察天地运转时要比我欣赏市场里的饰物更加快乐，因为你的领悟更为深奥，自然也更为愉悦；可我在比较菲狄亚斯（Phidias，前480—前430）④和普拉克西特列斯（Praxiteles，约前400至395—前

① ［意］瓦拉：《论快乐》，李婧敬译，人民出版社2017年版，第180页。
② ［意］瓦拉：《论快乐》，李婧敬译，人民出版社2017年版，第172页。
③ ［意］瓦拉：《论快乐》，李婧敬译，人民出版社2017年版，第185页。
④ 菲狄亚斯是古希腊的雕刻家、画家和建筑师，被公认为最伟大的古典雕刻

326)①的雕塑作品时，也能体会到身旁小伙子所无法理解的享
受，因为我能分辨两位雕塑家的不同风格，而他却浑然不知。
所以，你观察天地宇宙时的愉悦并不见得胜于我欣赏美丽面容
时的享受，只不过你期待着在观察中有所发现，从而获得众人
的赞誉，是这个念想令你格外兴奋罢了。②

相反，备受哲学家吹捧的"沉思"能够带来的，却未必是
精神的愉悦。亚里士多德本人的自杀行为便是具有说服力的
证明：

噢，我何苦要与亚里士多德讨论上述话题，仿佛他在生命
尽头不曾承认自己先前的错误观念。由于他没能参透尤利普斯
海峡的潮汐规律，便投身其中，大喊着："亚里士多德没能抓
住尤利普斯，尤利普斯抓住了亚里士多德。"这足以说明沉思
带来的不是真福，而是焦虑和死亡。如此，他没有获得幸福，
反而变得可悲；没有变得慈爱，反而成了凶手；没有变得智慧，
反而变得癫狂。③

加图所代表的斯多葛派及亚里士多德学派试图在凡人和智
者之间营造某种壁垒：一侧是追求高尚的智者，一侧是在恶行
中堕落的凡人；智者在沉思中体验高尚，凡人在世俗生活中沉
沦于肉体之乐，甚至不配享受精神的愉悦；智者凤毛麟角，凡
人比比皆是；二者之间的差异可谓云泥之别。

家。在创作帕特农神庙的雅典娜雕像时，菲狄亚斯将自己的形象雕于雅典娜的盾
牌之上，被认为是渎神之举。菲狄亚斯因此身陷牢狱，并死在狱中。

①　普拉克西特列斯是古希腊雕刻家，与留西波斯、斯科帕斯一起被誉为古希腊
最杰出的三大雕刻家。

②　[意] 瓦拉：《论快乐》，李婧敬译，人民出版社 2017 年版，第 172 页。

③　[意] 瓦拉：《论快乐》，李婧敬译，人民出版社 2017 年版，第 177 页。

维吉乌斯的论述策略恰恰在于拆除所谓智者与凡人之间的壁垒，表明二者之间并不存在本质的区别。即使对于智者而言，高尚也只是手段，而非目的。任何以追求高尚为最高目的的人不应被视作高人一等的智者，反而应被视为有违天性的病态之人。斯多葛派喜爱以古代先贤为榜样，赞扬他们如何与天性抗争；伊壁鸠鲁派举出的例子却往往是平凡的饮食男女，他们在日常生活中所感受的点滴凡俗乐趣（包括自然之美、音乐之美、身体之美）散发着一种来自天性的和谐与宁静。

三、财富的作用

维吉乌斯对于财富的正面论述仅有寥寥数语，但却清晰地阐明了财富与利益和快乐的关系：

> 众人对财富趋之若鹜，但假如它既不是在当下被使用，也不是用于换取未来的利益或快乐，又有何价值呢？[1]

在第三部分中，安东尼乌斯亦不否认"财富、资产、荣耀、享受等属世之善"[2] 的价值。对于斯多葛派倡导世人恪守清贫之举，给予了辛辣的讽刺，称其为心口不一的虚伪之言：

> 作为斯多葛派的领袖，塞涅卡曾发表过许多关于恪守清贫的准则，其严格程度更胜第欧根尼（Diogenes Cynicus，生卒年不详）[3]。然而，尤维纳利斯却如此描述这位宣扬清贫的大师："家财万贯的塞涅卡的花园。"类似的描述我们也可在苏埃

---

① ［意］瓦拉：《论快乐》，李婧敬译，人民出版社 2017 年版，第 53 页。
② ［意］瓦拉：《论快乐》，李婧敬译，人民出版社 2017 年版，第 255 页。
③ 锡诺普的第欧根尼是古希腊的哲学家，犬儒学派的代表人物。尽管其真实生平信息鲜有史料记载，但仍有许多关于他的传闻逸事流传至今。

托尼乌斯（Gaius Suetonius Tranquillus，约 69 至 75—130）[①]、塔西陀（Publius Cornelius Tacitus，56—120）[②] 和其他许多作家的作品中看到。[③]

事实上，塞涅卡本人也不得不承认此种复杂的双重伦理心态："有人向我说，我的生活不符合我的学说……我是讲德行，而不是讲我自己；我与恶行作斗争，其中也包括我自己的恶行；只要我能够，我就要像应当的那样生活。要知道，如果我的生活完全符合我的学说，谁还会比我更幸福呢?"[④] 由此可见，斯多葛派的对于财富的鄙夷和唾弃是与人之天性背道而驰的。正因如此，塞涅卡才会在个人的实际生活中感到动摇和迷茫。

财富在人世生活中起到的作用是毋庸置疑的，也是不可否认的。即使全身心投入基督教事业的修道士也不能忽略这一属世快乐。对此，瓦拉在《论修道士的誓言》中展开了更为详细的论述：拥有财富是无可厚非的。如果能给周围的人带来更多的益处，修道士拥有财富不无裨益。有了一定的物质基础，才能更有效地践行上帝的箴言；相反，贫穷使得修道士在面对他人的求助时无能为力。因此，一味强调修道生活的谦卑、清贫和贞洁，实则是在纵容人性中虚伪和脆弱的一面。

当然，依据"两利相权取其重"的原则，维吉乌斯提醒世

[①] 盖乌斯·苏埃托尼乌斯·特兰奎利乌斯是古罗马历史学家，主要著作有《罗马十二帝王传》。

[②] 普布利乌斯·科尔奈利乌斯·塔西陀是古罗马帝国时期的史学家、演说家、元老院元老，主要著作包括《历史》和《编年史》等。

[③] ［意］瓦拉：《论快乐》，李婧敬译，人民出版社 2017 年版，第 235—236 页。

[④] 周春生：《阿诺河畔的人文吟唱——人文主义者及其观念研究》，天津教育出版社 2011 年版，第 224 页。

人在追求财富的过程中避免被财富所累，否则就会如普劳图斯（Titus Maccius Plautus，约前254—前184）[1]笔下的欧斯洛（Euclio）[2]一样，为了保守财富备受急躁、焦虑和愤怒的折磨。

四、名誉的价值

名誉（荣耀）是斯多葛派和伊壁鸠鲁派都十分重视的价值。斯多葛派认为，荣耀与高尚相伴而行，是"对高尚之举的无比高贵且永垂不朽的奖赏"[3]。对于这一界定，维吉乌斯从语文学角度对"荣耀""高尚""美好"等词汇进行了分析，表明高尚一词的含义来源于名誉和荣耀，本身却是空洞的。因此，那种与高尚捆绑在一起的荣耀也是虚妄的：

即使高尚的确存在，且荣耀与之相伴，可如果这作为君主或王后的高尚本身一无所能，难道荣耀仍会心甘情愿地侍奉其左右？我不敢这么说，也不愿有人这么说。人们对荣耀的渴望来自于虚荣、骄傲和野心。若不是为了达到出人头地，居高临下的目的，那这荣耀又还能意味着别的什么呢？所以说，它其实是嫉妒、仇恨和纷争的源泉。[4]

随后，维吉乌斯话锋一转，不但不蔑视荣耀的价值，还将称其极为重要，值得渴求。当然，前提是将荣耀视为一种"快

---

① 提图斯·马基乌斯·普劳图斯是古罗马的剧作家，其喜剧作品是现在仍保存完好的最早的拉丁语文学作品。他也是始创音乐剧的先驱者之一。

② 在普劳图斯的剧作《一坛金子》中，主人公欧斯洛老头因为担心自己的财富被盗，终日不得安宁。

③ [意] 瓦拉：《论快乐》，李婧敬译，人民出版社2017年版，第121页。

④ [意] 瓦拉：《论快乐》，李婧敬译，人民出版社2017年版，第125页。

乐"和"利益"之源：

> 诗人们日以继夜地奋笔疾书究竟是为了什么呢？显然不是为了追求高尚，而是追求人人都喜爱的名利。为了平息众人之口，我在此引用奥维德的一句名言，这不仅代表了他的心思，更代表了所有人的想法："除了渴盼誉满天下，神圣的诗人还有何求？我们不辞辛劳，目的无非为此。"①

在此基础上，维吉乌斯阐述了名誉的真假之分。既然与高尚无关，那么其获取的手段就并不构成真假荣耀之间的差别：

> 在我看来，人们为了获取荣耀，往往是不择手段的。既然以谋求奖赏为目的，那么忍辱负重也好，行为放荡也罢，都与"高尚"扯不上关系。②

维吉乌斯进而指出，名誉的真正差异在于美誉还是恶名——前者能够带来利益和快乐，而后者却会造成损害。

> 试想，我们为何希望被他人视作善良、正义、能干之人？是为了获得权威和信任。权威和信任有何用处呢？有了这两样，我们就能得到如下评价："此人强壮骁勇，堪当军队统帅。""此人勤恳多才、端正诚实，有谁能比他更堪胜任共和国领袖？"或"此人明察秋毫，出口成章，请他加入我们，既可当我们的盾牌，又可为我们增光添彩。"在我看来，期盼荣耀之人实际渴求的无非是以上这些。类似的例子简直不胜枚举，若有必要，我仅提及其中之一。恺撒大帝对口才和名望的重视令其他所有人望其项背，其目的何在？为了保护罗马

---

① ［意］瓦拉：《论快乐》，李婧敬译，人民出版社2017年版，第135页。

② ［意］瓦拉：《论快乐》，李婧敬译，人民出版社2017年版，第134页。

人民的利益？一派胡言——后来发生的一切便是证明。他的目的是要掌握至高无上的权力，获得无人能及的权威……人们唯恐自己声名狼藉，并不是忌惮事情本身无耻，而是畏惧自己成为他人的笑柄，失信于人，被人怀疑、记恨，甚至招来性命之忧。①

通过上述分析，维吉乌斯在名誉和利益及快乐之间建立了联系：追逐荣耀的目的在于求得利益和快乐，人们避免耻辱，也是为了避免利益受损和情感上的痛苦。

值得注意的是，维吉乌斯在论述过程中，其重点只在论述"荣耀"与"高尚"和"快乐"之间的关系，对于荣耀的重要性却并未多着笔墨。如同对待财富的态度，维吉乌斯并不主张世人为了追求所谓的名誉而挖空心思。毕竟，离开了"有益""可欲"和"快乐"，"名誉"的价值也就被架空了。诚如尤维纳利斯所言："无论荣耀有多显赫，终究不都只是荣耀吗？"②

作为主张唯物主义的哲学派别之一，伊壁鸠鲁派并不相信灵魂不灭，也对宗教体系中的"来世"不报任何信仰，因此维吉乌斯认为名誉对于已逝之人并无价值。

入土之人既不会被痛苦折磨，也享受不到任何愉悦。我们所期盼的流芳百世常常不会发生，这一点不言自明：如此一来，所谓的喜悦也好，艰辛也罢，都是自欺欺人而已。在与死亡有相似之处的梦境里，我们尚且感受不到荣耀，又何况是撒手人寰，进入永恒的梦乡呢？毫无疑问，心怀这种妄想的人不

---

① ［意］瓦拉：《论快乐》，李婧敬译，人民出版社 2017 年版，第 140 页。

② ［意］瓦拉：《论快乐》，李婧敬译，人民出版社 2017 年版，第 132 页。

是痴人说梦，就是真的已不在人世。话说至此，必定有人大声疾呼：噢，你这不幸的家伙，这是在做什么呢？何苦无谓苛待自己？何苦为了后人能记住你的名字而拒绝今生的诸多欢乐？今天我们死去，明天关于我们的议论只有寂静之声，人人都是淡忘过往，关注当下，思虑将来。①

从对于财富和名誉的淡泊态度，可知维吉乌斯虽主张人性舒展，却并非极情纵欲之人，其快乐观深受伊壁鸠鲁派"无痛"观念的影响。在这一部分的论述中，维吉乌斯大量援引古希腊—古罗马时期的名人名言，并穿插古代神话、寓言作为论据，充分体现了作者对那个时代自然主义哲学的崇拜和敬仰。对于 15 世纪的人文主义学者来说，古代文献的重新发掘、译介和研读确实为他们开启了全新的世界，令他们得以再度审视那些在中世纪被掩埋的思想，从中汲取精华。与此同时，古人对于人性、人生、人欲的重视恰好迎合了文艺复兴时期的时代需求，因而得以在千年之后再度发扬光大。然而，古典思想在这一时期的复兴，势必会与基督教文化产生互动，与之结合，幻化为一种全新的文化内涵。

第四节　天国的快乐

关于基督教所倡导的天国之乐，瓦拉是通过安东尼乌斯在《论快乐》第三部分的发言阐述的。其中，对于天国的诸多描述在很大程度上参考了拉克坦西（Lucius Caecilius Firmianus

---

① ［意］瓦拉：《论快乐》，李婧敬译，人民出版社 2017 年版，第 129 页。

Lactantius，约240—约320）① 的《神圣原理》（*Institutiones divinae*）和奥古斯丁的《上帝之城》（*De civitate dei*）。② 安东尼乌斯先后驳斥了加图以高尚取代信仰的观点以及伊壁鸠鲁派以属世快乐为人生至善的思想，既将属世快乐和天国快乐进行了对比，更在二者之间建立了某种非对立性的联系，表达了不同于传统基督教教义的快乐观。

一、安东尼乌斯对加图和维吉乌斯快乐观的批驳

关于加图和维吉乌斯的快乐观，安东尼乌斯表示："尽管我对两者都有异议，但仍然更为赞同伊壁鸠鲁主义，反对斯多葛派的观点。"③

安东尼乌斯之所以反对加图的言论，主要出于两个原因。其一，安东尼乌斯不赞同斯多葛派用"高尚"取代"信仰"，将空洞的"高尚"奉为人生至善。此处，安东尼乌斯援引保禄之言，表明人们之所以按德行行事，绝非为了成为他人眼中的"高尚之人"，而是为了获得上帝的奖赏——这才是人类承受艰难困苦的真正动力所在：

谁敢妄言德行是自发自觉的呢？若不是希望获得天主的奖赏，就根本不配听命于他……如此说来，古代先贤们若真按照

---

① 卢基乌斯·契奇利乌斯·弗米阿努斯·拉克坦提乌斯是古代基督教拉丁教父，313年受聘于君士坦丁大帝，任皇子之师。主要著作有《天主的工程》《神圣原理》等。学界普遍译作"拉克坦西"。

② M. Fois, *Il pensiero cristiano di Lorenzo Valla nel quadro storico-culturale del suo ambiente*, Roma: Libreria editrice dell'Università Gregoriana, 1969, p. 612.

③ ［意］瓦拉：《论快乐》，李婧敬译，人民出版社2017年版，第235页。

他们所宣扬的观点身体力行，却连任何希望也不抱，岂不是可悲至极了？想知道保禄为何自觉可悲吗？请看他的原话："劳碌辛苦，屡不得眠；忍饥受渴，屡不得食；忍受寒冷，赤身裸体；除了其余的事外，还有我每日的繁务，对众教会的挂虑。谁软弱，我不软弱呢？谁跌倒，我不心焦呢？"①

其二，安东尼乌斯尤为斥责斯多葛派在禁欲之言与享乐之行上表现出的心口不一。安东尼乌斯认为，事实证明，斯多葛派虽嘴上颂扬德行、唾骂快乐，但实际上却也在追求快乐和利益，尤其是对于名誉和荣耀的追求，往往比常人有过之而无不及。在这一点上，安东尼乌斯和维吉乌斯都给予了辛辣的讽刺。例如，关于斯多葛派代表人物塞涅卡的生活，维吉乌斯曾说：

> 备受推崇的塞涅卡也不例外。虽然他是极端狂热的斯多葛派，但也从伊壁鸠鲁那里拿去了许多观点，以至于某些时候，他仿佛变成了伊壁鸠鲁主义者，又或者伊壁鸠鲁变成了斯多葛派。②

安东尼乌斯则评价塞涅卡一面号召世人淡泊名利，一面却过着比常人奢华数倍的生活，其虚伪程度与臭名昭著的法利赛人不相上下：

> 在我看来，法利赛人与斯多葛派可谓半斤八两。他们如斯多葛派一样，貌似维护犹太教的准则，实则看重荣耀胜于看重正义。他们希望占据餐桌旁的重要席位，喜欢在论坛中率先被人问候，渴望获得拉比的头衔，摆出一副严格遵守禁食准则的

---

① ［意］瓦拉：《论快乐》，李婧敬译，人民出版社 2017 年版，第 233 页。
② ［意］瓦拉：《论快乐》，李婧敬译，人民出版社 2017 年版，第 37 页。

架势，如此等等。他们格外看重钱财，和斯多葛派一样，都是十分贪婪的群体。①

安东尼乌斯进一步指出，与表里不一的斯多葛派相比，伊壁鸠鲁派将快乐视为人生至善的观点更为可取。伊壁鸠鲁派的理论体系认可自然之善和人性之善，这与对（创造自然和人的）上帝的认可以及对（上帝赋予的）人之尊严的认可并不违背。当然，作为古代的哲学家，伊壁鸠鲁无法知晓上帝这一概念。但是作为生活于15世纪的人，维吉乌斯依然否认天国的存在和对上帝的信仰，这是安东尼乌斯无法容忍的。为此，安东尼乌斯将伊壁鸠鲁派比作撒都该派："不仅不承认死后复生之说，甚至否认天使和灵魂的存在。"②伊壁鸠鲁派正是因为无视对上帝的"信"，才无法体验、获得远远高于属世快乐的"天国之乐"。应该看到，上述对维吉乌斯的批判并不十分严厉，与其说是批判，不若说是一种纠正和完善。安东尼乌斯进而指出，上帝为人类创造天地万物，都是为了人类享受快乐，既包括短暂的属世快乐，也包括永恒的天国之乐：

你也许要问："这浩瀚繁多的万事万物于我究竟有何益处？"它们的被造与存在是为了让你增加对自身的了解，丰富你的思维，令你不会轻看了人类伟大的天性。一方面不让你因我先前所说之奖赏而蔑视诸如财富、资产、荣耀、享受等属世之善，另一方面也鼓励你追求如天空般广博，比属世之善伟大高尚无数倍的天国之善。③

此处，安东尼乌斯将属世之善与天国之善相提并论：尽管

---

① ［意］瓦拉：《论快乐》，李婧敬译，人民出版社2017年版，第235页。

② ［意］瓦拉：《论快乐》，李婧敬译，人民出版社2017年版，第236页。

③ ［意］瓦拉：《论快乐》，李婧敬译，人民出版社2017年版，第255页。

他强调后者在完善程度上远胜于前者，但却并未将放弃前者视作获得后者的前提。此种观点虽仍以基督教为名，但却与中世纪以神为中心的基督教神学体系有了实质上的差异。

二、信仰——享受天国之乐的前提

在正式描述天国之乐以前，安东尼乌斯援引保禄之言，强调了基督教三超德——信、望、爱的重要性：

> 保禄曾在多处表明类似的观点："凡不出于信心做的，就是罪"；"义人因信德而生活"；"没有信德，是不可能中悦天主的"。信仰为首，其次便是希望。保禄说："主奖赏追随他的人。"谁敢妄言德行是自发自觉的呢？若不是希望获得天主的奖赏，就根本不配听命于他。有了信仰和希望，接下来还应有仁爱之心……所以你应该懂得，那些没有信仰、希望和仁爱之心的人是不可能具备任何德行的，这三者缺一不可。因此，古代哲人根本没有资格号称贤德，并借此炫耀聒噪。[1]

此处，安东尼乌斯再次表明，德行不是以自身为目的的空中楼阁，而是通往永恒的天国之乐的阶梯。换言之，天国之乐是对践行德行者的奖赏和许诺。为了证实这种许诺比斯多葛派的"高尚"更可靠，也比伊壁鸠鲁派的"属世快乐"更高贵、更完善，安东尼乌斯着手对天国之乐的具体内容进行具体、详细、全面的描述：

> 仅仅表明（天国真福的）性质及其所在是不够的，我们还应尽力阐述这究竟是一种怎样的善以及它的伟大之处……既然

---

① ［意］瓦拉：《论快乐》，李婧敬译，人民出版社 2017 年版，第 232—233 页。

维吉乌斯在宣扬享乐主义时不厌其烦地向诸位讲解快乐的好处，不仅如此，还竭尽全力地取悦和打动诸位，从而赢得诸位的认同，我又怎可不尽我所能推崇我们的教义？[①]

如何才能以一种令人信服的方式展示世间之人从不曾见证的天国之乐？如何才能劝说世人将天国之乐视为人生至善，并为了这一至高无上的快乐放弃其他唾手可得却并不完善的快乐？安东尼乌斯深知，许多人不信仰上帝，是因为心中对来世生活的真实程度存有诸多疑虑：

事实上，许多人（包括我们努力引导其皈依基督教的人）都感到属世之乐难于割舍。一方面是因为在他们看来，没有什么其他快乐能够超越属世之乐（这是我们着力反驳的观点），另一方面也因为他们认为肉体之乐会随着肉体的死亡而一去不复返。这样一来，他们不仅不克制此种享乐，反而更加着迷，就好像即将穿越沙漠的旅行者在出发前要储备大量的食品一般。所以说，他们哪怕嘴里不说，心里也在犯嘀咕："我凭什么要克制自己，不能好吃好喝，不能随心享受？还会有什么更好的快乐会许诺给我呢？即使那许诺不假，此生的这些快乐也是无法重现的。"[②]

在回应伊壁鸠鲁派的这一质疑时，安东尼乌斯决定采取一种全新的策略。一方面，他表明神圣的天国之乐是凡俗的语言难以名状的，好比耀眼的阳光，令肉眼难以直视。他引用《新约·格多林前书》中的文字："天主为爱他的人所准备的，是眼所未见，耳所未闻，人心所未想到的"[③]，因此，"谁若想就上

---

① ［意］瓦拉：《论快乐》，李婧敬译，人民出版社 2017 年版，第 250 页。

② ［意］瓦拉：《论快乐》，李婧敬译，人民出版社 2017 年版，第 267—268 页。

③ ［意］瓦拉：《论快乐》，李婧敬译，人民出版社 2017 年版，第 258 页。

述谜团和隐喻刨根问底，那纯属白费力气"①。但另一方面，安东尼乌斯进而指出，阳光虽烈，无法直视，但无论如何，太阳始终是可见的。基于此，安东尼乌斯提出了一种假设：天国尽管不能为世人所亲见，可否通过想象，将天国之乐呈现于世人眼前，从而点燃他们的信仰之火呢？

当我们通过想象，让原本眼前看不见的天国的事物呈现在眼前，难道不算是为自己加油鼓气、坚定信仰之举吗？如奇迹一样，若是空谈许诺，信仰就显得苍白无力，但若能看见许诺之物，信仰就会显著增强。尚没有信仰之人会获得信仰，信仰之人心中的希望与仁爱则会与日俱增。②

基于这一具有创新性的策略，安东尼乌斯没有按照经文教义照本宣科，而是以绘声绘色的描述展开了一幅令人赞叹的天国画卷。

三、人之美与景之美——天国里的视觉之乐

对天国的描述始于灵魂朝天国的飞升之路。脱离躯壳的灵魂以轻盈之态朝高处飞升，穿越云霞，群山之巅尽收眼底，寓意人世之乐的极致亦不可与天国之乐比拟。

在展现天使军团的荣耀和恶魔的溃败之后（这一部分的描写参照了圣保禄的文字③），天国之美便会呈现于眼前。

如同维吉乌斯格外重视身体之美，安东尼乌斯也将天国中

---

① ［意］瓦拉：《论快乐》，李婧敬译，人民出版社 2017 年版，第 257 页。

② ［意］瓦拉：《论快乐》，李婧敬译，人民出版社 2017 年版，第 259 页。

③ M. Fois, *Il pensiero cristiano di Lorenzo Valla nel quadro storico-culturale del suo ambiente*, Roma: Libreria editrice dell' Università Gregoriana, 1969, p. 479.

的人物之美置于首位：

> 你会为天使的美丽而感到痴迷。这美丽不会点燃你心中的淫欲，反而会将其彻底熄灭，并用一种极为神圣的宗教情感取而代之。同样的，当你手中正拿着一面镜子，用它来欣赏你娇弱且转瞬即逝的青春容颜时，一位天使翩然而至。此时，你必定会大吃一惊，打破手里的镜子，会为自己的丑陋而感到羞耻和震惊，同时目不转睛地赞赏天使那温柔的美丽。倘若他开口与你说话，你又会有何感受呢？他的唇齿之间会流露出多少和蔼、高贵和优雅啊！①

与凡夫俗子"娇弱且转瞬即逝"的青春容颜相比，天使之美显得神圣而高贵，且不会激发被基督教视为罪恶的"淫欲"，只会带来彼此间的尊重和欣赏。此外，这种美丽不会引起个体间的嫉妒和憎恨。每个人越是美丽、精致、幸福，其他人就越会为其感到高兴、愉快，可谓各美其美，美美与共：

> 你的美丽令人心悦，他人的美丽也是如此。同样的，别人也会为你的美丽以及他自己的美丽而感到快乐，没有艳羡嫉妒，也没有高下之分。我敢说，每个人越是美丽、精致、幸福，其他人就越会为其感到高兴、愉快。因此，我可以肯定地承诺：每个人好，就是大家好。②

倘若天国中的普通成员已是各个出尘脱俗，那么圣母玛利亚之美就更加令人赞叹了：

> 一个如朝霞般灿烂、如月光般柔美、如太阳般高贵、如军

---

① ［意］瓦拉：《论快乐》，李婧敬译，人民出版社2017年版，第265页。
② ［意］瓦拉：《论快乐》，李婧敬译，人民出版社2017年版，第158页。

困般令人震慑的人，她能是谁呢？正说着，她已迈着圣洁端庄的步伐（天主之母的步伐到底该如何形容）走到你的面前。想知道那场面何等浩荡？所有的圣女以及等同数量的真福者尽数出席……你能想象她们的容颜有多么柔美，装束有多么高贵？女子们一见到她们的打扮，就希望变得如她们一样美好，决不会掉头在乎人世间那些不值一文的配饰，只会想象自己进入天国后将会拥有姣好的容颜和精美的装束。一句话，她们盼望着像圣女们一样美丽才好。至于圣母本人，还是莫要妄想用言辞描述：她的华丽与风采如此高洁，不容旁人猜测臆断。当她来到你的面前，她便会将你揽入圣洁的怀抱（那是哺育天主的怀抱），亲吻你。①

至于上帝的慈祥与庄重、亲切与威严，安东尼乌斯表示"口中言辞贫匮，头脑亦难以想象"：

此刻，天主（是神，也是人）迫不及待地想要见到你（是人，也是神），他站起身来，迈着稳健持重的步伐走出宫殿……此时，他张开曾被钉在十字架上的双臂拥抱你。当年那双臂是何等卑微，此刻却何等尊贵！我究竟能如何描绘呢？我需要多么丰富的语言，多么强大的头脑才能言说此刻的美好，更何况还需铺陈其他美好呢？我感到口中言辞贫匮，头脑亦难以想象。倘若我们得到人世间某位君王（或其他重要人物）的接见，并享受到他抛下随从，亲自上前迎接，又如家人般亲切握手的殊荣，那已是莫大的荣幸；此刻，我们面对的是天主，是众神之神，是万物之源，是美丽、权力、美好、德行、完美、快乐、真福、永恒的象征，他在众位元老、国王和神灵的

---

① ［意］瓦拉：《论快乐》，李婧敬译，人民出版社2017年版，第283—284页。

夹道欢迎中向你走来，你的心情将何等激动？①

除了天国之中的人之美，安东尼乌斯还以圣若望（Ioannes，前6—100）②的《默示录》（*Apocalypsis*）为摹本，一一铺陈天国之中无以比拟的景致和装点，既恢宏浩大，又细致入微：

> 整座城市泛着天主的神光，那光采如宝石、如碧玉、水晶般熠熠生辉。环绕四周的城墙巍峨高耸，每面城墙皆开有三扇城门，十二扇城门上分别镌刻着以色列子民十二支派的名字。四方形的城墙建立在十二处基柱之上，以十二使徒的名字命名。每一面城墙的长度与高度相等，均是十二千步。城墙以碧玉修葺，而城市则以闪耀如玻璃的纯金建成。城墙的十二处地基镶嵌着五光十色的宝石，依序分别是：碧玉、蓝宝石、玉髓、祖母绿、缠丝玛瑙、玛瑙、贵橄榄石、绿柱石、黄玉、绿玉髓、红锆石和紫水晶。十二扇城门永不关闭，每一扇都用一颗珍珠镶嵌。广场以黄金铺就，耀眼如琉璃。整个天国里没有一座庙宇，无所不在的天主本身就和信徒形成了庙宇。那里无需日月星辰的照耀，因为天主和信徒本身就是光芒四射。从天主和信徒所在之处，一股活水潺潺流出，形成河流。在广场中央，河流两侧，树木葱茏生长，枝叶繁茂，清香沁人心脾，在不同的月份，结出十二种不同的果子，这是我先前未曾提到的美食之一。关于这座天国之城的种种美妙，诸位可以尽情想象，我暂且不再多费口舌。③

---

① ［意］瓦拉：《论快乐》，李婧敬译，人民出版社2017年版，第285页。

② 圣若望是耶稣十二使徒之一，被认为是《若望福音》、三封书信和《默示录》的执笔者。

③ ［意］瓦拉：《论快乐》，李婧敬译，人民出版社2017年版，第276—277页。

在安东尼乌斯那里，天堂之美显得高雅华贵，却并没有透露出高处不胜寒的冷清。它令人感到如此亲切，如此向往，仿佛一个完美化的人间。

四、天国里的其他感官快乐（味觉、嗅觉等）

除了视觉享受，安东尼乌斯还描绘了天国里的其他感官快乐。谈到感官，就不能忽略人的肉身。关于这一点，安东尼乌斯一方面强调灵魂之乐的优先性，另一方面也表示灵魂会在进入天国之后再度获取肉身，从而打消不舍感官之乐的人的顾虑：

说到关乎身体感官的快乐，我们如今能享用的，在天国都能继续安享。即使某些快乐不再存在，也必然有更大的快乐取而代之。既然在没有躯体的情形下已经获得了种种福报，就算拥有它也无法获得更多，那么再度寻找那副皮囊又有何意义呢？事实上，灵魂本身已可自由活动并且也是自身最好的装饰了。有人会问："若是没了肉身，作为肉身一部分的眼睛会不会无法看见任何身体的部位，其他感官是否也会统统失效呢？"我想，但凡思维正常之人都不会如此杞人忧天吧。一旦再度获得躯体，所有内在的感官都将恢复且变得更为神圣和持久，但这一步骤并不是在死亡之后立刻发生。灵魂的享受在先，肉体的享受处于最后。①

关于嗅觉享受，安东尼乌斯不仅提到了天国中植物的芬芳，还特别描绘了获得真福的躯体散发出的不朽的气味。

---

① ［意］瓦拉：《论快乐》，李婧敬译，人民出版社 2017 年版，第 269 页。

关于味觉享受，安东尼乌斯描绘了天国的神圣之宴，称"耶稣基督还会亲手将他自己的血和肉分给我们享用"[①]，其美味程度乃人间所有的珍馐佳肴所无法比拟。更为神奇的是，那些食物能令人感到幸福而满足，从而战胜俗世中人无法摆脱的贪婪：

> 它让我们永远不会感到饥渴，也不会感到饱胀，只觉得嘴里有一缕悠长的甘甜。不仅如此，那些食物还会给身体的各个部位带去能量和舒适。这种舒适感遍及周身，甚至渗入骨髓，即便除此之外其他什么享受也没有，你也会为此感到心满意足。[②]

安东尼乌斯指出，天国中的享受惠及的不仅仅是某一种感官，而是让身体所有的部分都能参与，较之人间的感官享乐，是更为完善的综合体验。

此外，天国中的人们还有另一种可望而不可即的享受：如鸟儿一样翱翔于天际，获得人世生活无法给予的行动自由和心灵自由。[③]

对于未尽的神奇感受，安东尼乌斯以一言蔽之：

> 这些在凡间匪夷所思的事情在天国里全都司空见惯，或许有些并不如我所描述的那样，但一定更为奇妙，同时又充满了宗教的神圣感。[④]

五、天国里的精神享受

关于天国里的精神享受，安东尼乌斯谈到了荣耀、尊严、

---

① ［意］瓦拉：《论快乐》，李婧敬译，人民出版社2017年版，第271页。
② ［意］瓦拉：《论快乐》，李婧敬译，人民出版社2017年版，第271页。
③ ［意］瓦拉：《论快乐》，李婧敬译，人民出版社2017年版，第271页。
④ ［意］瓦拉：《论快乐》，李婧敬译，人民出版社2017年版，第272页。

权力以及各类娱乐活动。安东尼乌斯指出，天国的所有成员都各自处在最为幸福和完美的位置上。荣耀没有艰辛、尊严没有嫉妒、权力没有憎恨及危险。[①] 关于娱乐活动，所有低级幼稚的"小儿科"（如狩猎、捉鸟、捕鱼等）都会消失，取而代之的是更加富有智慧的活动，因为只有智慧才是快乐之源[②]：

> 其他人暂且不论，我来说说你们两位，贝尔尼乌斯和布里皮乌斯：观察智慧之人的生活通常更能说明问题。我可以毫不犹豫地断言你们二位不参与狩猎、捕鱼、捕鸟已经二十年有余了。这些年来，你们极少出席宴饮、舞会和各种娱乐活动。说起你们的年龄，二位都不到五十岁……作为文学爱好者，我们为了研习七艺放弃了那些低俗的技艺，一旦享受天国的喜悦，必然会认为凡间事物的价值实在微乎其微吧？[③]

此处，安东尼乌斯以实际生活为例，表明在场的人文主义学者同行常常为了追求高贵的智慧而放弃低级的娱乐，出于同样的道理，人们理应为了享受天国的喜悦，放弃凡间的属世快乐，这与维吉乌斯所说的"两利相权取其重"不谋而合。

六、以属世快乐模拟永恒真福

关于天国之乐的描述从第三部分的第十七节一直延续至第二十五节，洋洋洒洒，栩栩如生，好似一幅描绘天国盛景的

---

① ［意］瓦拉：《论快乐》，李婧敬译，人民出版社 2017 年版，第 269 页。
② ［意］瓦拉：《论快乐》，李婧敬译，人民出版社 2017 年版，第 272 页。
③ ［意］瓦拉：《论快乐》，李婧敬译，人民出版社 2017 年版，第 274 页。

"清明上河图"。安东尼乌斯为何如此用心良苦，以此种极为独特的方式描述天国之美、天国之乐，以至于他口中的神圣天国几乎变成了古希腊人的奥林匹斯山？

安东尼乌斯的铺陈，不外乎一种雄辩式的炫技，其用意是非常明确的——以近似伟大想象真正的伟大，以感性体会神圣，以属世的语言来描述超出尘世的生活，从而引导世人以人间之乐推演至天国之乐。①

……就因为无法亲见，你们就否认存在天国奖赏吗？难道非要见到那些死去的人，你们才相信他们其实生活在别处，已然化为尘土的身体会再次变得完好如初吗？好吧，为了令你们满意，我们不妨把灵魂之善想象成肉体之善，用身体的感受来描述灵魂的感受，并让这些快乐在第一时间立刻呈现……但首先要明确一点，我此番言论的目的是促使大家想象我未能言说的事物，而不是我已明确阐释的事物。换言之，大家应努力设想灵魂的幸福，而非身体的幸福，尽管在天国里，这两种幸福都属于我们。②

安东尼乌斯的心中的天国是神圣的，他描述的天国之美亦是凡尘之美所不可比拟的。然而，他口中的天国，并非一个不见人间烟火的所在，那里没有高处不胜寒的清高，相反却呈现出一派与凡尘世界颇为相似的其乐融融；那里的种种快乐，并没有站在人间快乐对立面上，无非是对后者的放大、完善和升华，甚至连一度遭人诟病的感官之乐都在天国得到了认可和实现。可以认为，安东尼乌斯的天国之乐的理念，深深受到了

---

① 〔意〕瓦拉：《论快乐》，李婧敬译，人民出版社 2017 年版，第 270 页。
② 〔意〕瓦拉：《论快乐》，李婧敬译，人民出版社 2017 年版，第 270 页。

15 世纪自然主义哲学，尤其是伊壁鸠鲁派哲学的影响，从这个角度来看，他对于伊壁鸠鲁派发言人的真正态度，是一种明贬暗褒，真正的目的，仍是"借神颂人"。

第五节 瓦拉的人文主义快乐观

作者瓦拉的快乐观究竟落脚于何处？显然，加图所代表的禁欲主义哲学是瓦拉批判的对象。至于维吉乌斯的伊壁鸠鲁派哲学思想和安东尼乌斯的基督教神学思想，究竟哪种观点更能代表瓦拉本人的快乐观？在《论快乐》的末尾，瓦拉借加图的友人——维罗纳的瓜里努斯——之口对两位发言人的观点进行了总结。

尽管瓜里努斯是加图的朋友，且委任加图为自己的代理律师，但对于加图的悲观主义哲学，瓜里努斯并不认同。谈及维吉乌斯和安东尼乌斯的言论，瓜里努斯表示两人的风格各有千秋。此处，瓜里努斯以"燕子"和"夜莺"进行了生动的比喻：

在我看来，维吉乌斯和安东尼乌斯站在各自的立场上，分别唱了一首无比动听的关于快乐的赞歌。相较而言，维吉乌斯好比燕子，而安东尼乌斯则更像夜莺。[①]

之所以将二者分别比作燕子和夜莺，是因为在古希腊神话中，这两只鸟是国王潘狄翁（Pandion I）[②] 的两个女儿。诗人奥

---

① ［意］瓦拉：《论快乐》，李婧敬译，人民出版社 2017 年版，第 288 页。

② 潘狄翁一世是古希腊神话中的阿提刻国王。潘狄翁有两个女儿：菲洛墨拉和普罗克涅。相传菲洛墨拉的姐夫色雷斯国王忒柔斯凶暴好色，企图霸占菲洛墨拉，遂将妻子普罗克涅藏于密林，谎称已死，并让潘狄翁把另一个女儿送来。菲

维德曾在《变形记》(*Metamorphoses*)中将这两种擅于歌唱的鸟比作演说和诗歌两种艺术。其中，燕子喜爱居于城市的屋檐之下，夜莺则偏爱丛林。因此，人们把燕子比作世俗的演说，而夜莺则更像是发表于丛林中的诗歌。在瓜里努斯看来，尽管维吉乌斯平时的发言好似夜莺，但当日之言论却颇有燕子的特色，强调属世之乐；安东尼乌斯则表现出夜莺的风采，淋漓尽致地展现出了更为高远的天国真福。

这一富于诗意的总结若隐若现地流露出作者瓦拉的观点：批判所有禁欲主义派别（尤其是斯多葛派）以"高尚"压抑"人性"的虚伪；赞扬伊壁鸠鲁派正视"快乐"、追求"快乐"的坦诚和勇气，崇尚安东尼乌斯追求"完美永恒的快乐"的境界。

在《论快乐》一书中，瓦拉对伊壁鸠鲁派的维护是不可否认的。值得探讨的是，瓦拉维护伊壁鸠鲁思想的目的何在？同时，他对于基督教传统教义的态度究竟是虔诚信仰还是改弦更张？为此，有必要将瓦拉的思想置于他所处的社会历史环境中做整体考虑。

一、鉴古以创新

15 世纪是新兴的资产阶级为社会创造大量财富、促使社

洛墨拉到达后即遭其强奸，又被割掉舌头。普罗克涅得知后悲愤万分，为了复仇竟杀死与忒柔斯的孩子，并将孩子的肉做成饭食给忒柔斯吃。随后，普罗克涅带着菲洛墨拉逃跑。忒柔斯发觉真相后暴怒，拼命追赶两人。两姐妹在绝望中向神祈祷，天神把他们三人都变成了鸟：普罗克涅变成夜莺，菲洛墨拉变成燕子，忒柔斯变成戴胜。然而，后世罗马作家改动了神话，将无舌的菲洛墨拉说成是夜莺，将普罗克涅说成是燕子。

会经济取得长足发展的时期。就经济层面而言，日益丰富的物质资源与前一时期基督教会所倡导的清心寡欲、以牺牲属世快乐为代价换取来世幸福的理念产生了不可调和的矛盾，新兴的社会阶层急需一种不同于传统基督教义的全新的思想体系，为日渐世俗化的生活方式提供令人信服的理论支撑。

就文化层面而言，这一时期，文人们开始努力寻求和研究古代拉丁文文献。恰逢此时，东罗马帝国土崩瓦解，大量精通古希腊文的学者携带古代经典文献从拜占庭逃往意大利，为孜孜不倦的意大利学者提供了难以计数的珍贵典籍。自彼特拉克起，大量人文主义学者从研习古希腊文入手，以语言为工具，重新研读、探究、翻译、评论古代经典文献。与中世纪教会所宣扬的经院派教条相比，这些来自古代世界的典籍呈现出截然不同的价值观念：前者僵化，后者鲜活；前者蔑视人世，后者珍视人生；前者令人世生活死气沉沉，后者令社会焕发勃勃生机。古代人的价值观念与新兴资产阶级的生活诉求相符合，因此，人文主义思潮得以迅速传播，以古代文明复苏为标志的文艺复兴亦随之拉开帷幕。在这一过程中，古代异教哲学思想的价值得到了再度挖掘和弘扬，尤以伊壁鸠鲁派哲学最能契合当时的人们追求舒适、富裕生活的社会风尚。早在瓦拉以前，就有弗朗切斯科·菲莱尔福和科斯马·拉伊蒙迪（Cosma Raimondi，1400—1435）① 等哲学家大力推崇伊壁鸠鲁的享乐主义哲学，菲莱尔福著有《论伦理》（*De morali disciplina libri quinque*），拉伊蒙迪则撰写过一封题为《为伊壁鸠鲁辩护》

---

① 科斯马·拉伊蒙迪是 15 世纪意大利人文主义者，倡导伊壁鸠鲁派的伦理思想。

(*Defensio Epicuri*) 的书信。在谈论德行、享乐、自然、人性等问题时，拉伊蒙迪强调：

> 人们指责伊壁鸠鲁，认为他对于至善的观点过于放荡，居然认为快乐是至高无上的善，并以它为一切行动的准绳。然而，我越是就这一问题认真思考，就越是赞同这种看法。我认为这种想法不仅构成了人的规范和准则，也代表了更为高贵的神的旨意。他之所以认为至高无上的善蕴于快乐，是因为他深刻地看到了大自然的力量：人类既然是大自然的产儿，被大自然所塑造，就应当尽力保全自身肢体处于健康和完好的状态，避免我们的心灵和身体受到任何伤害。①

《论快乐》中维吉乌斯的言论与拉伊蒙迪有着明显的相似之处：二者都十分尊重人的自然属性，也都对伊壁鸠鲁派哲学思想表示赞赏。此种相似未必是纯粹的巧合。1430 年，瓦拉旅居伦巴第期间，很可能在贝卡德里的推荐下读过拉伊蒙迪的《为伊壁鸠鲁辩护》，从而萌生了就该主题继续研读的想法。②

然而，与拉伊蒙迪不同，瓦拉对"快乐"的界定并不限于自然层面的属世快乐，其背后的理论依据也并不是纯粹的伊壁鸠鲁派哲学。从这个意义上说，瓦拉既是"尚古者"，也是"疑古者"。一生以进入教廷工作为荣的他并不打算与古典哲学的任何流派站到同一条战线上：首先，关于伊壁鸠鲁派的哲学

---

① G. Santini, "Cosma Raimondi umanista ed epicureo", in *Studi storici*, 1899, Vol. VIII, p. 155.

② R. Fubini, *Note su Lorenzo Valla e la composizione del De Voluptate*, in Istituto di filologia classica e medievale, I classici nel Medioevo e nell'Umanesimo, Genova: Darficlet, 1975, pp. 17-19.

思想，瓦拉只在《论快乐》中进行了较为详细的阐述，在其他作品里却并无提及；① 其次，即使维吉乌斯在发言时洋洋洒洒，却并没有全面阐述伊壁鸠鲁派的思想体系，表现出明显的元素缺失。上述两点充分说明瓦拉的真正意图并非维护纯粹的古典伊壁鸠鲁派哲学。②

既然如此，瓦拉为何不对自身观点进行开门见山的阐述，而是直接以基督教神学家安东尼乌斯的思想来驳斥加图的言论？对此，瓦拉在《论快乐》的序言中进行了交代：

> 倘若天主亦能赐予我信德之盾，圣言之剑，派我以耶稣之名走上战场，又何须忧虑无法凯旋？其中的一件武器将迫使敌人缴械并将其处死，另一件则会挑起他们的内讧。如此一来，我便用那些异教哲学家自身的武器击溃他们，同时引发他们内部的厮杀混战，将其彻底毁灭。所有这些，都要仰仗信德之盾和圣言之剑。③

瓦拉之所以首先让维吉乌斯驳斥加图的观点，再让安东尼乌斯针前两者进行批判，是为了达到某种修辞学上的效果：先引发伊壁鸠鲁派和斯多葛派之间的内讧，随后以基督教神学对异教哲学进行统一批驳。倘若维吉乌斯津津乐道于各种感官快乐的描绘是从形式上对斯多葛派的道貌岸然进行无声的反抗；那么安东尼乌斯乐此不疲地描绘天堂里的感官享受和精神愉悦，也可被视作对无视天国真福的伊壁鸠鲁派的一种以毒攻毒

---

① J. E. Seigel, *Rhetoric and philosophy in Renaissance humanism: union of eloquence and wisdom (Petrarch to Valla)*, Princeton: Princeton university press, 1968, p. 146.

② Ibid., p.147.

③ ［意］瓦拉：《论快乐》，李婧敬译，人民出版社 2017 年版，第 5 页。

之法。①

　　我之所以如此详述，无非是希望当你每每受到自己或他人那微不足道的美色诱惑时，千万不要蒙蔽了自己的心智。你要拿起希望的武器，为了获取天堂之美而抵御凡俗之美。②

　　因此，对于自彼特拉克开始的伊壁鸠鲁主义思想的复苏，瓦拉似乎并不如世人所揣测的那般热衷。换言之，他持有的，是一种“反—反伊壁鸠鲁主义”的思想。他真正主张的，是一种基督教框架之内的具有人文主义特色的快乐观：用“快乐”解释所有人类行为的目的，同时又以宗教的力量来规范、完善和提升“快乐”这一概念，将其从眼前的属世快乐拓展至天国的永恒快乐——正是在这一点上，瓦拉与拉伊蒙迪分道扬镳。

　　所以说，瓦拉对古代经典的借鉴，并不意味着朝古代思想无条件地回归。瓦拉主张向古人学习语言学、修辞学、文学，却不主张沿袭他们做人的准则。古人有智慧，不代表他们拥有真正的德行。可以说，瓦拉对于古人的回归，只在科学、艺术、文学领域，却并不涉及道德和宗教领域。换言之，瓦拉主张的伦理体系尽管具有不可否认的世俗化色彩，却并不带有宣传异教的主观意图。在《论快乐》中，瓦拉尝试将古代伊壁鸠鲁主义哲学中的人性化思想元素融入基督教体系，以基督教的“信”“望”“爱”为所有的德行加冕，以永恒、完善、极致的“天国之乐”为所有的“快乐”加冕，将对世俗生活的重视与对来世真福的期盼合二为一，通过鉴古达成对基督教伦理体系的创新，既体现了对于历史继承性的一面，又表达了对于将来开放

---

① G. Gentile, *Storia della filosofia italiana (fino a Lorenzo Valla)*, Firenze: Sansoni, 1961, p. 364.

② [意] 瓦拉:《论快乐》，李婧敬译，人民出版社 2017 年版，第 265 页。

性的一面。

这一思想得到了尼德兰人文主义者伊拉斯谟（Desiderius Erasumus Roterdamus，1460—1536)）[①] 的继承和发展。1519 年，伊拉斯谟读到了在瑞士巴塞尔出版的《论快乐》。在随后创作的《对话集》（*Colloquia*）中，伊拉斯谟亦谈到了古代伊壁鸠鲁主义哲学思想。在题为《论伊壁鸠鲁主义者》（*Epicureus*）的篇章中，主要对话人物"希多尼乌斯"（Hedonius)[②] 既是基督教徒，也是伊壁鸠鲁派思想的推崇者。由此可见，在处理古代异教哲学思想和基督教伦理体系的问题上，伊拉斯谟充分吸收了瓦拉的思想，并在此基础上进一步向前迈进，最终完成了古代异教哲学与基督教神学思想的嫁接。

二、从神圣关照世俗

作为一部伦理学作品，《论快乐》以赞颂伊壁鸠鲁式的"快乐"为开端，以基督教伦理观为结论，对于作者瓦拉而言，这种具有人文主义色彩的快乐观是两条殊途同归的道路结合。[③]

然而，对于罗马教廷而言，瓦拉的论述方式，尤其是《论快乐》这一标题，却是名副其实的离经叛道。在该作品中，瓦拉不断将人性、人生、人的道德伦常引入基督教神学理论，把人置于思考的中心点，从"人"出发，落脚于"人"，将基督

---

① 鹿特丹的德西德里乌斯·伊拉斯谟是 16 世纪初尼德兰哲学家，欧洲北部地区人文主义运动的主要代表人物之一。

② 在拉丁文中，该名字带有"享乐""快乐"的含义。

③ G. Gentile, *Storia della filosofia italiana (fino a Lorenzo Valla)*, Firenze: Sansoni, 1961, p. 363.

教信仰视作人类获得极致快乐的手段，从而将人的尊严提到了前一时期未曾企及的高度：

> 若不承认这万物生灵是天主为人类而创造，便是不可理喻了。[1]

这虽不是对基督教的直接否定，但在客观上却冲击着中世纪一切以神为核心、以神为主宰的神权统治。[2]

关于属世利益和快乐的价值，瓦拉更是借安东尼乌斯之口从基督教教义的角度给予了伦理层面和神学层面的肯定。尽管基督教信仰与日常的俗世追求处于完全不同的层面，但瓦拉并不主张世人通过压抑甚至泯灭合理的自然欲求来表达对上帝的信仰，被动等待天国真福。相反，他认为世人应该在俗世中完成应尽的工作责任和义务，并获得相应的经济报偿、物质享受和精神愉悦：

> 你也许要问："这浩瀚繁多的万事万物于我究竟有何益处？"它们的被造与存在是为了让你增加对自身的了解，丰富你的思维，令你不会轻看了人类伟大的天性。一方面不让你因我先前所说之奖赏而蔑视诸如财富、资产、荣耀、享受等属世之善，另一方面也鼓励你追求如天空般广博，比属世之善伟大高尚无数倍的天国之善。总之，肉眼凡胎的我们若是连眼皮子底下的事物都无法把握，又何谈追求看不到摸不着的其他呢？[3]

事实上，早在瓦拉以前，欧洲社会就已迈开了世俗化的步

---

① ［意］瓦拉：《论快乐》，李婧敬译，人民出版社 2017 年版，第 254 页。

② 李韦：《路德宗教改革思想的基督教人文主义渊源》，《四川大学学报（社会科学版）》2010 年第 1 期，第 106 页。

③ ［意］瓦拉：《论快乐》，李婧敬译，人民出版社 2017 年版，第 255 页。

伐。这一时期，新兴的资产阶级愈发重视属世利益的获取，作为基督教中枢机构的罗马教廷亦不能免俗，不仅积累了大量财富，对世俗权力的觊觎更是达到了前所未有的程度。1440年，瓦拉撰写著名的政治檄文《〈君士坦丁赠礼〉辨伪》的直接原因，正是因为罗马教廷与那不勒斯国王阿方索五世之间爆发了领土之争：

> 噢，罗马的教宗们啊……你们为何要鲁莽地搬出《君士坦丁赠礼》，动辄声称本来属于你们的帝国领土被某些王宫贵族们给抢走了，要睚眦必报？你们为何要在为皇帝加冕之时强迫他以及包括那不勒斯国王及西西里国王在内的其他王族臣服于你们？①

值得注意的是，瓦拉之所以撰文抨击罗马教廷，既不是为了反叛基督教教义，也不是为了否定世人（包括神职人员）对世俗利益和快乐的追求，而是为了批驳某些满口仁义道德，实则利欲熏心之人。以合理合法的手段光明正大地追求利益本无可厚非，无须半遮半掩；反之，若是打着"高尚"的旗号，一面压抑世人的正常欲求，一面疯狂地追名逐利，那便是虚伪，是罪恶。在《论快乐》中，维吉乌斯和安东尼乌斯先后从世俗层面和宗教层面对加图言论进行批判，也包含了对罗马教廷部分神职人员的虚伪言行的嘲讽：

> 你既然是教导他人的大师，又怎敢责备我没有勇气去做你自己也畏惧的事？当你把有害之事描绘得天花乱坠之时，难道不心虚、不脸红吗？我死了，你还活着；我遍体鳞伤，血洒疆

---

① L. Valla, *La dissertazione di Lorenzo Valla patrizio romano su la falsa e menzognera donazione di Costantino*, Napoli: G. Stanziola, 1895, p. 86.

场,你却凭借我的牺牲坐享其成。没错,我的尸体被埋葬以后,你确会为我高唱赞歌或用勋章留下永久的回忆。若你喜欢,就请你亲自去杀身成仁吧,你死了以后,我也会为你歌功颂德的。①

当然,瓦拉之所以试图构建一种全新的基督教人文主义伦理体系,其主观目的并非为了推翻罗马教廷的统治。相反,他由衷地希望身陷腐朽的教廷能够通过思想体系的革新重新焕发生机——也正是出于这一动机,他才会于1434年将该作品的第三部分呈献给时任教宗。值得注意的是,此时,他所倡导的基督教信仰与中世纪时经院派神学体系已经有了本质上的差别,如果说后者是一种否定人性、藐视人生、唾弃属世价值的思想体系,那么瓦拉借安东尼乌斯之口所描述的基督教信仰则是一种在尊重人性的前提下完善和引领人性的思想体系,这是一种"旧瓶装新酒"的策略,其宗旨最终落脚于"借神颂人"。因此,《论快乐》可谓是"问题中人"瓦拉求解伦理价值之前景的一部问题之书,其中既流露出作者内心世界的矛盾与挣扎,更折射出那一特定的历史时期在传统观念和时代价值之间所产生的冲突、碰撞和火花。

---

① [意]瓦拉:《论快乐》,李婧敬译,人民出版社2017年版,第124页。

第七章　迈向近现代的伦理道德取向

从社会发展的角度来看，《论快乐》是一部见证欧洲社会从中世纪向近现代过渡的作品。无论是加图感叹的"世风日下，人心不古"、维吉乌斯喜闻乐见的"天下熙熙皆为利来，天下攘攘皆为利往"，还是安东尼乌斯"以永恒真福抵御世事无常"的谆谆教诲，都不是作者瓦拉的向壁虚构，而是对社会风尚和伦理观念嬗变的客观反映。三位主要发言人的观点，亦代表了当时社会的各个阶层对于上述变化的不同看法。

第一节　从群体本位到个体本位

在《论快乐》的第二部分，维吉乌斯针对斯多葛派赞颂的各类高尚之举进行剖析，尤其是对"为国捐躯"这一行为作出了不同于传统的解读。

斯多葛派认为："许多人宁可为真正的祖国而死，也不愿在别处苟且偷生，荷马史诗中的英雄奥德修斯（Ulixes）①就是

①　奥德修斯是古希腊神话人物之一，希腊西部伊萨卡岛之王。在荷马史诗《伊利亚特》中，奥德修斯曾参加特洛伊战争，并以"木马计"攻下特洛伊城。《奥德赛》则讲述了战争结束后，奥德修斯率军返航，一路历尽劫难，最终成功返回伊萨卡与家人团聚的历险故事。

最好的例子。"① 因此，在危急关头选择牺牲自己以维护祖国的尊严，是令人敬佩的舍生取义之举。

对此，维吉乌斯并不认同，在他看来，高尚一词本就虚妄，若是为了"取义"而"舍生"，则更是得不偿失。因此，在面临危险时，首先想到的理应是确保自身的安全，而非为了所谓的"高尚"付出生命的代价。从宗教角度而言，这是对于神圣生命的珍视，也是对上帝赐予生命的恩惠的感激；从世俗角度而言，这是对于个人利益的尊重和保护，因此斯多葛派的观点可谓"既不尊重神，也不尊重人"②。

我的老天，我真不明白那些人的行为有何高尚可言，甚至要被奉为众人的楷模！面对劳苦、损失、危险甚至是死亡，我为什么不能溜之大吉？我若留下面对，你又能给我什么奖励，让我达到怎样的目的呢？你会回答：为了祖国的安全、荣耀和尊严。你将这样的善行赋予我，以这样的荣誉奖赏我，用这样的希望鼓励我冒死，若我不遵从就认为我背弃国家吗？你这样不仅大错特错，甚至是心存歹念。你将安全、自由、尊严等有着光鲜名称的奖赏放在我面前，却不真正交给我。试想，若是连性命都不保，不仅无法获得你许诺的奖励，甚至连我先前的所有都要一并丢失。③

维吉乌斯将个人利益置于首位，即使国难当头亦不例外。在他眼中，斯多葛派站在道德的制高点强迫世人为了国家的安全、荣耀和尊严舍生赴死，无异于以公权侵害私权，让个人利益沦为群体利益的牺牲品：

---

① 〔意〕瓦拉：《论快乐》，李婧敬译，人民出版社 2017 年版，第 108 页。

② 〔意〕瓦拉：《论快乐》，李婧敬译，人民出版社 2017 年版，第 34 页。

③ 〔意〕瓦拉：《论快乐》，李婧敬译，人民出版社 2017 年版，第 106—107 页。

你也许要说，他们的牺牲于国家有益……诚然，城邦能够脱离危险，乐享和平、自由、安宁和丰裕，这当然是好事，对此我没有异议……如果说德高望重之人拼死争取的是国家的安全和尊严，那么这些圣贤反而是唯一无法享受这一成果的群体。噢，可悲的科德鲁斯、库尔提乌斯、德西乌斯、雷古鲁斯以及其他以刚毅著称的圣人们！你们用自己神圣的德行换取的就是这些：死亡和蒙骗就是对你们坚毅果敢和任劳任怨的奖赏！这简直就像是蝰蛇繁殖：生下幼蛇之时，也是母蛇的死亡之日。与其如此，还不如不要产子！①

维吉乌斯继而就群体利益和个体利益的轻与重进行剖析。既然祖国是由城池和公民组成的，那么若是没了公民，所谓国家也就只剩下概念的空壳。因此，对于国家而言，公民的首要义务并非为了其他十个、一百个、一千个或成千上万个人牺牲自己，而是尽一切可能保全自身的平安。总而言之，自己的生命远比其他所有人的生命更重要。既然谁都没有为了其他某一个或某两个人牺牲自己的义务，那么无论再加上第三、第四、第五甚至是第无数个，这道理依然成立。②

在《论快乐》的第三部分，安东尼乌斯也从基督教神学层面，对人类个体的利益进行了肯定：

为了说明你作为人类的价值有多高，我要说，这一切都只是为你而造。尽管其他人也与你一同分享，然而所有造物都是为了每一个个体的利益而存在，这是毋庸置疑的。不仅万物生灵，就连天空、大地、海洋，以及被你称之为分享者的其他

---

① ［意］瓦拉：《论快乐》，李婧敬译，人民出版社2017年版，第107页。
② ［意］瓦拉：《论快乐》，李婧敬译，人民出版社2017年版，第109页。

人，都是为你一人（即独立的个体）而存在的。①

与维吉乌斯不同的是，安东尼乌斯在肯定个体利益时，也同时强调人是具有社会性的动物，需要友爱和互助，上帝之所以创造夏娃陪伴亚当，就是因为上帝认为 "人单独不好"②。因此，重视个人利益并不等同于利己排他，也并不总是处于维护群体利益的对立面。在许多情况下，二者之间的关系并不总是 "鱼和熊掌不可兼得"，而是相辅相成的。倘若世人不仅仅独善其身，还能在上帝的引领下兼济天下，那么他的快乐和幸福感不仅不会减少，还会随着分享群体的扩大而成倍增加：

塔兰托的阿契塔（Archytas，前428—前360）③嘴边常挂着一句名言："假如一个人能升到天上，清楚地看到宇宙的自然秩序和天体的美景，那奇异的景观本身并不会使他感到愉悦，因为他必须找到一个人向他述说他所见到的壮景，才会感到愉快。"若是不仅有人倾听，还有人分享，那又是怎样的愉悦呢？所以说，假如这个阿尔契塔斯有幸在天国居住，并让其同伴共享此种幸运，他本人的幸福感难道会因为分享而减少分毫吗？不仅不会减少，甚至还会随着享受人群的扩大而放大。事实上，光是能与他人相遇共处，就足以令人类感到美好甜蜜了……所以说，天上地下的万事万物都是为了人类个体而存在的。④

事实上，以个体为本位的伦理观取代以群体为本位的伦理观确实是15世纪意大利社会的一大转变。当时，备受人文主

---

① ［意］瓦拉：《论快乐》，李婧敬译，人民出版社2017年版，第254页。
② ［意］瓦拉：《论快乐》，李婧敬译，人民出版社2017年版，第254页。
③ 塔兰托的阿契塔是古希腊哲学家、数学家和政治家。
④ ［意］瓦拉：《论快乐》，李婧敬译，人民出版社2017年版，第254—255页。

义学者关注的新柏拉图主义给个体精神注入了自由解放的气息。该理论认为，宇宙中存在某种最完满的形式化世界，即"理念"或"原型"，也就是所谓的"太一"。"太一"如光线一般通过灵魂传递到人的身上，人便通过灵魂与"太一"交融。如此，每一个人类个体都被视作一个独立的"小宇宙"。在以小宇宙为核心的个体主义理论框架中，个体的任何内涵和表现都是由上帝许诺和安排的。正因如此，人文主义的个体精神处处散发着自由、批判的气息。① 那一时期，许多具有影响力的人物，如米兰公国的卢多维科大公（Ludovico Sforza，1452—1508）② 和佛罗伦萨的切萨雷·博尔吉亚（Cesare Borgia，1475—1507）③，其言行方式都是以自身利益的实现为导向的。这一转变是"将人视作小宇宙"的伦理观念的延续。一个社会只有首先树立"以人为中心"的观念，才可能让社会成员具有"自我"的意识，才能谈到所谓的"自由"。基于此，才可能实现人的个性伸展。一方面，群体之事，人人都有过问和了解的权利；另一方面，个人之事，人人都有不受旁人干涉，自行作出选择的权利。当二者相互契合时，个人利益的实现有助于群体利益的达成；当二者存在冲突时，应以保护个人利益为首要目标，使群体利益不至于完全落空。在当代社会中，西方国家通常较为重视个人利益，国家只起到保护公民权利不受侵犯的作用，对个人行为较少干预，其根源便来源于文艺复兴时期的

---

① 周春生：《阿诺河畔的人文吟唱——人文主义者及其观念研究》，天津教育出版社 2011 年版，第 241、248 页。

② 卢多维科·斯福尔扎是斯福尔扎家族成员，曾担任米兰公爵。

③ 切萨雷·波吉亚，又称瓦伦提诺公爵，是 16 世纪意大利贵族、军事长官、政治人物和枢机主教。

人文主义伦理观。[①]

第二节　从静处沉思到经世致用

在 15 世纪的意大利，对"人"的关注引发的另一个结果是世人对于工作和劳动的态度变化。

在前一时期以神为核心的价值观念体系中，在亚里士多德将精神愉悦和肉体快乐一分为二的理论引导下，人们对来世真福的期待胜于对此生快乐的感受，对苦修生活的迷恋胜于对日常劳作的投入，对脑力思考的褒奖胜于对体力劳动的认同，意大利社会因而一度处于消沉停滞的状态。

在《论快乐》中，瓦拉针对亚里士多德的心灵与肉体的二元论展开了批判，提出身体与精神的统一，并将身体实践提升至与脑力思考同等重要的地位。

一、对《农事诗》（*Georgica*）的不同解读

在《论快乐》的第一部分和第二部分里，加图和维吉乌斯相继援引维吉尔以歌颂农夫生活为主题的作品——《农事诗》，但两者对其中诗句的解读却呈现出明显的分歧。

加图认为，自然本恶，人性本恶，大多数人类出于"恶"的天性沉迷于追名逐利，只有极少数智者以追求"高尚"为人

---

① 张传有：《道德的人世智慧——伦理学与当代中国社会》，人民出版社 2012 年版，第 182—183 页。

生目标，享受"智慧"带来的愉悦。因此，在加图眼中，维吉尔在《农事诗》中所表达的，是对农夫只知追求身体快乐的鄙夷以及对智者追求智慧之举的赞赏：

在斥责人类的贪欲之后，维吉尔又赞赏了农夫的宁静生活，公允与否，值得商榷：

"农夫手扶曲犁，耕耘田地。"

大家对这句诗一定耳熟能详。为了博得听众的好感，诗人并未直言自身的立场，却道出了那位阴柔孱弱的伊壁鸠鲁的心声。至于诗人的真实想法，我们倒能从前几行中略见端倪：

"于我而言，缪斯女神（Muses）① 最是柔美，

我心怀大爱，为其歌唱，

她们满腔热忱，为我指点迷津：夜空中群星的轨迹，

太阳的阴晴，月亮的盈缺

大地为何振动，海水何来猛力：

冲破堤岸，掀起骇浪惊涛

冬阳为何早早坠入深海，

夏夜为何姗姗来迟。"

……

如果说我们不愿作令神灵不悦的伊壁鸠鲁派，就应彻底拒绝农夫的生活。就如维吉尔所言，那种生活存在于规则、法律和习俗诞生之前的年代，骄奢淫逸，实在不合时宜。②

我之所以提及这一点，是想表明维吉尔笔下的农夫（更准

---

① 缪斯女神是古希腊神话中太阳神阿波罗手下主司艺术与科学的九位文艺女神的总称。

② ［意］瓦拉：《论快乐》，李婧敬译，人民出版社 2017 年版，第 17—18 页。

确地说，伊壁鸠鲁派）同样属于歪曲生命真谛之人。①

在引用的过程中，加图刻意凸显"缪斯女神"与"农夫"形象之间的所谓云泥之别，颂扬前者，贬斥后者，其用意不仅在于强调智者与芸芸众生的差异，更是为了在脑力活动与体力活动之间划出一条泾渭分明的等级界限，并以前者作为企及"高尚"的唯一途径。换言之，在加图那里，只有通过沉思，才能企及人生至善。

无独有偶，维吉乌斯也引用了《农事诗》中的语句，其解读视角却完全不同：

维吉尔曾公开表明，他所追求的事物不外乎快乐。有诗为证：

"幸运的农夫，实在幸福，

他们理应懂得这福气！……"

毫无疑问，维吉尔此处所指的正是快乐。

……

如果再往下看几句，就能明显看出维吉尔崇尚的是自然之人的幸福，至少是农夫的幸福。

……

维吉尔将对自然的沉思与农夫的生活联系起来，写下了这些诗句：

"同样幸运的是认识掌管农业的神灵潘神（Pan）②、希尔瓦努斯神（Silvanus）③ 和众仙女姐妹。

---

① ［意］瓦拉：《论快乐》，李婧敬译，人民出版社2017年版，第17—18页。
② 潘是古希腊神话中的牧神，掌管树林、田地和羊群的神，有人的躯干和头，山羊的腿、角和耳朵。
③ 希尔瓦努斯是罗马神话中的田野和森林之神。

不求民众的赞誉，不求富贵王权，

不为纷争所困，避免兄弟反目。"①

……

加图，我之所以展示这些段落，是希望你能明白，最不该被斥责的，便是农夫的生活。你认为他们粗俗野蛮，维吉尔却用以下诗句为农夫的生活进行了总结：

"正义女神离大地远去，

只在他们中间留下最后的足印。"②

由于自然观、人性观、快乐观不同，加图和维吉乌斯在解读同一部作品时表现出南辕北辙式的分歧，这是理所当然的。加图对农夫沉浸于田园生活进行贬斥，不仅表达了对自然的憎恶，也表达了对体力劳动的鄙夷。在加图看来，体力劳动的目的仅仅是为了获取基本的生存资源，属于低级的生理需要，而非高尚的精神生活。农夫终日从事体力劳作，思维简单，沉沦于自然之恶而不自知，不思追求智慧，当然与人生至善——"高尚"无缘。与加图相反，维吉乌斯之所以肯定、赞扬、推崇农夫的田园之乐，将其视为"福气"，是因为伊壁鸠鲁派哲学对于自然的尊重和人性的肯定。既然人是属于自然界的生灵，就无须、也不该脱离其自然属性，理应通过在自然界中进行劳作获取维持生命的物质资源和精神愉悦。在维吉乌斯看来，农夫们夙兴夜寐，在不同的时节里耕耘、收获，过着自食其力、丰衣足食的生活，从中获得心理层面的满足感和幸福感，"不求民众的赞誉，不求富贵王权，不为争执所困，避免

---

① ［意］瓦拉：《论快乐》，李婧敬译，人民出版社2017年版，第178—179页。

② ［意］瓦拉：《论快乐》，李婧敬译，人民出版社2017年版，第180页。

兄弟反目"。如此平静祥和的生活为何不应受赞赏,反而要遭到蔑视?倘若因为他们只知"手扶曲犁,耕耘田地"便将他们视作"野蛮之人",那便是否定了人性,否定了人在世间的根本定位和基本生存需求。在维吉乌斯眼中,与只知高谈阔论的斯多葛派相比,农夫的生活才是最为自然、朴素、正直且不乏智慧的。

二、对亚里士多德的"沉思"的思考

与"四肢发达、头脑简单"的农夫形成鲜明对比的,是沉思中的智者。斯多葛派认为:沉思的生活和灵魂的安宁属于追求高尚的人,因为只有他们才配拥有这种等同于神灵的善,而伊壁鸠鲁主义者崇尚的是充满狡诈、令人不齿的低俗享乐,内心必定愧疚不安,惶惶不可终日。不仅斯多葛派认为沉思的价值高于体力劳作,亚里士多德也将沉思的生活奉为最为高尚的生活状态。在《尼各马可伦理学》中,亚里士多德将人生从低到高划分为三种类型,依次是享乐型、政治型和思考型,并且指出:"思想的快乐高于感觉的快乐。"①

在《论快乐》的第二部分,维吉乌斯就亚里士多德所说的"沉思"展开了探讨。

首先,维吉乌斯指出,亚里士多德所说的三种生活类型,都是以追求"快乐"为宗旨的:

我们已经说明"快乐的"和"政治的"(即荣耀的,因为政

---

① [古希腊]亚里士多德:《尼各马可伦理学》,廖申白译注,商务印书馆2003年版,第301页。

治必定蕴含着某种荣誉）之间的关系并不矛盾，后者是前者的一个侧面。现在我只需证明第三种善也不外乎是一种快乐。①

随后，维吉乌斯援引了被誉为"哲学家的典范"②的毕达哥拉斯对于沉思者的定义："沉思者是那些对其余一概不顾，只管全心全意思考事物本质的人。"③对于这样的静处沉思者，亚里士多德曾给予高度评价：

> 从另一个方面来考虑，也同样可以得出完善的幸福是某种沉思的结论。神是最被我们看作享得福祉和幸福的……神的实现活动，那是最后的福祉，也就是最幸福的。④

针对毕达哥拉斯的定义和亚里士多德的言论，维吉乌斯从四个层面进行了反驳。

其一，尽管亚里士多德认为沉思构成了神灵的完善的幸福，但"沉思"这一行为与神灵并无关系：

> 为了让神灵处于所谓清净无为的状态，居然把沉思行为强加给他们。殊不知沉思指的无非是持续的研习过程，也就是我们所说的"思索"和"探寻"——此种行为恰恰属于人类，而不属于神灵。⑤

维吉乌斯指出，沉思的目的无非是为了"弄懂尚未通晓的事物"，如果说神灵需要沉思，无异于亵渎他们的智慧，说他们因为无知才需要不断探寻。因此，并非由于神灵的生活在于

① ［意］瓦拉：《论快乐》，李婧敬译，人民出版社 2017 年版，第 170 页。
② ［意］瓦拉：《论快乐》，李婧敬译，人民出版社 2017 年版，第 170 页。
③ ［意］瓦拉：《论快乐》，李婧敬译，人民出版社 2017 年版，第 171 页。
④ ［古希腊］亚里士多德：《尼各马可伦理学》，廖申白译注，商务印书馆 2003 年版，第 310 页。
⑤ ［意］瓦拉：《论快乐》，李婧敬译，人民出版社 2017 年版，第 173 页。

沉思，亚里士多德才将其奉为至善，而是因为他认定沉思是至善，所以才将其强加给高高在上的神灵，以便使其言论和生活方式更具说服力。

其二，既然毕达哥拉斯认为沉思是一种"两耳不闻窗外事，一心只读圣贤书"的行为，而亚里士多德又将此种行为提到堪比神灵的高度，这也就是说，神灵除了沉思之外，是无所作为的。如此一来，倘若人类效仿神灵的生活，以沉思为最高境界，整个社会就会陷入瘫痪：

> 说神灵沉思已然是大不敬，说他们无所作为则更是胆大包天。亚里士多德所说的神灵难道是岿然不动、寸步不挪的吗？他们到底是神灵，还是一根根木桩子？……他们之间难道看不见、听不见、从不说话、从不交流吗？相互从来不流露关心和爱意？就算独眼巨人（Cyclops）①也不该有如此愚昧的想法，更何况哲学家呢！不仅如此，这蹩脚的哲学家一面说人是政治的动物，一面又鼓励人类效仿神灵的生活。莫非亚里士多德是建议人类抹除所有的人际关系？想想看，若真是如此，人类该如何生活，又该如何来到这世上？好吧，既然你说神灵不食人间烟火，也无需依靠分娩出生，因而可以自给自足；人类却做不到这一点，他们得吃饭喝水，并通过父母两人相交才能降生。②

其三，维吉乌斯指出"沉思"本身是一种呕心沥血的行为，若没有荣耀、快乐、利益作为奖赏，无人情愿在冥思苦想中度过一生：

---

① 独眼巨人是古希腊神话中的原始种族，以身形巨大、智力低下而著称。
② ［意］瓦拉：《论快乐》，李婧敬译，人民出版社2017年版，第173页。

就算神灵不知疲惫，还如饥似渴地埋头思考（简直令人匪夷所思），沉醉于此种快乐：难道我们人类也能废寝忘食、乐不可支地过这种日子吗？在此，我只想谈谈我的个人经历。埋头苦读之时，我常常感到筋疲力尽，几乎要积劳成疾，可即便如此辛苦，还是会时常遇到无法理解或解决的难题。……有谁会因为沉思的甜蜜而去咬文嚼字呢？我成年之后开始学习希腊文，尽管希腊人的文字比我们的更招人喜爱，但在最初的一段时间却是举步维艰，我一度绝望，差点放弃。若不是为了挣钱谋生，有谁会倾心于那千头万绪、令人望而生畏的辩证法以及医学、民法学等一点也不招人喜爱的学科？一句话，在沉思中度日就跟保持德行一样辛苦。这就是美妙的沉思，完美的幸福。这所谓的福祉难道不比所有刑罚甚至是死亡都更加残酷吗？①

其四，维吉乌斯指出，亚里士多德之所以赞颂沉思，真正的目的在于通过沉思的成果来谋求荣耀：

噢，亚里士多德，你看重的并非沉思本身，而是想凭沉思来炫耀。我愿请诸位神灵作证：若没有荣耀作为奖赏，你还会在这浩瀚的书海中终老一生吗？你不愿将自己打扮成贪图荣誉之人，想显得笃学不倦，然而你的目的却并非学习本身，而是沽名钓誉。相比之下，西塞罗就显得较为诚恳，他曾以演说家而非哲学家的身份如此描述他自己："有德之人对自己遭受的痛苦和危险并不求回报——但赞扬和荣耀除外，如果没有这些，我们又何苦在这短暂的一生中苦心经营？"……正因为你如此吝惜荣誉，所以才宣称沉思是你钟情的至善。你之所以将它奉为真福、奉为神灵的生活，无非是为了凸显你自己的智

---

① ［意］瓦拉：《论快乐》，李婧敬译，人民出版社2017年版，第176页。

慧，凸显你如神灵一般，获得了真福。①

维吉乌斯最终得出结论，既然"沉思"行为与神灵扯不上任何关系，其宗旨也不外乎是追求名利和快乐，那么"沉思"就并不具有比其他行为更高尚的价值。

显然，在《论快乐》中，"农夫生活"和"沉思生活"都有着超出字面含义的所指。"农夫生活"代表一种基于自然规律和人之天性的日常劳作及生活琐事，背后体现的是一种以追求利益和快乐为目的的经世致用、躬行实践的生活观，而"沉思生活"代表的则是一种否定自然和人之天性、藐视日常劳作和凡俗之乐的生活观，它将人类追求利益的行为视为堕落沉沦，将不以任何奖赏为目的的所谓高尚奉为人生至善，将推理和沉思视为最高境界。瓦拉将二者进行对比，其目的并不在于一味贬斥脑力思考的价值，而是倡导世人重视世俗的生活和快乐，消除脑力劳动和体力劳作之间的壁垒。即使是以脑力劳动为工作的哲学家，其哲学思考也不应脱离人性去空谈超越性和神圣性：哲思在世间，不离世间觉。

三、实践是社会发展的动力

通过农夫之乐和沉思之乐的对比，瓦拉不仅弥合了脑力劳动与体力劳动之间的鸿沟，还对人类个体和人类社会发展的动力所在进行了反思。

就人类个体而言，人不仅是头脑的动物，更是具有肉体的生灵。因此，人不仅不应忽略、轻视、自身的自然属性，更不

———————————
① ［意］瓦拉：《论快乐》，李婧敬译，人民出版社 2017 年版，第 176—177 页。

能否定"实践"对于个人发展的价值。瓦拉认为，人的一生是动态的过程，实践既是维持生存的基本需求，也是追求精神愉悦、追求德行的必要手段。换言之，真正的德行不应止于思考和言语上的表达，而应通过行动来实现：

> 你将高尚定义为至高无上和独一无二的善，又将高尚解释为四种德行的集合以及实践这些德行的行为，因为拥有德行不仅在于了解，更在于实际行动。正如西塞罗所说："德行的光荣全在于实际行动。"这句话几乎人人赞同。①

就人类整体而言，社会的发展前行需要动力。倘若人人都高看沉思，鄙夷实践，那么人类的发展必然因缺乏动力而陷入停滞。当然，冷静的沉思的确能够为实践指明方向，但这种有价值的沉思只有不脱离实践，才能提炼实践的精华，推动社会的发展。此处，瓦拉强调了劳动的重要性，告诫人们不可将上帝赐予的宝贵时间浪费在无益于个人和社会发展的枯燥玄奥的冥想中，并鼓励世人勤勉工作，为社会做出实际的贡献。

从宗教层面来看，瓦拉并不认同"如木桩子一般"岿然不动的神灵。亚里士多德所说的神灵根本就不是（也不可能是）真正意义上的上帝。

> 在我看来，如果必须二者选一的话，我宁愿选择神灵是行动者，而非沉思者：他们创造了自己的社会，遵循他们的法律，履行他们的义务。随后，在创造并繁育人类的过程中，他们让已有的种子繁衍，同时不断为人类创造新的事物。这些新生事物不是神灵沉思研究的对象（他们已是无所不知），而是他们的创作成果。由于他们不断创造，我们便感到这世界日新

---

① ［意］瓦拉：《论快乐》，李婧敬译，人民出版社 2017 年版，第 180 页。

月异。①

　　神灵并非无所作为，人类对于上帝的信仰也应是以积极实践为前提的。如果说"高尚"本身并不是对人生的奖赏，那么"信仰上帝"这一行为也不是以它本身为宗旨的。人类对上帝的"信""望""爱"是一种动机，其目的在于获取天国的永恒真福。信仰并非被动等待、思考上帝的奖赏，而是为了追求至高无上的快乐而主动实践的过程。

　　综上所述，瓦拉认为对于快乐的追求和实践是个人成长、社会进步、科学发展、艺术繁荣的原动力，正是这样一种"意欲向前"的理念，体现了欧洲近现代文化中宝贵的实践精神。

第三节　男权社会里的女性之声②

　　"女性主义"是一个政治词汇，它指的是一种社会理论与政治运动，该理论与运动旨在结束性别主义、性剥削、性歧视和性压迫，促进性阶层的平等。普遍认为该运动起源于 18 世纪。1791 年，法国大革命的妇女领袖奥兰普·德古热（Olympe de Gouges，1748—1793）③ 发表《女性与女性公民权宣言》（*Déclaration des droits de la femme et de la citoyenne*），提出妇女生来就是自由人，拥有与男性平等的权利，女性主义运动的序幕由此拉开，至今方兴未艾。

----

① 　[意] 瓦拉:《论快乐》，李婧敬译，人民出版社 2017 年版，第 173—174 页。
② 　本节内容已作为独立的论文，发表于《外国文学》2016 年第 6 期。
③ 　奥兰普·德古热是法国女权主义者、剧作家、政治活动家。在其作品《女性与女性公民权宣言》中，德古热向男性权力和男女不平等的观念发出挑战。

　　生活于 15 世纪的瓦拉，并不知晓"女性主义"这一名词。当时的欧洲依然奉行男权至上的性别观点。作为弱势群体，女性的地位和权利"理所当然"地遭到蔑视和践踏。然而，作为一位秉承"以人为本，寓善于乐"伦理观的人文主义学者，瓦拉却在《论快乐》中借维吉乌斯之口专门描绘了三位分别存在于古代神话、史学作品和自我设想中的女性人物，并以人文主义的伦理视角对其形象进行了不同于前人的解读，从一定程度上反映出这一时期人文主义思潮对女性社会地位产生的影响。

一、可爱的女性之美:《论快乐》中的海伦

　　海伦是一位古希腊神话中的女性人物。相传她是宙斯和丽达所生之女，以天生美貌而著称。在荷马史诗《伊利亚特》中，海伦是斯巴达国王墨涅拉俄斯（Menelaus）①的妻子，后与特洛伊王子帕里斯（Paris）②私奔至特洛伊（一说是被帕里斯掳至特洛伊）。墨涅拉俄斯怒不可遏，在其兄长阿伽门农的支持下向特洛伊宣战，一场旷日持久的战争就此拉开帷幕。十年苦战之后，特洛伊城最终沦陷。

　　在相当长的一段时间里，海伦的美貌一直被认为是引发特洛伊战争的导火索，海伦本人也成为"红颜祸水"的代名词。

---

①　墨涅拉俄斯是古希腊神话人物之一，斯巴达国王、阿伽门农之弟、海伦之夫。海伦被特洛伊王子帕里斯带走后，墨涅拉俄斯与阿伽门农召集希腊境内几乎所有国王对特洛伊开战。十年苦战之后，特洛伊沦陷，海伦被墨涅拉俄斯夺回。
②　帕里斯是古希腊神话人物之一，荷马史诗《伊利亚特》中的特洛伊王子。帕里斯出生前被预言会为国家带来灾祸，因此出生后被丢弃于山中，后被一位牧羊人所抚养成人。后来，帕里斯爱上了斯巴达国王墨涅拉俄斯的妻子海伦并将其带回特洛伊，从而引发了长达十年之久的特洛伊战争。

公元前412年，古希腊剧作家欧里庇得斯以荷马史诗中的海伦为原型创作了同名悲剧作品，剧中的海伦在开场白中哀叹道：

> 我那不幸的丈夫召集了军队，
>
> 开往伊利昂城，
>
> 追捕那些抢劫我的人。
>
> 许多生命为我丧失在了斯卡曼德罗斯的水边，
>
> 我承受了这一切，
>
> 却被认为背弃丈夫，
>
> 给希腊人带来了一场大难，
>
> 是最该遭受诅咒之人。[①]

尽管在这部悲剧中，海伦被塑造成一位饱受冤屈的女性，但剧作家对女主人公的怜悯却是以对剧情的改造为前提的。在欧里庇得斯笔下，海伦本人一直留在埃及，从未背叛夫君。被帕里斯带走的只是赫拉（Hera）[②]造出的一团形似海伦的云气——其目的就是利用海伦的美貌挑起希腊人对特洛伊的敌意。之所以对故事进行这样的改造，欧里庇得斯大约是想还剧中的海伦一个清白。然而，即使海伦不曾前往特洛伊，她也只能洗清背叛夫君的罪名，无论如何，她的倾世美貌始终是引发战火的罪魁祸首。就连海伦自己也这样认为："我的美貌毁灭了，毁灭了达达尼尔的城堡和战死了的阿开奥斯人。"[③]

[①]　[古希腊] 欧里庇得斯：《欧里庇得斯悲剧（上）》，张竹明译，译林出版社2007年版，第543—545页。

[②]　赫拉是古希腊神话中的天后，主神宙斯之妻。赫拉集美貌、温柔、慈爱于一身，是女性、婚姻、生育和母性之神，其形象相当于古罗马神话中的天神朱庇特的妻子朱诺（Iuno）。

[③]　[古希腊] 欧里庇得斯：《欧里庇得斯悲剧（上）》，张竹明译，译林出版社2007年版，第567页。

在《论快乐》中，维吉乌斯并不否认海伦的美貌是导致特洛伊之战的直接原因，但与大多数人的观点不同，他不仅不谴责海伦的容色，反而将其视为最值得珍视的"身体之善"。换言之，特洛伊的战火非但不能证明美貌的可憎，相反凸显了美貌的可爱，可爱到令双方阵营的将士宁愿为之付出生命的代价。

尽管貌美之人往往不披挂上阵，但战事却总因为争夺美好之物而起……在某个故事里，[①] 无数勇士、英雄和具有神圣血统的战士为了一个女人而打得不知疲倦，热火朝天。若说希腊人是为了复仇而战，这不可信，因为他们已经承诺，只要对方归还海伦，就会平息战火；或者说特洛伊人是为了表明自己并非出于怯懦而归还海伦，因此为尊严而战，这也不可信。昆体良说得好："在特洛伊王族看来，希腊人与特洛伊人为了海伦的美貌而连年苦战，绝非无聊之举。"[②]

维吉乌斯认为，美好的容颜和健康的体魄一样，都是自然给人类的馈赠。既然我们乐于接受身体的健康、力量和矫健，也就不应拒绝美貌，或将对美貌的追求视为可耻之举。正因如此，古希腊、古罗马时期不乏描写人体美的文学作品："荷马着力描述阿喀琉斯、阿伽门农等男性的健美体态；维吉尔也用优美的词句颂扬劳苏斯、图尔努斯、帕拉斯、埃涅阿斯和阿斯卡尼俄斯的俊朗。"[③]

倘若男人的健硕值得称道，女人的容颜就更值得爱怜。在这一点上，特洛伊的国王普里阿摩斯（Priamus）[④] 显得十分明理：

① 此处指荷马史诗《伊利亚特》。

② ［意］瓦拉：《论快乐》，李婧敬译，人民出版社 2017 年版，第 56 页。

③ ［意］瓦拉：《论快乐》，李婧敬译，人民出版社 2017 年版，第 58 页。

④ 普里阿摩斯是古希腊神话人物之一，荷马史诗《伊利亚特》中的特洛伊国王。

说到在这场耗时十年的漫长战争中数度惨遭丧子之痛的国王普里阿摩斯，他本应憎恨、敌视这女子，但他非但没有如此，反而将其视为女儿呵护，并为她开脱，否认是她引发了战争。①

维吉乌斯称赞女性美丽的面庞是世界上最为"甜美、可爱、令人欢欣"的所在。② 除了面容，他还公开赞颂女性其他部位之美，包括秀发、乳房、臀部、身材、肤色、肢体等。

对于中世纪罗马教廷对裸体雕塑的遮掩之举，维吉乌斯嗤之以鼻。在他看来，古希腊和古罗马时期的女性雕塑作品之所以常常裸露一条臂膀、一条玉腿或一只乳房，正是想展现女性身体最美好的部分。文艺复兴时期的艺术作品对古风的恢复恰恰体现出此种美学注意力上的转变：由中世纪时对精神之美的专注转变为对身体之美的描绘。如此，人的自然属性通过艺术家的展现重新获得了价值，人之美逐渐与神之美平分秋色。至于男女之间因美貌相互吸引，继而燃起爱火，那更是人的天性流露。既然爱美之心人皆有之，又为何不遵从自然赐予的天性呢？

二、可叹的女性之忠：《论快乐》中的卢克蕾提亚

《论快乐》中出现的第二位女性是史书记载的一位贞洁烈女——卢克蕾提亚。

根据李维（Titus Livius，前59—17）③ 在《建城以来史》（*Ad*

---

① ［意］瓦拉：《论快乐》，李婧敬译，人民出版社2017年版，第57页。
② ［意］瓦拉：《论快乐》，李婧敬译，人民出版社2017年版，第60页。
③ 提图斯·李维是古罗马著名的历史学家，曾创作多部哲学和诗歌著作，代表作为史学巨著《建城以来史》（又译《罗马史》）。

Urbe Condita Libri）中所述，古罗马王政时期最后一任国王卢基乌斯·苏培布斯（Lucius Tarquinius Superbus，？—前496）[①]的儿子塞克斯图斯·塔奎尼乌斯（Sextus Tarquinius，？—前509）[②]在阿尔德亚驻防期间，听闻当地贵族科拉提努斯(Lucius Collatinus，生卒年不详)[③]的妻子卢克蕾提亚貌美且忠贞，便趁其丈夫外出之机深夜造访她的家宅并将其强暴。塞克斯图斯·塔奎尼乌斯离开后，卢克蕾提亚向迟归的夫君和父亲解释了事情的原委，并当着他们的面抽出匕首，愤然自刎。

李维如此描述卢克蕾提亚自刎时的惨烈场景：

当她的亲人到来时，她泪水盈满眼眶，对丈夫的提问："事情都好吗？"她答道："远远不，因为失贞后对一个女人会有什么好？科拉提努斯，在你的床上有一个陌生人的痕迹……他就是塞克斯图斯·塔奎尼乌斯，作为敌人，而非客人，昨夜以暴力武装着，带走将给我和他——如果你们是男人——带来毁灭的快乐。"……她说："你们看着办，他应得什么；至于我自己，虽然我将从罪恶中开脱自己，但我不会免于惩罚；今后，将没有任何不贞的女人以卢克蕾提亚为榜样活着。"她拿出藏在衣下的刀，刺入心脏，并且瘫倒在地上，倒下死去。丈夫和父亲哀嚎着。[④]

---

① 卢基乌斯·塔奎尼乌斯·苏培布斯是古罗马王政时期的第七任君主，以暴政和独裁著称，人称"高傲者"。

② 塞克斯图斯·塔奎尼乌斯是罗马王政时期第七位君王卢基乌斯·塔奎尼乌斯·苏培布斯之子。

③ 卢基乌斯·科拉提努斯是古罗马共和国时期的第一任执政官之一。他和布鲁图斯一道驱逐了最后一任国王卢基乌斯·塔奎尼乌斯·苏培布斯，结束了古罗马的王政时期。

④ ［古罗马］T. 李维：《建城以来史》，穆启乐等译，上海人民出版社2005年版，第145—147页。

史学家李维对于卢克蕾提亚的举动是颇为感佩和敬仰的。在《论快乐》中，斯多葛派发言人和伊壁鸠鲁派发言人对此举作出了两种截然不同的评价。斯多葛派将卢克蕾提亚的忠贞之死视作 "宁为玉碎，不为瓦全" 的壮举，认为她是追寻高尚、舍生成仁的女中豪杰。[①] 但在伊壁鸠鲁派眼里，卢克蕾提亚的行为虽然可叹，却不值得效仿。不错，这位贞洁的女子的确言行庄重，但却并不真正懂得何谓 "高尚"。在遭受到恶人的强暴之后，她的自杀之举根本无法挽回已然丧失的贞洁，只能谋得一个 "为贞洁而死" 的名誉，换言之，她所追求的并不是 "高尚" 本身，而是 "高尚" 的影子——荣耀。

究竟是什么原因怂恿、煽动、蛊惑你做出如此莽撞之举？我明白，你是羞于面对其他妇人。你害怕事情传扬出去，引得流言纷纷，使你先前引以为傲的美名化为纷扰的闲言碎语。[②]

对于荣耀的本质，维吉乌斯展开了论述。在斯多葛派眼中，"荣耀是对高尚之举的无比高贵且永垂不朽的奖赏"[③]，但在伊壁鸠鲁派看来，与 "高尚" 结伴而行的 "荣耀" 实属昙花一现。与 "快乐" 相比，荣耀的价值微乎其微。若非要说荣耀值得追求，就必须将其置于 "快乐" 之列。例如，当德摩斯梯尼听到与他擦身而过的两位妇人在小声议论 "看，这就是大名鼎鼎的德摩斯梯尼" 时，不由地感到十分骄傲，这也便是在享受荣耀所带来的愉悦了。[④]

在生命与荣耀之间，两者孰轻孰重呢？世人常常看重

①　[意] 瓦拉：《论快乐》，李婧敬译，人民出版社 2017 年版，第 112—113 页。

②　[意] 瓦拉：《论快乐》，李婧敬译，人民出版社 2017 年版，第 115 页。

③　[意] 瓦拉：《论快乐》，李婧敬译，人民出版社 2017 年版，第 121 页。

④　[意] 瓦拉：《论快乐》，李婧敬译，人民出版社 2017 年版，第 132 页。

死后的美誉，哲学家中的泰斗柏拉图曾对小狄奥尼西奥斯（Dionysius II）① 说：

当我们离世之后，人们将谈论我们，因此我们不仅不能忽略将来，更要为之筹谋。所以，我们常常能看到愚笨者不顾及自己的名声，而仁者和智者却会为百年后的美誉谨言慎行。②

但在维吉乌斯眼中，荣耀的光环无论如何眩目，受用者也只能是在世之人。对于逝者而言，死后的美誉或恶名都不会带来任何实际影响。坟墓前的赞歌和鲜花既不会令躺在坟墓里的躯体感到任何愉悦与欣慰，也不属于已经离开躯体的灵魂。无论是辉煌的陵墓还是宏伟的雕像，都不是用来给逝者增添光彩，而是给尚且活着的家族后人充当摆设的。佳誉如此，恶名也并无二致。维吉乌斯坦言：

为此，我要请天上、地下和海里的神灵前来见证，假如我有权选择，我不认为罗慕路斯和努马·庞皮里乌斯（Numa Pompilius，前715—前673）③ 死后的荣光要大于某个默默无闻、无人感念的牧羊人；同样，我也坚决否认他二人的佳誉要超过塔奎尼乌斯·苏培布斯及瑟塞蒂斯（Thersites）④ 和西农（Sinon）⑤ 的恶名。⑥

---

① 小狄奥尼西奥斯是古希腊西西里岛的叙拉古统治者，大狄奥尼西奥斯的儿子和继承人。

② ［意］瓦拉：《论快乐》，李婧敬译，人民出版社2017年版，第122页。

③ 努马·庞皮里乌斯是古罗马王政时期的第二任君主。

④ 瑟塞蒂斯是古希腊神话人物之一，荷马史诗《伊利亚特》中希腊阵营里的人物。据荷马描述，此人相貌丑陋，懦弱下流，是反面人物的典型。

⑤ 西农是荷马史诗《伊利亚特》中混入特洛伊阵营的希腊奸细，劝说特洛伊人把木马拉进城，又在夜间将希腊人从木马中放出。

⑥ ［意］瓦拉：《论快乐》，李婧敬译，人民出版社2017年版，第131页。

既然如此，以生命为代价换取死后的名声就得不偿失了。卢克蕾提亚的勇气可嘉，其行为却不够明智，更何况她被强暴的事实根本算不得恶名。

就算你的高尚目的是为了不背叛丈夫（其实并非如此）而选择就死，可这又有什么道理呢？先前的事情你完全是被迫为之的，不是吗？对于被迫所为之事，我们不应称赞，亦无需谴责。[①]

瓦拉能够对卢克蕾提亚的遭遇表示同情和理解，是十分难能可贵的。在古罗马男权至上的社会体系中，女性不过是生育的工具和从事家务劳动的奴隶。强奸亦不被看作是男人对女人的伤害，而是一个男人对另一个男人的"财产盗窃罪"。对于女性而言，"饿死事小，失节事大"，无论贞洁以何种原因遭到玷污，都会被视为大逆不道之举。按照尤利亚法的规定：已婚女子若与其他男子通奸（或遭到其他男子强奸），两人均应被惩处。通奸女子的半数嫁妆和财产的三分之一将被没收充公，本人应被流放至荒岛；奸夫的半数财产也将被没收充公，本人应被流放至另一座荒岛。在这样的社会环境下，卢克蕾提亚的行为得到赞扬，也就不足为怪了。但即便如此，瓦拉仍坚持女性不应为他人的恶行而付出生命的代价：

难道暴殒轻生就是忠于婚姻的表现吗？这样一来，你就摧毁了整个婚姻以及夫妻双方的所有誓言。别人对你行了冒犯之举，你不得不承受：可你为何要如此昏聩地惩罚自己呢？仿佛这下作之举是你自己犯下的？你何以毁灭自己，去替他人偿付这份代价？这不是用自己的手重新撕开别人给你留下的伤疤吗？

[①] ［意］瓦拉：《论快乐》，李婧敬译，人民出版社 2017 年版，第 116 页。

这样说来，你的罪过比塞克斯图斯还要大。他施暴他人，你残杀自己；他对你如同对待自己的妻子，你对自己却如同对待敌人；他未曾用利器伤你，你没有用刀子（这不是女人的常用之物）砍向他，却将刀子对准了自己；他并未残伤你的身体，你却引决自裁。你这残暴狠心的女子，居然因为这微不足道的错误用这般的酷刑来惩罚自己！①

声声恳切，字字入理，对于卢克蕾提亚的自刎，瓦拉的感叹折射出这一时期的人文主义思潮对于生命的珍视，也体现出瓦拉本人对于女性的尊重和保护。

三、可敬的女性之勇：《论快乐》中的贞女之辩

瓦拉深知，卢克蕾提亚枉死的原因并不仅仅在于她个人对"高尚"的曲解，男女社会地位的悬殊才是导致卢克蕾提亚选择一死了之的根源所在：即使她忍辱偷生，也难免遭遇世人的冷眼。因此，改变不合理的社会制度，维护女性的尊严，提高其社会地位才是真正的解决之道。瓦拉认为，人文主义对于"人"的关爱，不应限于"男人"，也应惠及女性。为此，他在《论快乐》虚构了一位被迫守贞的妙龄少女，并借她之口对古代社会男权体制下强迫妇女守贞的制度进行了深刻的反思和批驳。

瓦拉首先安排维吉乌斯开宗明义：性是人类的自然欲求之一，既然人性本善，那么遵从天性也就无可厚非。然而，"贞洁"一词只针对女性提出，这本身就体现了男女在性权利方面

---

① ［意］瓦拉：《论快乐》，李婧敬译，人民出版社2017年版，第117页。

的不平等，其根源在于人类社会对于男权的崇尚和对于女权的蔑视。

　　我刚才谈到的这种迷信，[①] 其源头不在女人，而在于我们男人。女人们根本不会有类似的想法，因为她们在许多事情上都比我们男人更有见地，为此我们真应该脸红。女人们有着胜于男性的判断力，早就证实上述观点是一种以辱没女性为目的的迷信。[②]

　　随后，维吉乌斯指出，无论"女祭司"或"修女"的称号有多么体面，"守贞"都是一种违背人性的万恶的制度。

　　依我看，炮制这种制度的，要么是气血耗尽、日薄西山的老糊涂，要么就是些天生情欲冷淡的家伙，或是没有能力也没有愿望展示这方面天赋的可怜虫和吝啬鬼。他们想像出一个掌管贞女的女神，有人说是密涅瓦（Minerva）[③]，有人说是狄安娜（Diana）[④]，我们古罗马的祖先则说是维斯塔灶神（Vesta）[⑤]。要我说，还不如是维纳斯（Venus）[⑥] 或丘比特！[⑦]

　　在完成男性对创立守贞制度的反思之后，维吉乌斯又将自

---

① 　此处指迷信女性贞洁的行为。

② 　[意] 瓦拉：《论快乐》，李婧敬译，人民出版社 2017 年版，第 90—91 页。

③ 　密涅瓦是古罗马神话中的智慧女神、战神、手工业者和艺术家的保护神，其形象对应于古希腊神话中的雅典娜。

④ 　狄安娜是古罗马神话中的月亮女神和狩猎女神，众神之王朱庇特和暗夜女神拉托娜的女儿，太阳神阿波罗的孪生妹妹。其形象相当于古希腊神话中的阿耳忒弥斯。

⑤ 　维斯塔是古罗马神话中的炉灶女神，也是家庭的保护神。维斯塔代表的是女性的贞洁、贤惠、善良、勤劳等品德，终身不嫁。

⑥ 　维纳斯是古罗马神话中的爱神、美神，也是执掌生育与航海的女神，其形象相当于古希腊神话中的阿佛洛狄忒。

⑦ 　[意] 瓦拉：《论快乐》，李婧敬译，人民出版社 2017 年版，第 91 页。

己假想成一位勇敢的少女，以受害者的角度发表了一篇完整的演说，控诉这一不公的制度对女性身心的戕害。

我要扮演的角色并不是律师，而是一名被迫守贞的圣女，在男女云集的柏拉图式元老院里进行申诉："元老们，为何对我们不幸的少女如此严苛？为何要让我们过着与自然界所有生灵和神明相悖的生活？在人类的生活里，没有比守贞的折磨更令人难以忍受！"①

值得注意的是，在这篇演说中，不仅发言的少女是虚构的，就连发言的场所也是作者假想的——无论是在古代还是中世纪，妇女都无法享受与男性等同的话语权。只有在"柏拉图式"的理想化的元老院中，男女才有可能平等对话。如果说在对卢克蕾提亚的遭遇进行评判时，瓦拉仍是站在男性的立场上对其表示怜悯和哀叹，那么此刻的瓦拉为了赋予女性一个申诉和辩白的机会，则干脆完全改换了阵营，公然以女性的口吻将守贞制度批驳得体无完肤。整篇演说逻辑严密，言辞犀利。

为了争取较多的支持，少女选择首先打动元老院里的年长女性：作为感受过男女之爱的同性长辈，女性元老最能理解少女的情窦初开。

要么问问在场的女性元老，或是你们的母亲，看看她们是否还记得自己的贞洁是什么样。我深知少女们的心愿，我要以她们的名义恳请诸位责令和强迫我们背负上其他任何一种重压：无论是挖地三尺、飞越海洋，还是从军打仗，我们都将举重若轻。任何辛苦、危险和斗争在我们眼里都将不值一提：为了保守我们的贞操，我们要战胜自己的双眼、双耳和其他感

---

① ［意］瓦拉：《论快乐》，李婧敬译，人民出版社 2017 年版，第 92 页。

官，要战胜枯燥、怠惰、寂寞和孤独。我们日日夜夜都承受着灵魂与身体的双重煎熬。不仅如此，假使我们偶尔屈服一次，过去和未来所有的辛苦都将付诸东流。说到将来，我这可怜的人，一说到将来，我便面色苍白，浑身颤抖，它是如此可怕，用诅咒威胁我们这些可悲的女子！①

描述过种种压抑之后，少女话锋一转：如此不通人情的制度只针对女性设立，是对女性的侮辱和欺凌。"你们让我们恪守贞洁，却让男人们获得名正言顺的婚姻，这是何等残忍！"②少女进而指出，男女两性的不平等不仅体现于守贞制度，即使在婚姻里，女性的地位也远远低于作为婚姻主导的男性："我们这些可悲的女子！我们的性别是如此残酷！丈夫们无所顾忌地拈花惹草，妻子们哪怕遭受丈夫的欺侮，也绝不能移情别恋。丈夫们可以抛妻弃子，可怜的妻子们却不能摆脱丈夫。"③

渐渐地，少女的倾诉对象转向了男性元老，从传宗接代的角度质疑守贞制度的合理性：

尊敬的元老们，请问这神圣的习俗④为何没有降临至我们女人身上？除非只有你们男人是人，而我们女人就不适合像男人一样承担生儿育女的重任。聪明绝顶的男人们，你们难道看不见吗：倘若女人个个守贞，又哪来的女鬼给你们开枝散叶？如此一来，人类就该遭受灭绝之祸了。⑤

少女接着诉诸神灵，表明即使是圣明的神灵，其生活也处

---

① ［意］瓦拉：《论快乐》，李婧敬译，人民出版社2017年版，第92页。

② ［意］瓦拉：《论快乐》，李婧敬译，人民出版社2017年版，第93页。

③ ［意］瓦拉：《论快乐》，李婧敬译，人民出版社2017年版，第92页。

④ 此处指生儿育女，繁衍后代。

⑤ ［意］瓦拉：《论快乐》，李婧敬译，人民出版社2017年版，第93页。

处充满男欢女爱：其余诸神不论，单看处处留情的宙斯，便是最好的证明。既然上至神灵、下至凡间的普通男人，无人愿意恪守贞洁，又何来理由强迫柔弱的女子去做男人们和神灵都做不到的事情呢？少女由此得出结论：女性不该在人生的春天，在本该盛放的年华，去违背天性地承受"守贞"这种将"人"变为"非人"的刑罚。

对于某些父母因经济窘迫，无力为女儿置办嫁妆，不得不将其送入神庙或修道院修行的具体困难，少女也提出了解决之道："我们绝不贪心，只要拥有丈夫，没有嫁妆也无妨……恳请你们让我们女子拥有不带嫁妆出嫁的权利，不要强迫我们保守处子之身。"①

篇末，少女以一番赤诚之言，号召元老院的全体女性成员携手共济，与不合理的社会制度抗争：

哦，众位女元老，我要恳请你们，恳请所有被称为女性的各位，我要号召所有不幸的处女们，你们所面临的威胁胜于死亡，所以你们要勇敢地迈出脚步，主动握住男人们的双手，拥抱他们，大声疾呼、恳求，或者用暴力征服他们。请相信我，没有人敢把我们怎么样，没有人会拒绝我们，青春无敌，它将助我们一臂之力，让我们战胜这群老糊涂。我们将坚持战斗，直到这不合理的法律取消为止。我向你们保证并承诺，不用多久，我们就将获得胜利。②

演说结束后，维吉乌斯立即转换角色，以律师和法官的身份对少女的勇气和智慧表示赞赏：

① ［意］瓦拉：《论快乐》，李婧敬译，人民出版社 2017 年版，第 96 页。
② ［意］瓦拉：《论快乐》，李婧敬译，人民出版社 2017 年版，第 96 页。

上述一番话若不是出自某位宁愿放弃维斯塔祭司身份的贞女之口，而是出自某个被捉奸在床的贞女，又有谁能拒绝她的辩白呢？倘若我是她的辩护律师（我是定会为她辩护的），也会用这番话语为她陈情；倘若我是类似案件的法官，不仅会释放该女子，还会控诉维斯塔女神，一把火将她和她的神庙烧个精光。①

维吉乌斯对少女表示赞赏，我们却要对瓦拉表示钦佩。如果说《论快乐》记录的就是一场关于"人生至善"的辩论，那么假想的少女演说可谓是一场争取"男女两性的性权利平等"的"辩中之辩"。如果稍加推演，我们可以认为，瓦拉的《论快乐》已经隐约提出了男女平等的主张。在第三部分里，基督教神学家也表示："恰如天主在《十诫》（*Dieci commandamenti*）中所说：人单独不好，我要给他造个与他相称的助手。尽管这伴侣是位女子，却也属于人类的范畴。"② 因此，瓦拉坚持认为享受"快乐"是"所有人"的权利，而不仅仅是"男人"的权利。

四、由《论快乐》透视文艺复兴时期欧洲的社会风尚和女性地位

布克哈特（Jacob Christoph Burckhardt, 1818—1897）③ 说："文艺复兴时期是一个'人'的发现的时代。"④ 的确，《论快乐》

---

① ［意］瓦拉：《论快乐》，李婧敬译，人民出版社 2017 年版，第 96 页。

② ［意］瓦拉：《论快乐》，李婧敬译，人民出版社 2017 年版，第 254 页。

③ 雅各布·布克哈特是 19 世纪瑞士杰出的文化史和艺术史学家。

④ ［瑞］布克哈特：《意大利文艺复兴时期的文化》，何新译，商务印书馆 1979 年版，第 302 页。

中无论是对海伦之美貌的欣赏，还是对卢克蕾提亚自杀之举的慨叹，抑或是对女性守贞制度发起的责难，无一不反映出瓦拉对于"人世生活"的真诚热爱及其对"人生快乐"的大胆追求。在15至16世纪的欧洲，这种思想很快成为了新兴资产阶级追求财富和享乐的理论依据，欧洲社会的风尚亦逐渐开启世俗化进程。

应该说，在当时的历史条件下，世俗化的风尚给社会发展注入了强劲动力，文艺复兴时期，欧洲社会焕发出前所未有的生机，经济发展、生活富足、文艺繁荣、科学进步，呈现出欣欣向荣的繁华盛景，成功跨入了近代社会。

值得探讨的是，上述具有人文关怀的社会进步，究竟有没有惠及到女性群体？在这一时期，女性的社会地位究竟有没有实质性的变化？

从古希腊时期开始，欧洲社会就一直遵循着以"父权""夫权"为尊的伦理纲常，女性作为男性的"从属"，其社会地位远不及前者。在男女之爱的问题上，中世纪教廷甚至将女人视作邪恶的化身，并制定了一系列禁欲法规强制推行。这一现象基于一个残酷而荒唐的反自然观念："人类的性爱不过是一种令人遗憾的必需。婚姻的目的只是为了避免奸淫、防止私通之罪。"① 换言之，婚姻是一种防止乱性的让步之举，是对人性弱点的妥协。唯有独身修行才是保持圣洁、求得灵魂救赎的正道。就这样，古代的"圣女守贞"演化成了中世纪的"修女守贞"，作为"玛利亚的女儿"，修女们所承受的痛苦并没有减轻。

---

① 庄新红：《莎士比亚戏剧的伦理思想研究》，山东师范大学外国语学院2012年博士学位论文，第98页。

文艺复兴时期，欧洲社会风尚的整体世俗化不可能将女性排除在外，但在该过程中，女性的角色还只限于被动波及，并非主动的参与。

就家庭角色而言，妻子不得不与丈夫维持一种矛盾的关系：一方面应丈夫的要求成为他的伴侣，另一方面又作为丈夫的下属受到丈夫以及其他男性权威施加的种种限制。诚如玛格丽特·金（Margaret L.King，出生年代不详）[①] 所言："在文艺复兴时期，主张或重申男人在婚姻之中控制女人是一个无法回避的事实。"[②]

就话语权而言，瓦拉笔下的少女演说只可能发生在假想的"柏拉图式"的元老院里，她的一番慷慨陈词也只是在五百年后的今天才能显得入情入理，振聋发聩。在当时的历史环境中，女性始终处于弱者的地位，即使受到保护，也是在男女不平等的性别文化机制下获得的。[③]

正因如此，瓦拉对于女性尊严的维护、女性地位的肯定、女性勇气的赞赏和女性智慧的推崇才显得格外宝贵。尽管《论快乐》并非一部专门赞颂女性的作品，也并未从理论层面上系统地提出男女平等的观念，但瓦拉至少在捍卫"人生快乐"的过程中，将女性与男性同等对待，并将其视为推动社会进步不可或缺的组成群体。至于男女性别观念的真正近代化，文艺复兴时期只是序曲，尚需等待时日，方见水到渠成。

---

① 玛格丽特·金是纽约市立大学研究生院历史学教授，欧洲复兴研究专家。

② ［美］M.L.金：《文艺复兴时期的妇女》，刘耀春等译，东方出版社 2008 年版，第 49 页。

③ 裔昭印：《从法律看意大利文艺复兴时期的妇女地位》，《上海师范大学学报（哲学社会科学版）》2009 年第 1 期，第 120 页。

第四节 基督教人文主义伦理体系的构建

在中世纪的经院神学体系中，异教哲学和基督教神学之间一直保持着泾渭分明的界限，对经院派神学家而言，将上述二者相提并论是不可思议的。人文主义时期，二者之间的界限开始逐渐消解，许多人文主义学者开始对这两类有着完全不同背景的思想体系进行比较。1387 年，意大利诗人齐诺·里努奇尼（Cino Rinuccini，1350—1417）① 甚至在一场与佛罗伦萨经院派神学家的辩论中提出古罗马作家瓦罗（Marcus Terrentius Varro，前 116—前 27）② 的思想比基督教信仰更为可靠。尽管这一观点招致了广泛斥责，但至少说明一点：在 14 世纪，将异教哲学与基督教神学进行比较已经成为了一种风尚。③ 当然，在这一时期，人文主义学界内部对异教哲学的看法并非铁板一块，每一个人文主义学者对此都有着各自的解读。

许多人文主义者十分赞赏斯多葛派的伦理哲学，将古人所说的"高尚"和"荣耀"视作人生中不可或缺的"善"，将其置于《福音书》所说的"至善"的旁边，不断强调二者的相似性。在 15 世纪早期的意大利，此种对于斯多葛派哲学思想的崇尚是相当流行的。也正是为了驳斥此种思潮，瓦拉才决心以《论快乐》一书对"真善"和"伪善"的概念加以辨析。

---

① 齐诺·里努奇尼是 14 世纪意大利人文主义者、诗人。

② 马库斯·特仑提乌斯·瓦罗是古罗马学者和作家，其中晚年作品《论农业》是研究古罗马农业生产的重要著述。

③ M. Fois, *Il pensiero cristiano di Lorenzo Valla nel quadro storico-culturale del suo ambiente*, Roma: Libreria editrice dell'Università Gregoriana, 1969, p. 111.

　　作为人文主义学者之一，瓦拉也开始对异教哲学和基督教神学加以比较，但与其他学者不同的是，瓦拉针对两者进行的是一种"对比"，而非"类比"。换言之，在瓦拉那里，上述两种体系出现了一种"逆向融合"。[①] 在一封致乔凡尼·托尔泰利的书信中，瓦拉提到了自己撰写的《论快乐》《辩证法与哲学的再专研》等作品，并且表明自己的思想并不囿于先前的任何哲学流派，是自己在伦理道德和宗教信仰领域的全新探索。[②]

　　在《论快乐》中，尽管瓦拉的某些言论不乏异教哲学的色彩，论述过程中也采用了大量古希腊—古罗马时期的神话、寓言、名人名言作为论据，但他对于异教哲学的质疑亦是显而易见的，其批判对象既有犬儒学派、斯多葛派、亚里士多德学派，在某种程度上也包括看似得到褒扬的伊壁鸠鲁派。

　　关于犬儒学派，瓦拉在多处谈到了该学派的代表人物——第欧根尼：

> 例如著名的第欧根尼，人称犬儒派。他长期蜗居于酒桶，仿佛母亲是开酒馆的。他不穿鞋履、蓬头垢面，以其怪异丑陋（而不是美感）引人注意。[③]

　　瓦拉认为，犬儒学派和斯多葛派的相似之处在于两者都否定人对于食物、穿着、居所、情感等基本生理欲求，将追求舒适快乐视作耻辱，将衣不蔽体、食不果腹的生活视作荣耀，通

---

① R. Fubini, "Ricerche sul De voluptate di Lorenzo Valla", in Medioevo e Rinascimento, *Annuario del dipartimento di studi sul Medioevo e il Rinascimento dell' Università di Firenze*, 1987, Vol. I, pp. 229-230.

② G. Gentile, *Storia della filosofia italiana (fino a Lorenzo Valla)*, Firenze: Sansoni, 1961, p. 364.

③ [意] 瓦拉:《论快乐》，李婧敬译，人民出版社 2017 年版，第 41 页。

过自我折磨和自我虐待求取"高尚",并将其视为人生的最高目标。在《论快乐》的第二部分中,维吉乌斯描绘了第欧根尼自杀的惨烈画面,以证明犬儒派人生哲学的变态与危险:

就这样,他们自认为幸福无比,其实比所有人都可怜。且不说他们恶行累累,像他们这样喝西北风过活,怎可算得上幸福呢?对此,第欧根尼应该深有体会。我敢发誓,他一定是因为厌弃生活才自寻短见。瞧瞧他临终时上演了怎样的一幕:第欧根尼割开自己的喉管,却称这行为不是自杀,而是驱逐体热。既然如此,众人又何必劳神,匆忙赶往奥林匹亚观赏竞技比赛?停下你们的脚步,别再往前走了,这里就有一场现成的表演,不用跑腿,不用费力,却更为精彩。大家瞧瞧,这就是斯多葛派和犬儒学派的代表人物第欧根尼,自己跟自己进行角斗,既求生也求死,既不想生,也不想死:为自己治病,貌似求生,将自己杀死,又仿佛不想再活下去。他的病在心里,治疗身体又能起什么作用?值得注意的是,就是这样一个反对享乐主义的人、阿瑞斯提普斯的死对头,竟曾怀着满腔的热情,孤身一人,长途跋涉,不畏年老体弱、贫病交加,视死如归地前去观看角斗表演。最后,他成了杀死自己的凶手,在斗兽场里上演了绝无仅有的一幕。这结局也终究是他自食其果! ①

瓦拉认为,第欧根尼之所以采取上述极端的行为来处置自己,并不是在追求生命的至善,而是以一种愚蠢怪诞之举博人眼球。旁人对于第欧根尼的追捧,无非是将他的乖张行为视为谈资和笑柄,而非发自内心的研习和效仿:

众所周知,第欧根尼之流是有不少倾慕者的。但你要明

① [意]瓦拉:《论快乐》,李婧敬译,人民出版社2017年版,第183—184页。

白，他们之所以追捧第欧根尼，无非是把他当作笑柄，从他的乖张行为中获取笑料。这就好比某些大人物会收藏猴子和怪物，因为它们不仅仅是动物，更像是愚蠢怪诞的人，成为笑料。所以说，我丝毫不惊讶于斯多葛派和犬儒学派有众多追随者、仰慕者，许多名人还曾赐予他们馈赠。①

在瓦拉看来，斯多葛派虽在行为上不如犬儒派极端，在言论上却表现出有过之而无不及的虚伪。他们一方面鼓噪世人淡泊名利，一方面却过着利欲熏心的日子，可谓"明修栈道，暗渡陈仓"。瓦拉认为，斯多葛派在物质生活上的严苛并非出于对感官享受的矫枉过正，也不是出于对德行的孜孜以求，而是因为他们深陷贪婪、怠惰等恶行。

在第三部分的第八节，安东尼乌斯将斯多葛派比作贪图虚荣的法利赛人，不仅举出了塞涅卡的例子，还引用了作为演说家的西塞罗对哲学家的评价，称他们是沽名钓誉之人。②

对于少数践行其言论的斯多葛派，瓦拉也并不认为他们的行为源自理性的思考，而是出于怠惰。至于其高谈阔论，无非是给自身的言行增添一抹特立独行的色彩：

> 这些人真不害臊，蠢话连篇，夸夸其谈。他们一方面用言语赞颂自己从不曾践行的行为，另一方面又痛骂自己天天在做的事。若说有少数较为严格的斯多葛派果真践行了自己的言论，我也要说他们是完全不为自己，也不为他人着想。谈到此种"高尚"的起源，我看他们的选择根本不是出自理性的思考，而是出于懒怠。无论是过去，还是现在，都有一

---

① ［意］瓦拉：《论快乐》，李婧敬译，人民出版社2017年版，第184页。
② ［意］瓦拉：《论快乐》，李婧敬译，人民出版社2017年版，第182页。

些邋遢怠惰之人，他们厌烦对自己进行必要的打理，于是就过着一种所谓"原生态"的生活。由于这种生活方式遭到了谴责，他们便顽固地为自己的恶行进行辩解。就好比有的人面对自己的恶行不以为耻，反以为荣，于是便创立了一种新学说。他们的言论与普遍的观念有多遥远，其行为就有多么特立独行。旁人对他们的谴责越猛烈，他们便越发顽固地反咬一口，鄙夷众人。①

谈及斯多葛派与亚里士多德学派，瓦拉指出二者的相似之处在于对人之天性和现实人世生活的蔑视以及对虚妄荣耀的贪心不足。在斯多葛派那里，此种贪婪伪装成了对"高尚"的渴求；而在亚里士多德那里，则变成了一种近乎于宗教的，自比神灵的生活状态，两者都与基于基督教信仰的"真善"风马牛不相及。

在《论快乐》中，瓦拉借维吉乌斯和安东尼乌斯之口对亚里士多德的诸多伦理学观点提出异议，尤其重点驳斥了"德行与恶行是否一一对应""是否能够通过中道之说获取德行""静处无为的沉思是否是人生的最高境界"等问题。他指出，亚里士多德的伦理学理论并不能指引世人走向神灵般的幸福，反而会将其引向歧路：

噢，亚里士多德，你敢否认这一点吗？……正因为你如此吝惜荣誉，所以才宣称沉思是你钟情的至善。你之所以将它奉为真福、奉为神的生活，无非是为了凸显你自己的智慧，凸显你如神灵一般，获得了真福。但正如我所指出的，你不是神，神灵不像你那样整日沉思；你也没有获得真福，因为你

---

① ［意］瓦拉：《论快乐》，李婧敬译，人民出版社 2017 年版，第 183 页。

冥思苦想了一辈子；你也不智慧，因为你不惜伤害你的朋友。噢，我何苦要与亚里士多德讨论上述话题，仿佛他在生命尽头不曾承认自己先前的错误。由于他没能参透尤利普斯海峡的潮汐规律，便投身其中，大喊着："亚里士多德没能抓住尤利普斯，尤利普斯抓住了亚里士多德。"这足以说明沉思带来的不是真福，而是焦虑和死亡。如此，他没有获得幸福，反而变得可悲；没有变得慈爱，反而成了凶手；没有变得智慧，反而变得癫狂。虽说恩培多克勒（Empedocles，前490—前430）①为证明自己的神性跳进了埃特纳火山，特奥布鲁图斯在读过柏拉图的作品之后，为求长生不死居然从高墙上坠落，但亚里士多德的癫狂程度却比他二人有过之而无不及。亚里士多德的追随者们，你们不妨也学学他的死法啊！②

对伊壁鸠鲁派哲学，瓦拉认可其富于乐观精神的自然观、人生观、义利观和快乐观。然而，这种认同并不代表瓦拉全盘接受其整套哲学理论。从某种意义上说，伊壁鸠鲁派哲学无非是瓦拉用来驳斥斯多葛派哲学的工具之一。尤其是在如何看待灵魂的问题上，瓦拉并不认同伊壁鸠鲁派主张的唯物主义的生命观——既否认灵魂不灭，也否认来世的存在。正因如此，瓦拉笔下的安东尼乌斯才会将其比作撒都该派，该学派更信奉阿瑞斯提普斯的言论，不仅不承认死后复生之说，甚至否认天使和灵魂的存在。

此外，瓦拉还数度强调哲学家的虚伪和古代异教哲学的危

---

① 恩培多克勒是古希腊自然主义哲学家，其生平富于神话色彩。相传恩培多克勒认为自己能够浴火重生。为了证明自己的神性，他投进埃特纳火山而亡。后世文人常以此为题材进行撰述。

② ［意］瓦拉：《论快乐》，李婧敬译，人民出版社2017年版，第176—178页。

险性：

> 既然他们崇拜古人（我指的是古代的非基督徒）德才兼备，我就借他们崇拜的哲人之口向他们表明：古代非基督徒从不曾按照"德行"和"正直"行事。①

> 我丝毫不想遮掩我对哲学的蔑视与责难，如同保禄斥责哲学，哲罗姆（Eusebius Sophronius Hieronymus，约342—420）②和其他一些人视哲学家为异端。③

作为古典文化的研习者和推崇者，瓦拉为何对诸多古典哲学派别的思想采取批驳而非赞扬的态度？若是认为瓦拉将古典哲学思想视为糟粕，否认哲学这一学科存在的意义和价值，就过于武断和肤浅了。表面看来，《论快乐》的批判对象既有打着"高尚"之旗阻碍世人追求快乐的斯多葛派，也有以玩世不恭之态著称、对人生快乐不屑一顾的犬儒学派；既有将属世快乐和利益视为最高追求目标的伊壁鸠鲁派，也有视田园劳作为低级趣味、将冥思苦想奉为最高境界的亚里士多德学派（在他们看来，幸福是沉思的生活中所固有的，根本无须上帝的赐予）。然而，倘若我们略加思索，便不难发现，瓦拉真正的批判对象，既不是作为整体的"哲学"学科，也不是某一种具体的古典哲学流派，而是集上述各流派思想的部分特征于一体的，经阉割、改造后杂糅而成的某种伦理体系：一面压抑健康的人性，一面鼓吹虚妄的"高尚"；一面藐视正常的人欲，一面放大自以为神圣的对荣耀的追求；一

---

① ［意］瓦拉：《论快乐》，李婧敬译，人民出版社2017年版，第4页。

② 尤西比乌斯·索弗洛尼乌斯·希罗尼姆斯是古代基督教圣经学家，拉丁教父。学界普遍译作"哲罗姆"。

③ ［意］瓦拉：《论快乐》，李婧敬译，人民出版社2017年版，第244页。

面嘲笑脚踏实地的俗世劳作，一面渴求所谓的超凡脱俗的生活方式。正是这种脱胎于异教哲学、又被教廷加以改造的伦理思想，构筑起一个蔑视人、追捧神，并且以神来压抑人、对抗人、迫害人的神学体系。整个中世纪都被囚禁在一种以承受今生之苦换取虚无缥缈的天国之福的阴郁氛围中。在瓦拉看来，中世纪的这一伦理价值体系尽管打着"上帝"的神圣旗号，却离真正的基督教教义相去甚远，彻底背离了"以人为中心"的基本原则。这种价值体系所倡导的"人生至善"（无论它的名字叫作"高尚""玩世不恭"还是"沉思"）是正常人无法企及的：这并非由于此种"人生至善"如太阳一般过于高贵、耀眼，而是因为它原本就是扭曲、荒谬的"伪善"——越是追求，就越会远离真善。对于中世纪这种消极的伦理价值体系，瓦拉有着透彻的理解，但他没有选择从正面给予直接抨击（既是考虑到论述效果，也是出于对自我的保护），而是选择给该体系笼统地冠以"哲学"这一名称，借古讽今。换言之，瓦拉讽刺的"哲学家"并非常人所说的"研究哲学的学者"，而是那些无视或歪曲基督教本真教义，并妄图以某种伪善论取而代之的所谓"智者"。

　　他们提到了许多哲学家和作家，赞扬其生活之正派绝非常人能够企及。总之，这类"病患"不仅乐于模仿自己赞颂的对象，还煞有介事地鼓吹其狂妄言行；换言之，在他们眼里，基督的降临毫无意义，甚至说基督根本不曾降临。①

　　既然"伪善"不可取，又应在何处寻求"真善"呢？瓦拉认为，若要撼动经院派哲学思想长期以来享有的权威，不仅需

---

① ［意］瓦拉：《论快乐》，李婧敬译，人民出版社 2017 年版，第 4 页。

要在古人那里寻求灵感，更应以不曾经过歪曲的、纯正的基督教早期教父思想为武器。值得注意的是，瓦拉推崇的"上帝"与前一时期冷冰冰的神学体系中的"上帝"是有着迥然差异的。换言之，如果说先前的经院哲学伦理体系是以亚里士多德哲学为主的古典哲学与基督教教义的结合，那么瓦拉期待的，则是通过吸取伊壁鸠鲁派哲学体系中的某些思想，为基督教伦理体系带来某种创新，从而取代经院哲学伦理体系，为新兴的社会主体阶层——市民资产阶级——构建起一种全新的伦理价值观。

这种创新带来的结果，便是具有人文主义色彩的基督教伦理。在《论快乐》的第三部分，安东尼乌斯进行了层层递进的详细阐述，最终将"至高无上的善"定位于"天国真福"。

刚才，我针对伊壁鸠鲁派和斯多葛派的想法都进行了批驳，同时也表明我们所追求的至高无上的善既不是斯多葛派所说之善，也不是伊壁鸠鲁派所说之善，更确切地说，它不是任何哲学流派所说之善，而是我们基督教所倡导的善，只存在于天国，人间无法企及。①

安东尼乌斯尽管表示"基督教所倡导的善只存在于天国，人间无法企及"，却并没有将"天国真福"置于"属世快乐"的对立面。二者的差异在于其完善程度的高下，却并不在于本质上的差别："人间会磨灭的，在这里不朽；人间会腐朽的，在这里永存。"②

对于人类而言，瓦拉所说的"天主"并不是以"严刑峻法"

---

① ［意］瓦拉：《论快乐》，李婧敬译，人民出版社2017年版，第250页。
② ［意］瓦拉：《论快乐》，李婧敬译，人民出版社2017年版，第275页。

威胁、逼迫、惩罚人类的"审判者"和"惩罚者",更像是人类的"父亲",以循循善诱引导人、教化人,使之从内心深处意识到属世之乐与天国真福的差别,在享受属世快乐的同时不忘天国真福,并且能够为了至高无上的善,主动克制,甚至是部分地让渡眼前的利益。

那些天国之乐比属世之乐要高贵神圣得多。既然我们眼下留恋的荣耀、赞誉、名望、欢愉和享乐会使我们的精神健康遭到损害,那就立刻将目光聚焦于未来的奖赏吧。我们要时刻谨记(我重复这个词时,便会感到神圣的喜悦),我们放弃了一,获得的将是一百有余。①

瓦拉将伊壁鸠鲁哲学思想中的乐观主义注入了基督教伦理体系,号召世人以积极主动的态度享受此生,同时期待永恒:"越是被眼前的美好所吸引,就越坚定对天国之乐的信仰,从眼前的美好感受上帝的智慧、能量以及他对人类的关爱。尽管眼前的快乐看似难以超越,也要坚信上帝的许诺将是千倍之美好,要从现有的快乐看到将来的快乐。"②

从这个意义上说,瓦拉对于古典文化的拥抱,并不以"回归古代"为宗旨,而是致力于让古代文明的精髓服务于新时代的信仰,让古典哲学为基督教义保驾护航;同样,他在阐述基督教伦理观时表现出的"叛逆",亦不是为了攻击甚至摧毁该体系,而是出于一种别样的"虔诚":通过与时俱进的人文主义思想,使基督教伦理体系适应时代的需求,促进欧洲社会完成向近现代的转变。在今天看来,瓦拉迈出的似乎只是微小的

---

① [意]瓦拉:《论快乐》,李婧敬译,人民出版社 2017 年版,第 275 页。

② [意]瓦拉:《论快乐》,李婧敬译,人民出版社 2017 年版,第 275 页。

一步，然而，在当时的社会环境下，瓦拉主动且明确谈论"人性、人生、人欲"的勇气和智慧却是难能可贵的。他的伦理思想尽管一度遭到罗马教廷的封禁，但将在日后对欧洲社会的发展产生重要的影响。

第三篇

古人云集的辩论

以对话的形式撰写伦理学作品的传统古已有之。早在古希腊时期，几乎所有的政治家和哲学家都擅长辩论，著名哲学家苏格拉底便是典型的例子。他的一生是"交谈的一生"，尽管不曾以书面的形式留下只言片语，却令辩论的传统盛极一时。继苏格拉底之后，柏拉图创立了西方哲学史上最早的哲学体系，其绝大多数著作都是以对话形式的辩论体呈现的。随着历史的发展，古希腊文明逐渐被古罗马文明所取代，但"辩论"这一论理形式却得到了传承和发扬。古罗马时期的作家，如西塞罗、塞涅卡等人以柏拉图为典范，创作了大量对话体或辩论体的道德论文。基督教产生和普及初期，早期教父也曾以对话的形式撰写教义经典，如奥古斯丁的《忏悔录》（*Confessiones*）就是一部与上帝对话的长篇祷文。

15世纪，人文主义学界针对大量古典文献展开了大规模的发掘、重译和研究，对话体这一写作形式亦重归人文主义学者的视野。彼特拉克的《秘密》（*Secretum*）描述了一场发生于作者、奥古斯丁和沉默的真理女神之间的对话，阐发了诸多隐藏于作者内心深处的关于道德伦理的困惑和疑虑，再度重拾以对话的形式探讨善、恶、德行、快乐等人生要义的传统。① 列奥纳多·布伦尼创作了《献给皮耶特罗·保罗·弗吉里奥的对话》（*Dialogi ad Petrum Paulum Histrum*）、波焦·布拉乔利尼撰写了一系列关于贪婪、高贵、虚伪的辩论体道德论文。瓦拉所在的帕维亚同样盛行辩论之风，他以辩论体形式撰写《论快乐》《论自由意志》《论修道士的誓言》等作品，亦是在当时学术环境影响下做出的选择。

---

① F. Gaeta, *Lorenzo Valla: filologia e storia nell'umanesimo italiano*, Napoli: Istituto italiano per gli studi storici, 1955, p. 26.

第八章 《论快乐》的台前发言人和幕后对话者

自古以来，关于"善"这一主题的探讨长盛不衰，学者们各执己见。然而，在瓦拉看来，争论和分歧并不意味着存在多种多样的不同的"善"，相反，恰恰证明了一个事实：关于"善"的定义有其普遍性、确定性和绝对性。正因如此，辩论才有了价值和意义：通过对话、驳斥和探讨来检验各种关于"善"的定义和观点是否具有高度的严格性、清晰性和自明性——只有明确善的真谛，才有可能找到趋善避恶的方向。从另一个角度来看，瓦拉认为科学探究过程中的一切观点和答案都具有临时性，任何学者都无法确保其观点绝对正确。因此，有必要通过对话这一形式检验自身的观点，且从历史发展的维度来看，这种探讨和检验应是永无休止的，其结论也应是具有开放性的。

因此，瓦拉在《论快乐》中安排了一系列发言人，并运用"苏格拉底式的论辩法"，首先让各方逐一提出各自观点，从最基本的概念开始阐述，随后如剥茧抽丝般逐层揭露矛盾，层层深入、去伪存真，不但将读者自然而然地引向比较有说服力的结论，而且将鲜活的推理进程呈现在读者面前，引导其进行反思、甄别和选择，逐渐由"善"的多样性穿越至"善"的绝对性，避免了相对主义、主观主义和多元主义等懒汉哲学，同时避免了一言堂式的教条主义。①

　　尤为值得注意的，是该作品中具体对话人物的安排和设置以及大量引文的出处。如果说对话人物的身份及其思想能够从一定程度上勾勒出瓦拉所处的人文主义学界的背景情况，那么作品中大量的引文则可以反映瓦拉伦理观念的历史来源。因此，通过对《论快乐》"台前发言人"和"幕后对话者"的身份及其思想进行探索，有助于厘清瓦拉人文主义伦理观形成的来龙去脉及其蕴含的古典传统和时代精神。

第一节　《论快乐》的台前发言人

　　在《论快乐》的序言中，瓦拉写道：

　　参与讨论这一主题的，都是我们耳熟能详的演说家。我按照他们各自的性格和身份，给其中的每一位都安排了相应的角色，其言论也都符合他们素日的观点。②

　　寥寥数语，已可清晰表明这部作品所呈现的是一种与中世纪的辩论体作品截然不同的对话。以奥古斯丁的《忏悔录》和彼特拉克的《秘密》为例，前者貌似一场人与神的对话，但实质上是作者本人的独白、忏悔和祷告；后者描述的对话尽管发生于作者和圣人之间，但圣人与世间常人之间仍旧存在神圣和世俗的距离。与上述两部作品不同，瓦拉笔下的"真善与伪善之辩"是以一场真实的辩论为蓝本的，作品中的地名和人名都

①　R. Fubini, *Umanesimo e secolarizzazione da Petrarca a Valla*, Roma: Bulzioni editore, 1990, p. 360.

②　［意］瓦拉：《论快乐》，李婧敬译，人民出版社2017年版，第7页。

有其真实的背景。可以认为，瓦拉希望追寻的"真善"，不是
虚无缥缈且高不可攀的空中楼阁，而是以真实的人性、人间、
人世生活为基础的、实实在在的通往幸福的阶梯。这种选择表
达了瓦拉希望借助修辞学、语文学、辩证法等世俗科学探讨伦
理道德问题（而不把它交给神学）的深层渴求。

一、三位主要发言人

《论快乐》中有三位主要发言人，分别阐述了斯多葛派哲
学、伊壁鸠鲁派哲学和基督教神学体系中的伦理观。在 1431
年发表的第一版文稿中，三位发言人均为青年瓦拉在罗马时期
密切交往的人文主义学者。

斯多葛派发言人列奥纳多·布伦尼是佛罗伦萨的知名学
者，精通古希腊文和拉丁文，曾先后担任教廷书记官和佛罗伦
萨共和国执政官。1426 年，瓦拉在罗马与来自佛罗伦萨的教
宗特使布伦尼结识，对其在古代语言领域的造诣钦佩有加，还
曾请他指点自己的拉丁文习作。

我曾跟随奥利斯帕老师和阿雷佐的列奥纳多研读希腊文和
拉丁文作品。后者还曾审读过我的拉丁文习作，并提出修改
建议。①

布伦尼深谙亚里士多德的哲学思想，将其数部重要论著由
古希腊文译介为拉丁文，其中包括：1419 年完成的《尼各马可
伦理学》、1420—1421 年间完成的《经济学》（该译本在意大

---

① L. Barozzi, R. Sabbadini, *Studi sul Panormita e sul Valla*, Firenze: Le Monnier, 1891, p.52.

利乃至整个欧洲的人文主义学界引起了极大反响，成为当时最为畅销的译著之一）和1438年完成的《政治学》等。这些译作成为瓦拉撰写《论快乐》时的重要参考资料。在《论快乐》的第二部分，瓦拉特意提道："最近，我们的老朋友阿雷佐的列奥纳都斯①刚刚将亚里士多德的《尼各马可伦理学》译成精妙的拉丁文。"② 在《尼各马可伦理学》的拉丁文译本中，布伦尼将希腊文词汇"τἀγαθόν"③ 译为"summum bonum"④。该译法曾一度引起热议，有学者认为拉丁文中的"summum"⑤ 一词乃是出于译者的个人演绎，有篡改原意之嫌。为了对该译法进行解释，布伦尼撰写了《伦理哲学导论》（*Isagogicon moralis philosophiae*），其中探讨了斯多葛派、伊壁鸠鲁派和亚里士多德派的幸福观，并对斯多葛派将"至善"视为"只因自身魅力而被追求之事"的观点尤为赞赏。瓦拉认为，布伦尼集德行、口才和智慧于一身，堪称人文主义学者的典范。然而，在他看来，布伦尼对亚里士多德的崇拜未免过于盲目。基于上述因素，在第一版文稿中，布伦尼成为了斯多葛派发言人的人物原型。

在这一版中，伊壁鸠鲁派发言人由安东尼奥·贝卡德里担当。此人崇尚伊壁鸠鲁派享乐主义哲学，1425年因其诗集《赫马佛洛狄忒斯》在人文主义学界声名大噪。瓦拉在罗马与之相

---

① 列奥纳都斯·布伦尼是《论快乐》第一版文稿中的对话人物，代表斯多葛派发言，与15世纪意大利人文主义者列奥纳多·布伦尼（Leonardo Bruni）相对应。

② L. Valla, M. D. P. Lorch（ed.）, *De vero falsoque bono*（critical edition）, Bari: Adriatica Editrice, 1970, p. 75.

③ 希腊文，意为"善"。

④ 拉丁文，意为"至善"。

⑤ 拉丁文，意为"至高的"。

识后，两人交往一度十分密切。1429 年，瓦拉前往帕维亚谋职，在贝卡德里的举荐下成为帕维亚大学年轻的修辞学教授。这一时期，帕维亚的人文主义学术气氛尚未普及，初来乍到的瓦拉不仅从贝卡德里那里获得了经济层面和精神层面的诸多资助和支持，也对其才华钦佩有加。1430 年，瓦拉很可能是在贝卡德里的建议下阅读了拉伊蒙迪的《为伊壁鸠鲁辩护》，从而萌生了深入探讨"快乐"这一主题的初衷。基于此，瓦拉以贝卡德里为原型塑造伊壁鸠鲁派发言人的形象，并将第三部分的辩论地点设于其宅邸后花园，也是理所当然了。事实上，"论快乐"这一标题也是在贝卡德里的建议下拟定的。

第一版文稿中的第三位发言人亦是当时罗马人文主义学界的知名人物——尼科洛·尼科里。1418 年，布拉乔利尼发现了伊壁鸠鲁的书信集和卢克莱修（Titus Lucretius Carus，约前 99—约前 55）[1] 的《物性论》（De rerum natura）原本，随即将该消息告知尼科里。尼科里按照布拉乔利尼寄送的样本抄写了一个版本，该抄本后来成为许多人文主义学者研究卢克莱修的参考文献。在《论快乐》中，尼科洛·尼科里以敦厚虔诚的老者形象出现（在第一版文稿第三部分的第二十六节，尼科里自称六十三岁）[2]，瓦拉出于对此人学识、资历和声望的敬重将其尊为辩论的评判者，并借他之口提出了具有人文主义色彩的基督教伦理观。

总体看来，第一版文稿《论快乐》的三位发言人的设置体现了瓦拉在以下几方面的考虑：首先，对自己前一时期在罗马的经历进行总结，表明自己与布伦尼、尼科里等重要学者有过

---

① 　提图斯·卢克莱修·卡鲁斯是罗马共和国末期的诗人和哲学家，以哲理长诗《物性论》著称于世。

② 　L. Valla, *Il piacere*, traduzione di Grillo V, Napoli: R. Pironti & figli Editori, 1948, p. 299.

密切交往；其次，向该作品的资助者和命名人贝卡德里表示感谢；最后，借上述颇具名望的学者之口，表达自己的见解，从而在方兴未艾的人文主义潮流中确立自己的学术地位。

第一版文稿《论快乐》一经发表，立刻引起了学界的轩然大波，瓦拉公开颂扬"快乐"的举动引得赞誉与贬斥之声交杂而至，不少学者将其视为伊壁鸠鲁派的忠实继承人。为了进一步澄清误解，更为清晰和深刻地阐发自己的观点，瓦拉在接下来的近二十年里对该作品进行了数次修改，相继推出了三个修改稿，其中第二版文稿于1433年完成，第三版文稿于1444—1449年完成，最终版文稿于1449年前后才正式推出。

与第一版手稿相比，后续几个版本除了在标题上呈现出较大的改动，在辩论场景和对话人物设置方面也有明显变化。这一改变与瓦拉的生活经历有着密不可分的联系。1432年，贝卡德里在加冕"桂冠诗人"之后，因其放荡不羁的行为遭到了加斯帕里诺·巴尔齐扎、列奥纳多·布伦尼、秦乔·鲁斯蒂奇等学者的严厉批驳，尤以安东尼奥·达·洛和坎迪多·德琴布里奥的批驳最为严厉。如此一来，贝卡德里在作品中所代言的伊壁鸠鲁派发言人就不再停留于象征层面，而成了名副其实的享乐主义者。这显然会导致读者对瓦拉思想的误解，不利于作品的传播。与此同时，贝卡德里与瓦拉之间亦陡生龃龉，瓦拉称其"嫉贤妒能""为人阴险"，两人之间的关系急剧恶化。最终，瓦拉选择与批驳贝卡德里的安东尼奥·达·洛和坎迪多·德琴布里奥站到同一条战线上。[①]

---

① L. Valla, M. D. P. Lorch (ed.), *De vero falsoque bono* (critical edition), Bari: Adriatica Editrice, 1970, p. XXXIX.

这一事件导致的直接后果之一便是《论快乐》第二版文稿（更名为《论真善与伪善》）中的人物角色变化。伊壁鸠鲁派发言人不再是贝卡德里，而是被马菲奥·维吉奥取而代之。此人以精妙的拉丁文著称，曾为维吉尔的《埃涅阿斯纪》续写第十三歌。维吉奥十分欣赏瓦拉的才华，与之保持了长久的友情。在学术研究方面，维吉奥与瓦拉都十分反对经院神学体系对于亚里士多德思想的盲目崇拜。在他看来，宗教信仰无须得到哲学的证实，为此，他撰写了《论宗教的执着》(*De perservantia religionis*)。① 维吉奥在语文学方面也曾取得丰硕的成果，其相关作品尽管在知名度上不及瓦拉的《论拉丁文的优雅》，但其使用的研究方法却为瓦拉日后的研究指明了方向。此外，维吉奥一直尝试将对古典文化的热爱与对基督教的虔诚笃信相结合。瓦拉在帕维亚与维吉奥相识的时候，维吉奥正深深痴迷于古典文化。正是他这种对于古典文化的热情和富于讽刺意味的语言风格促使瓦拉将其作为《论快乐》第二版文稿中伊壁鸠鲁派发言人的原型。②

由于瓦拉称《论真善与伪善》（即《论快乐》第二版文稿）中的对话框架乃是取材于一次真实的辩论，而维吉奥并不属于罗马文化圈，瓦拉决定将辩论发生的场景和人物进行整体重新设定。因此，在作品的第二版文稿和所有后续版本中，我们看到的辩论地点先是在帕维亚的格里高利拱廊下③（这一地点带有些许虚构色彩），后是在维吉奥的府邸花园，其他两位主要

---

① M. Fois, *Il pensiero cristiano di Lorenzo Valla nel quadro storico-culturale del suo ambiente*, Roma: Libreria editrice dell'Università Gregoriana, 1969, p. 71.

② Ibid., p. 79.

③ [意] 瓦拉:《论快乐》，李婧敬译，人民出版社 2017 年版，第 7 页。

发言人也都是活跃在帕维亚或米兰的人文主义学者。加图·萨科代表斯多葛派发言。此人是帕维亚的知名法学专家，他曾与瓦拉一道，坚决反对以巴托罗为代表的一批帕维亚大学法学教授对亚里士多德的迷信和对古代法学经典囫囵吞枣式的误读，其哲学作品《书的起源》（*Origum libri*）也表达了他对亚里士多德哲学思想的批判。

至于基督教派发言人，则是由方济各会修士安东尼奥·达·洛担当。此人尽管"年纪较轻，口才却堪比苏格拉底"[1]，且对瓦拉颇为看重。但在撰写第二版文稿时，瓦拉与安东尼奥·达·洛只能算是初识，交往并不十分密切，之所以选择他作为第三部分的发言人，很有可能是因为此人曾对贝卡德里的作品提出过尖锐的批判。

可以看出，第二版（及以后版本）文稿中的三位主要人物均是瓦拉在帕维亚和米兰旅居期间交往的友人。值得注意的是，尽管瓦拉将他们置于不同的立场上，但文中的言论并不与他们的实际言行完全对应。例如，加图在作品中所扮演的斯多葛派（及亚里士多德派）发言人与其在现实生活中的言行完全不相符合；维吉奥为人严肃，不似作品中的伊壁鸠鲁派发言人那般善于嬉笑怒骂，瓦拉之所以让他扮演该角色，主要是欣赏其在古代语言学和语文学方面的成就。[2]

可见，这三个人物无非是在作品中扮演了三个角色，尽管瓦拉宣称所有的人物都有其真实背景，但并不意味着角色与真实人物的性格和学术见解完全对应。读者自然明白，这是一种

---

① ［意］瓦拉：《论快乐》，李婧敬译，人民出版社 2017 年版，第 7—8 页。

② G. Di Napoli, *Lorenzo Valla: filosofia e religione nell' Umanesimo italiano*, Roma: Edizioni di storia e letteratura, 1971, pp. 185-186.

修辞学手法：在演说的过程中，演说家的最终目的并不一定要将内心的真实所想公之于众，而是要以有利的言论赢得听众的认可。①

二、其他发言人

在《论快乐》中，瓦拉构建了一个有着具体时间、地点、人物的完整辩论框架，令自身观点若隐若现地包含在其中。除了三位主要发言人，瓦拉还设置了一系列听众，并将自己也置于这些角色之中。他们有的只在文中的一两处发表简短的评论，有的只起到承上启下、穿针引线的作用，有的甚至自始至终一言未发。表面看来，他们的存在无非是一种陪衬，使整场辩论显得更为真实。然而，倘若我们仔细观察这些人物的身份——既有亲眷、师长、友人，也有对瓦拉进行严厉批驳的学术前辈——便能从中了解瓦拉所处的社会历史环境、他周围的学术圈构成以及他本人的思想形成背景。尤为值得重视的是他们在三位主要发言人阐述观点之后发表的点评：与激情昂扬而又不乏幽默讽刺的三位主要发言人相比，这些听众类角色的点评虽然仅有只言片语，却客观冷静，从侧面既隐晦又精辟地道出了"导演"瓦拉本人的真正态度和立场。

《论快乐》第一版文稿中的听众人物的原型有：罗马教廷书记处的四位书记官：梅尔吉奥莱·斯科里巴尼、波焦·布

---

① J. E. Seigel, *Rhetoric and philosophy in Renaissance humanism: union of eloquence and wisdom (Petrarch to Valla)*, Princeton: Princeton university press, 1968, p. 147.

拉乔利尼、安东尼奥·洛斯基和秦乔·鲁斯蒂奇，此外还有里努奇·达·卡斯蒂里奥内（Rinucci da Castiglione）、安东尼奥·阿雷纳（Antonio Arena，生卒年不详）、尼科拉·塔尔塔里诺（Nicola Tartarino，生卒年不详）以及瓦拉本人。

　　梅尔吉奥莱是瓦拉的母亲卡特里娜的胞弟。1420 年，瓦拉的父亲去世，寡居的母亲选择独自抚养十一个子女。正是在舅父梅尔吉奥莱的引荐下，十三岁的瓦拉开始跟随乔凡尼·奥利斯帕学习古希腊文。1429 年，梅尔吉奥莱因身染疫病去世，二十二岁的瓦拉向教宗马丁五世自荐，希望接替舅父在教廷的职位。由于资历尚浅，加之其学术观点遭到同为教廷书记官的布拉乔利尼和洛斯基的批判，瓦拉的申请未能获得批准。尽管上述两人与瓦拉有过私人恩怨，但瓦拉仍将其列为《论快乐》第一版文稿中的听众。[①] 毕竟，这两位学者是享誉罗马人文主义学界的前辈，他们两人的出现对提升作品的知名度是不无裨益的。此外，秦乔也是舅父梅尔吉奥莱在教廷书记处的同僚，精通拉丁文和希腊文，作为布拉乔利尼的朋友，两人曾于1414 年共同出席康斯坦茨大公会议。文中提到的里努奇是时任教宗尤金四世的希腊文老师，瓦拉本人的希腊文知识也得益于他的教导。关于阿雷纳的史料极少，瓦拉本人对其进行了简要介绍：

　　安东尼奥·阿雷纳通晓所有修辞技艺，其水准令其他演说家望尘莫及，且极为善于层层深入阐述问题——这是进行各种分析的根本，虽然常常为人所忽略。我几乎可以这样评价：他

---

① 布拉乔利尼和洛斯基都得到了出席辩论的邀请。但辩论当天，洛斯基因身患足部痛风，未能赴约。参见 L. Valla, *Il piacere*, traduzione di Grillo V, Napoli: R. Pironti & figli Editori, 1948, p. 12。

是唯一一个懂得科学的人。①

另一位带有虚构色彩的人物是舅父梅尔吉奥莱的姐夫尼科拉，瓦拉称其"学富五车，不仅精通民法和教会法，还是有史以来最能言善辩的法学顾问之一"②。

简言之，在《论快乐》第一版文稿里，听众席成员均来自罗马文化界，既有教廷权威人士，也有法学家、修辞学家和语言学家。在1433年的第二版文稿里，由于主要发言人的身份出现了重大变化，上述听众席人士的身份也被全盘调整，调整后的人物包括：时任米兰大主教的代牧安东尼奥·贝尔涅里（Anotonio Bernieri，约14世纪末—1456），享有盛名的意大利医学家、人文主义者乔凡尼·迪·马可（Giovanni di Marco，？—1474）③，瓦拉的学生安东尼奥·博西奥（Antonio Bossio，生卒年不详）④，与加图同行而来的"资深希腊文和拉丁文专家、独一无二的修辞学家和演说家"⑤——维罗纳的瓜里诺（Guarino Veronese，1374—1460），神学家和法学家朱塞佩·布里维奥（Giuseppe Brivio，？—1457），以及一位并未发言的角色弗朗切斯科·皮奇诺（Francesco Piccino，生卒年不详）。

---

① L. Valla, *Il piacere*, traduzione di Grillo V, Napoli: R. Pironti & figli Editori, 1948, pp. 9-10.

② Ibid., pp. 11-12.

③ 乔凡尼·迪·马可是15世纪意大利人文主义者、医生。此人是《论快乐》第二版及后续版本文稿中的发言人约翰内斯·马尔库斯（Ioannes Marcus）这一角色的原型。

④ 安东尼奥·博西奥是《论快乐》第二版及后续版本文稿中的发言人安东尼乌斯·博西乌斯（Antonius Bossius）这一角色的原型。

⑤ ［意］瓦拉：《论快乐》，李婧敬译，人民出版社2017年版，第9—10页。

在后来的第三版（及最终版）文稿里，唯一的角色调整是皮奇诺被坎迪多·德琴布里奥所替代。瓦拉与此人在帕维亚相识，后来又在米兰重逢，两人保持了多年的友谊。德琴布里奥是 15 世纪的知名人文主义学者、政治家，先后供职于米兰安布罗共和国、罗马教廷、那不勒斯阿拉贡王朝和费拉拉公国。在人文主义研究方面，他是瓦拉最为敬重的百科全书式的学者，除了具备令其他许多学者望其项背的拉丁文造诣，还精通语文学、历史学、修辞学、哲学，对宗教和医学也有深入研究。[①] 在语文学研究领域，德琴布里奥写过一部上下卷的拉丁文《语法学》：上卷列出了古今用法不同的拉丁文词汇，下卷则举出了许多应用实例。[②] 瓦拉在完成语文学代表作《论拉丁文的优雅》的初稿之后，特地将文稿寄送给德琴布里奥，请他提出建议，这体现出瓦拉对德琴布里奥的敬重。在历史学方面，德琴布里奥撰写了《论罗马共和国的职能》（*De muneribus romane reipublicae*），该作品尽管无甚新意，却清晰详尽地介绍了古罗马共和国的行政管理机构和宗教机构。[③] 在哲学研究领域，他与瓦拉一样，不赞同对亚里士多德的盲从。在《论无知的生活》（*De vite ignorantia*）中，德琴布里奥驳斥了亚里士多德辩证法的空洞无用。[④] 就宗教立场而言，德琴布里奥是虔诚的基督教徒，致力于将古典传统与基督教教义相融合，相关作品有《论人类的灵魂不灭》（*De humani animi*

---

① M. Fois, *Il pensiero cristiano di Lorenzo Valla nel quadro storico-culturale del suo ambiente*, Roma: Libreria editrice dell'Università Gregoriana, 1969, p. 75.

② Ibid., p. 75.

③ Ibid., p. 75.

④ Ibid., p. 71.

immortalitate）、《论信仰的起源》（*De origine fidei*）等。① 与瓦
拉类似，德琴布里奥并不认为天国真福处于属世生活的对立
面，他对快乐、幸福、宁静生活的称颂与《论快乐》中的观点
十分类似（尽管深度远远不及瓦拉）。此外，德琴布里奥认为
灵魂的救赎不只是修士的专利，天国的救赎大门对所有人敞
开，包括凡俗之人。因此，天国真福并非对属世之乐的否定，
而是对后者的完善和升华。② 综上所述，瓦拉之所以在第三版
文稿中对这一角色进行微调，很可能是基于两人之间相似的学
术观点以及长久保持的真诚友谊。

　　无论是在第一版还是后续版本里，上述旁听人物所发表的
言论都具有次数少、篇幅短的特点。然而，对于作品的整个辩
论框架来说，这些人物的存在却是不可或缺的。从论述形式来
看，旁观者的发言是辩论的必要元素，不仅起到了承上启下的
连接作用，使整场辩论显得完整，也在主要人物的长篇发言过
程中穿插调侃和点评，为本显枯燥的论述主题增添了一抹轻松
而生动的色彩，有助于提升作品的可读性。就内容而言，作者
既然将知名学者置于主要发言人的角色，就意味着放弃了"直
抒胸臆"的方式，而是选择了"借人之口，抒己之言"的策略。
在这场具有戏剧表演色彩的辩论中，三位主要人物分别站在各
自的立场上发表见解，虽各有道理，也难免出现某些过激的言
论（尤以伊壁鸠鲁派发言人为甚）。身为"导演"的瓦拉是无
权现身于台前、以明确和直接的方式来表达自身观点的。在此
种情形下，瓦拉只能通过旁听人物的只言片语隐晦而简洁地向

---

① 　M. Fois, *Il pensiero cristiano di Lorenzo Valla nel quadro storico-culturale del suo
ambiente*, Roma: Libreria editrice dell'Università Gregoriana, 1969, p. 82.

② 　Ibid., pp. 81-82.

读者透露内心的观念取向。换言之，倘若我们将所有旁听人物的观点加以收集和分析，便能较为清晰地辨识出作者在三种主要言论之间的倾向性。

在作品的开头，旁听者约翰内斯·马尔库斯（Ioannes Marcus）①邀请第一位发言人加图发表观点时，曾表示：“加图，请你首先发言吧。你的演说从不是临阵磨枪的，你向来胸有成竹，就像昆体良所说，善良之人在讨论高尚的论题时永远不会理屈词穷。”②随后，贝尔尼乌斯对恰巧来到聚会的布里皮乌斯说他必然是“受到了西比尔（Sybilla）③神谕的召唤，来聆听加图和其他宾客们的发言”④。布里皮乌斯则回应道：“我像荷马笔下的狄奥墨得斯（Diomedes）⑤，受了西比尔和密涅瓦的指引，专门赶来参加这场主题高尚的辩论。”⑥通过三位旁听者的烘托，瓦拉既向读者介绍了第一位发言人加图的学术威望，也表明了辩论主题的严肃和高尚。

加图结束其斯多葛派的言论后，维吉乌斯随即提出异议。在两种观点僵持不下之际，瓦拉巧妙地借布里皮乌斯之口表达了对维吉乌斯的认同，并鼓励维吉乌斯以“演说家”而非“哲学家”的身份发言，从而清晰地表达了自己对修辞学的重视：

① 约翰内斯·马尔库斯是《论快乐》第二版及其后续版本文稿中的对话角色之一，与 15 世纪意大利人文主义医生、诗人乔凡尼·迪·马可（Giovanni di Marco）相对应。

② ［意］瓦拉：《论快乐》，李婧敬译，人民出版社 2017 年版，第 10—11 页。

③ 西比尔是古希腊和古罗马神话中具有预言能力的女神。

④ ［意］瓦拉：《论快乐》，李婧敬译，人民出版社 2017 年版，第 11 页。

⑤ 狄奥墨得斯是古希腊神话中阿尔戈斯的君主，特洛伊战争中希腊联军的英雄。

⑥ ［意］瓦拉：《论快乐》，李婧敬译，人民出版社 2017 年版，第 11 页。

布里皮乌斯说：维吉乌斯，我代表众位请你继续发言，大家都洗耳恭听……你自告奋勇为人类进行辩护，我们不知有多么欣喜，希望听你发表高见。我们对你的幽默风趣、诙谐犀利颇为赞赏，但愿能在随后的发言中有所感受。①

布里皮乌斯赞扬道：雄辩术的价值曾一度遭人贬损，如今你再度赋予其重要价值，这样很好……基于此，我认同你站在演说家，而非哲学家的角度进行探讨，也鼓励你以演说家的身份发言。②

在阐述伊壁鸠鲁派的自然观和人性观时，瓦拉首先安排第二位主要发言人维吉乌斯畅谈各类感官享受，其铺陈之细致、罗列之具体、描述之露骨，在当时禁欲主义阴霾尚未散尽的社会环境中难免被视作"伤风败俗"的言论。作为斯多葛派发言人的加图自然会对维吉乌斯展开严厉批驳。除此之外，其他听众亦不可能麻木不仁、无动于衷。此时，瓦拉分两个步骤表明了对伊壁鸠鲁派言论的看法。第一步，通过旁听者约翰内斯·马尔库斯之口将维吉乌斯的"离经叛道"理解为"幽默诙谐"，并对此表示赞赏，同时示意维吉乌斯在接下来的发言中以更为严肃的方式对其核心价值观进行深入探讨：

约翰内斯·马尔库斯立刻表示：我们的想法与加图一致。刚才我们听得津津有味，现在也希望继续聆听你的发言。请你接着往下讲吧，不要违背你发言之初的诙谐文风。你想讲多久都行，没人会打断你。我觉得十分荣幸能观摩这场辩论。③

随后，瓦拉以旁听者的身份亲自发声（在整部作品中仅有

① ［意］瓦拉：《论快乐》，李婧敬译，人民出版社2017年版，第35页。
② ［意］瓦拉：《论快乐》，李婧敬译，人民出版社2017年版，第38页。
③ ［意］瓦拉：《论快乐》，李婧敬译，人民出版社2017年版，第48—49页。

一次），赞扬维吉乌斯的乐观主义自然观，并对其公开探讨"人生快乐"的勇气表示鼓励和支持：

> 劳伦修斯说：你的承诺很好，维吉乌斯！你不仅吸引了我们的注意，还赢得了我们的些许支持……我会洗耳恭听，但愿其他人也会如此。你不要担心缺少支持：虽然我们确实担心你的论题是否站得住脚，却很希望你能成功。这应该是最让你欣慰的回答。①

瓦拉深知，在他所生活的历史年代，尽管伦理观念的世俗化早已成为不争的现实——近一个世纪前，薄伽丘（Giovanni Boccaccio，1313—1375）②的代表作《十日谈》（*Decameron*）就已从文学角度对此进行过淋漓尽致的描述——但要从理论层面上主动、明确地维护、赞扬这种观念的嬗变，仍然要承受来自世俗和宗教的双重压力。然而，即使要面对来自各方的质疑和批判，瓦拉仍然选择让自己的观点接受社会和历史的考验——从某种意义上说，这种诚恳和勇气正是瓦拉留给世人最宝贵的财富。在作品的第三部分，瓦拉借基督教神学家之口表明了自己诚恳严谨的治学风格："在座的劳伦修斯正打算写一部作品③，我看他的态度就十分诚恳。"④

在基督教神学家即将系统描绘天国生活的情景、以"人间快乐"的模式畅想"天国真福"时，瓦拉安排对基督教怀有虔诚信仰的坎迪杜斯⑤发言，表明对此人权威的尊重，从而明确

---

① ［意］瓦拉：《论快乐》，李婧敬译，人民出版社 2017 年版，第 52 页。
② 乔凡尼·薄伽丘是 14 世纪意大利作家、诗人，以《十日谈》等作品留名后世。
③ 此处的"作品"是指瓦拉正在撰写的《辩证法与哲学的再专研》。
④ ［意］瓦拉：《论快乐》，李婧敬译，人民出版社 2017 年版，第 244 页。
⑤ 坎迪杜斯是《论快乐》第三版及其后续版本文稿中的对话角色之一，与 15

整部作品的宗旨：并非要以异教哲学来攻击基督教信仰，而是要用古代文明的精髓使基督教伦理体系在新的历史时期重新焕发生机。

安东尼乌斯·达洛说罢，坎迪杜斯立刻表示：噢，安东尼乌斯，你难道忘了吗？你就是我们共同推举的代表，可以尽情表达你的思想？此前，你已勇敢地在两位朋友之间做出了裁决，又何须犹豫，将你的观点和盘托出呢？……你虽已凭借睿智的观点赢得了在座所有人的极高赞誉，但完全可以用更加高尚的论述博得更为广泛的认同，我想那一定是十分精彩且神圣的吧？……论权威，你可看看在座的都是德高望重的泰斗；论兴趣，你自然知道诸位都是与你志同道合的友人；论态度，我们所有人都在全神贯注，洗耳恭听；所以我们是经过深思熟虑才委派你论述这一十分具有宗教意义的论题，想来你自己也应自告奋勇吧……你若沉默不语，又有谁能替代呢？所以请你就不要谦虚，让我们苦等你的高论了。我们不着急开口，却迫切想听到你来发言。①

基督教神学家结束发言后，瓦拉再次通过旁观人物对整场辩论进行总结。首先，贝尔尼乌斯赞赏了安东尼乌斯在演说过程中的"周全"和"精辟"②，也对其倡导的基督教人文主义伦理观表示信服，既"消除了在聆听加图和维吉乌斯发言时所产生的种种困惑"，又"坚定了内心的信仰、希望和仁爱"③。随后，贝尔尼乌斯邀请另一位旁听者瓜里努斯进行补充。

世纪意大利人文主义学者、历史学家和文学家皮埃尔·坎迪多·德琴布里奥（Pier Candido Decembrio）相对应。

① ［意］瓦拉：《论快乐》，李婧敬译，人民出版社 2017 年版，第 251 页。
② ［意］瓦拉：《论快乐》，李婧敬译，人民出版社 2017 年版，第 287 页。
③ ［意］瓦拉：《论快乐》，李婧敬译，人民出版社 2017 年版，第 287 页。

在作品中，瓜里努斯是作为律师加图的当事人出现的：

同行的还有维罗纳的瓜里努斯，他头天前去费拉拉助其表姐打一场有关遗产的大官司，就在加图的家里留宿。加图与他交情颇深，同时也是这桩案子的辩护律师。①

在整场辩论中，瓜里努斯一直默然倾听，直到结束之际才应贝尔尼乌斯的邀请发言。作为总结陈词，瓜里努斯代表作者瓦拉对三位发言人的演说都进行了点评。尽管加图是受瓜里努斯委托的辩护律师，瓜里努斯仍然表示自己无法认同其悲观的伦理观念："至于加图，我本应对其表示赞许，但却不能这么做。我既不愿奉承他，也不想责骂他——毕竟，没有人会糊涂到责骂自己律师的地步。"② 的确，这是一场关于"真善"与"伪善"的开放式辩论，无论观点是否能够得到普遍认同，加图发表言论的权利是不容"责备"，更是不容剥夺的。作者瓦拉批判的是禁欲主义者的伦理观念，而不是他们发表言论的自由（况且，在当时的社会环境下，为捍卫"快乐"而战的瓦拉根本无力"剥夺"身为社会多数派的禁欲主义者的话语权，他所需要做的，是捍卫自身作为少数派的言论自由，使之不遭受反对者的威胁）。

谈到伊壁鸠鲁派发言人和基督教神学家的言论，瓜里努斯没有直接表达自己的褒贬好恶，而是通过一个经典的比喻表明二者的言论各有侧重，各有千秋：

相较而言，维吉乌斯好比燕子，而安东尼乌斯则更像夜莺……一个喜欢居住在城市的屋檐之下，另一个则偏爱树木丛

---

① ［意］瓦拉：《论快乐》，李婧敬译，人民出版社2017年版，第9页。

② ［意］瓦拉：《论快乐》，李婧敬译，人民出版社2017年版，第288页。

林。所以我们把燕子比作世俗的演说，常常在市政厅、元老院和法庭里进行……夜莺则更像是发表于丛林中的演讲……诸位恐怕不得不承认这一奇迹般的事实：维吉乌斯把我们的躯体带入了天堂（也就是古希腊人称之为"田园"的地方），而安东尼乌斯则在谈论这一天堂时，携着我们的心灵飞到了另一处更高的天堂。①

此处，作者瓦拉借瓜里努斯之口，以"两处天堂"的比喻透露了自身的观点倾向：一方面，以基督教人文主义伦理观为荣，另一方面，却不以伊壁鸠鲁派哲学的"大逆不道"之言为耻。在瓦拉那里，基督教人文主义伦理观固然令人深感信服，但伊壁鸠鲁派的乐观主义态度却不失为前者的一种补充，提示人类在企盼"天国真福"的同时不忘享受人间的"田园之乐"，将人的自然属性归纳入基督教的伦理体系，用基督教的教义来捍卫人类追求"快乐的人世生活"的权利。

第二节　《论快乐》的幕后对话者

在《论快乐》中，所有主要台前角色均为与瓦拉同时代的学者（有的属于罗马文化界，有的属于帕维亚—米兰文化界）。对他们的身份及其思想进行探索，有助于了解瓦拉的人文主义伦理观形成的背景和过程。由于这些台前角色在各自的论述过程中分别引述了大量古代文献，因此，通过对引文的出处和内容进行分析，可以探寻这场辩论的幕后对话者，挖掘瓦拉在论

---

① ［意］瓦拉：《论快乐》，李婧敬译，人民出版社 2017 年版，第 289—290 页。

述过程中所依据的修辞学、哲学和基督教神学理论。

一、《论快乐》中的演说家、诗人及剧作家

在《论快乐》的序言中，瓦拉表明关于"真善"和"伪善"的辩论传统由来已久，许多著名学者亦就此发表过丰富翔实的论述，无奈仍有浑浑噩噩之人不听劝诫，远离真理。因此，《论快乐》将采取一种不同于以往的方式来阐述作者的观点：

纵然他们的论述丰富翔实，也总有人心存恶念，不听好言劝诫，远离真理，这又如何是好呢？莫非我要苦口婆心地劝诫这类抗拒真理的顽固之徒？自然不是。我想做的，是像大夫救助拒绝服药的任性病患一样，并不强求他们吃药，却采取其他更易接受的治疗方法。所以说，温和的大夫往往能治愈更多的病人。说到眼前的问题，拒不接受名医验方的人或许乐意接受我的办法。我究竟有怎样的办法？随后自有交代。①

尽管瓦拉在此处并未点明他"治病救人"的良方，却在第一部分的第十节借维吉乌斯之口道出了他的策略：

我作为一个不精通哲学奥秘，却了解更为尊贵的演说和诗歌艺术的人，也应该有权引述其他名人的观点。正如某位著名的悲剧作家②所说，雄辩术是众学科之中的女王。哲学则好比士兵或军官，必须听从女王的指挥……事实上，所有思路清晰、言辞庄重、论证精彩的辩题都是由演说大师，而不是由一文不名、言语苍白的辩证哲学家们完成的！此番言论，是想表

---

① [意] 瓦拉：《论快乐》，李婧敬译，人民出版社2017年版，第3页。
② 此处指古希腊剧作家欧里庇得斯。

明我的论述方式。关于这一论题，哲学家们往往死缠烂打，纠结不清。所以我拒绝使用他们的方法，而要用我的思路加以论证。据我观察，加图也常常采用这种办法。①

"雄辩术"又称"演说术""修辞学"，是语言学的分支，其研究对象是提高语言表达效果的规律，即如何依据发言的主题和场合，运用各种语文材料和表达方式，恰如其分地传达感情和思想。换言之，雄辩术旨在揭示修辞现象的规律，从而指导人们运用和创造各种修辞方法，提升语言表达效果。在西方，修辞学起源于古希腊时期，那时的修辞学主要指演说的艺术。亚里士多德曾在其《修辞学》（*Rhetoric*）的开篇之处将修辞学描述为找寻、交流和传递真理的重要手段。

在《论快乐》中，瓦拉主要引述了两位演说家——西塞罗和昆体良，以其为典范展开论述。②

关于"演说家西塞罗"及其修辞学理论，无论是对话角色维吉乌斯、安东尼乌斯还是作者瓦拉都有所提及。在第一部分中，当维吉乌斯表明自己将以雄辩术的手段驳斥加图的发言时，对西塞罗的哲学家和演说家身份进行了辨析：

西塞罗曾宣称他可用哲学来分析任何事物，而不借助其他任何学科——他的确做到了。然而我想说，在发表该宣言时，西塞罗更多的是以演说家，而非哲学家的形象出现的。此时的他可以更为自由地，甚至是肆意地发挥自己的口才，凭借其强大的雄辩技巧压倒其他所有哲学家（哲学家所有引以为傲的东西都来自于我们演说家）。倘若遇到抵抗，他便可挥起（作为

① ［意］瓦拉：《论快乐》，李婧敬译，人民出版社2017年版，第37页。
② 整部作品直接引述作为演说家的西塞罗的原文共四处，正面提及其言行共两处；直接引述昆体良的原文共十四处，正面提及其言行一处。

众学科统帅的)雄辩大刀,朝那些畏畏缩缩的哲学家毫不留情地砍下去。①

在系统展开对加图的批驳前,维吉乌斯分别对"高尚"和"快乐"进行了定义,并引用西塞罗的理论,强调了对辩题进行定义的必要性:

> 例如在西塞罗的作品中,马尔库斯·安东尼乌斯(Marcus Antonius)②就曾强调将论题解释清楚的必要性。若辩论双方自说自话,不知何为共同辩题,辩论就无法有的放矢。③

在界定"快乐"和"高尚"时,维吉乌斯更是直接借用了西塞罗的表述:

> 正如西塞罗所说,在拉丁语中,没有比"voluptas"这个拉丁语词汇更能准确地表达相应的希腊语词汇("ηδον")的含义了。……(关于高尚)我们也可借用西塞罗的说法:高尚是一种与任何利益、奖赏和成果无关的,纯粹因自身魅力而赢得赞赏的品质。④

在作品第二部分的开篇序言里,瓦拉谈到,关于"真善"和"伪善"之辩的书籍数不胜数,观点繁多。他援引西塞罗的观点:若要让自己的观点得到读者认可,除了要展示充分的论据,还必须讲求论证方法。

> 据我所知,关于这一主题的书籍数不胜数……仿佛亚平宁山上的条条溪流,层出不穷。如此一来,正如西塞罗所说:

---

① [意]瓦拉:《论快乐》,李婧敬译,人民出版社 2017 年版,第 37 页。

② 马尔库斯·安东尼乌斯是西塞罗的修辞学作品《论演说家》(*De oratore*)中对话角色之一。

③ [意]瓦拉:《论快乐》,李婧敬译,人民出版社 2017 年版,第 50 页。

④ [意]瓦拉:《论快乐》,李婧敬译,人民出版社 2017 年版,第 50 页。

"在一桩理由非常充分的演说中，与其着力寻找论据，不如潜心思考如何划定论证的范围以及论证方法。"①

在这一部分里，维吉乌斯深入剖析了斯多葛派的"高尚"内涵，指出这一空洞的概念无非是"荣耀"的代名词。对于以斯多葛派为代表的哲学家，维吉乌斯进行了辛辣的讽刺，并多次援引西塞罗的文字，讽刺哲学家的虚荣：

斯多葛派要的既不是孤芳自赏，也不是自我陶醉，他们眼见着通过正途无法满足心愿，便走起了歪门邪道。例如，臭名昭著的斯多葛派代表图伯洛 (Quintus Aelius Tubero，前74—前11)②，他虽然曾凭借某些理由得到过民众的爱戴，最终却因其近乎可耻的行为落选，不得不退出政坛。据西塞罗记述，他为其舅父小西庇阿举办丧葬宴席时，摆放的不是罗马式宴会躺椅，而是迦太基式的小窄床，桌上的酒具也不是体面的银罐，而是萨摩斯的陶罐。那场面看上去仿佛不是为其舅父、伟大的小西庇阿送葬，而是为犬儒学派的第欧根尼送葬。③

相比之下，西塞罗就显得较为诚恳，他曾以演说家而非哲学家的身份如此描述他自己："有德之人对自己遭受的痛苦和危险并不求回报——但赞扬和荣耀除外，如果没有这些，我们又何苦在这短暂的一生中苦心经营？"关于哲学家，西塞罗说："哲学家劝我们鄙视野心抱负，但他们从不会忘记在自己的作品上签上大名。他们一面在作品中哀叹沽名钓誉和自我标榜，而另一面又起劲地沽名钓誉和自我标榜。"④

---

① ［意］瓦拉：《论快乐》，李婧敬译，人民出版社2017年版，第104页。

② 昆图斯·埃留斯·图伯洛是古罗马政治家、法官和作家。

③ ［意］瓦拉：《论快乐》，李婧敬译，人民出版社2017年版，第138—139页。

④ ［意］瓦拉：《论快乐》，李婧敬译，人民出版社2017年版，第176页。

在第三部分的序言里，瓦拉再次重申了西塞罗所强调的遣词造句的重要性：

> 西塞罗就曾指出阿里斯顿（Ariston，生卒年不详）① 的用语不够庄重，说此人不具备伟大哲学家应有的庄重风格，虽不乏优秀之作，但不知为何，总显得不够权威。②

针对波爱修斯将"善"理解为"生活方式意义上的正义"，而非"生活品质上的愉悦"，安东尼乌斯进行了系统地批驳，其中援引了西塞罗对于"恶"的界定，表明不能将"行为"和"品质"进行混淆：

> 这类双关游戏瞒不过西塞罗的眼睛。我们不妨看看《图斯库卢姆争辩》（*Tusculanae disputationes*）前言之后的开篇文字。
>
> 学生："我认为死是一种恶。"
>
> 老师："对于已死之人，还是要死之人？"
>
> 学生："对于两者都是如此。"
>
> 老师："因为是恶，所以是一种可怜的状态。"
>
> 西塞罗写这最后一句话，无非是因为此处不能用"邪恶"一词，只能用"可怜"。的确，即便死亡是一种可悲的恶，我们也不能说已死和将死之人是邪恶的人，顶多只能说他们是可怜的人。③

通过《论快乐》对演说家西塞罗言论的高频率引用，可以看出瓦拉对西塞罗的尊敬和崇拜。事实上，《论快乐》一书的结构与西塞罗的《论至善与至恶》（*De finibus bonorum et malorum*）相当类似。《论至善与至恶》创作于公元前45年，

---

① 阿里斯顿是公元前3世纪古希腊哲学家，曾师从斯多葛派鼻祖芝诺。
② ［意］瓦拉：《论快乐》，李婧敬译，人民出版社2017年版，第204—205页。
③ ［意］瓦拉：《论快乐》，李婧敬译，人民出版社2017年版，第243页。

由三次不同的谈话组成，分别讨论了当时最为著名的三大伦理体系，即伊壁鸠鲁学派、斯多葛学派以及以西塞罗的雅典老师——阿斯喀隆的安提奥库斯（Antiochus，前125—前68）[①]为代表的"第五学园派"，让读者自己决定哪一种最能令人信服。瓦拉在《论快乐》中所采用的辩论体结构显然是对西塞罗这一作品的某种回应，当然，这种回应仅限于结构的设置，并不代表观点上的趋同。

于瓦拉而言，另一位重要的修辞学引述对象是古罗马的昆体良。1417年，昆体良的代表作《雄辩术原理》的完整版原文被发现，四年后，西塞罗的全套演说词也重现于世人眼前，这是人文主义时期的两大具有标志性的历史事件，在人文主义学界掀起了向古代修辞学回归的热潮。1428年，年仅二十一岁的瓦拉发表了处女作《论西塞罗与昆体良之比较》（现已失传），探讨两位古代作家在修辞学领域的特色和成就，并提出昆体良才是古典拉丁文修辞学领域最为杰出的典范。事实上，瓦拉并非不推崇西塞罗，只是不愿人云亦云，视西塞罗为唯一且不可超越的权威。从这个意义上说，瓦拉对于昆体良的崇拜甚至超越了对西塞罗的景仰。当然，这篇文章遭到了布拉乔利尼和洛斯基的批判（在他们看来，西塞罗的修辞学乃是不可超越的巅峰），直接导致他失去了进入教廷书记处工作的机会。1439年，瓦拉发表了《辩证法与哲学的再专研》，也是为了重新审视昆体良的《雄辩术原理》的价值。[②]

---

① 阿斯喀隆的安提奥库斯是古希腊哲学家，于公元前78年前后成为雅典学园领袖。

② J. E. Seigel, *Rhetoric and philosophy in Renaissance humanism: union of eloquence and wisdom (Petrarch to Valla)*, Princeton: Princeton university press, 1968, pp. 161-162.

在《论快乐》中，昆体良是三位主要发言人共同引述的对象，足见这位演说大师在人文主义时期的广泛影响。

在第一部分的开篇，旁观者约翰内斯·马尔库斯在鼓励斯多葛派代表加图首先发言时提到了昆体良的观点："善良之人在讨论高尚的论题时永远不会理屈词穷"①，以表明当日辩论主题之高尚和严肃。

随后，加图表明芸芸众生之所以沉溺于恶行，是受到"趋恶避善"的本性趋势，认为作恶是一种乐趣；相反，少数追求德行之人反而陷入悲苦的生活。此处，他引用昆体良之言作为论据：

> 昆体良说得好："他的作恶欲望是如此之强烈，以至于即使在没有实惠的条件下，为了作恶而作恶在他也是一种乐趣。"
>
> ……
>
> 事实上，迷恋恶行之人自然视高尚为眼中钉，不仅自己无意修身塑德，对他人的高尚也嗤之以鼻。借用昆体良的话，好些人都是因德行而不幸的可怜虫。②

继加图发表完将"高尚"视作人生至善的演说后，维吉乌斯展开了驳斥。他首先详细论述了"快乐"的可贵，随后剖析了斯多葛派所说的"高尚"的实质。在这两个步骤中，维吉乌斯也曾大量引用昆体良之言。

在颂扬人的首要身体之善——"美丽"时，维吉乌斯引用了昆体良对特洛伊之战起因的观点。昆体良并未将海伦视为"红颜祸水"，相反，盛赞她的美貌值得两个城邦的人为之

---

① ［意］瓦拉：《论快乐》，李婧敬译，人民出版社2017年版，第10—11页。
② ［意］瓦拉：《论快乐》，李婧敬译，人民出版社2017年版，第25—28页。

苦战。

昆体良说得好："在特洛伊王族看来，希腊人与特洛伊人为了海伦的美貌而连年苦战，绝非无聊之举。"①

在对感官快乐和精神愉悦进行详细的铺陈之后，维吉乌斯表明对"快乐"的论述已足够充分，可以告一段落。此时，他引用昆体良的修辞学理论："为不言自明之事苦口婆心就好比将人造光线呈于艳阳之下，实属多此一举。"②

在论述的第二部分，维吉乌斯就加图所说的"高尚"进行剖析，指出斯多葛派所追求的至善是一个空洞的概念，实质上不外乎能够带来"快乐"的"名誉"和"利益"。维吉乌斯引述昆体良的观点，表明人类追求名和利的目的，是追求"快乐"，而非追求"恶行"（不追求"高尚"并不等同于沉沦于"恶行"），本就无可厚非，更无须横加指责。这是对于加图的悲观主义人性观的驳斥。

对此，昆体良曾十分睿智地写道："没有哪位恶人愿意将自己打扮成恶人。"总而言之，追逐荣耀的目的在于求得快乐；反过来说，人们避免耻辱，也是为了避免情感上的折磨。③

维吉乌斯同时强调，荣耀和利益都有真伪之分，真正了解善之真谛的人必然懂得两利相权取其重的道理。从这个意义上来看，伊壁鸠鲁派并不否认德行的价值，前提是德行服务于"利益"的达成和"快乐"的实现，而不是为了追求所谓的"高尚"。维吉乌斯在分析法布里基乌斯的义举时，引用了昆体良的评价：

① ［意］瓦拉：《论快乐》，李婧敬译，人民出版社 2017 年版，第 56 页。
② ［意］瓦拉：《论快乐》，李婧敬译，人民出版社 2017 年版，第 100 页。
③ ［意］瓦拉：《论快乐》，李婧敬译，人民出版社 2017 年版，第 140 页。

诚如昆体良所言，高贵之人不屑乘人之危，耻于以强凌弱。法布里基乌斯深知，不光明正大地兵戎相见，却在暗地里投毒，这不仅是他个人的耻辱，更是整个罗马民族的耻辱。①

关于利己和利他的问题，维吉乌斯赞同昆体良的观点，认为个人利益高于他人利益和群体利益，每一个人类个体首先应做到独善其身，其次才考虑兼济他人。

对此，昆体良曾说："我们的心灵天生就包含有某种骄傲的自尊，容不得自己屈居于他人之下。"正因如此，我们愿意帮助可怜之人或自愿服从我们的人，因为这样能进一步烘托我们的地位。②

谈及亚里士多德将精神愉悦与肉体快乐分而论之，将沉思的行为置于人生幸福之顶点的言论，维吉乌斯再度引用昆体良之言表示驳斥：

埋头苦读之时，我常常感到筋疲力尽，几乎要积劳成疾，可即便如此辛苦，还是会时常遇到无法理解或解决的难题。昆体良就曾提到某个名叫尤尼乌斯·弗洛鲁斯（Giunius Florus）③的人为一桩案件的法庭演说词开场白冥思苦想了整整三天。有谁会因为沉思的甜蜜而去咬文嚼字呢？④

维吉乌斯进而斥责斯多葛派、亚里士多德派等主张禁欲主义的哲学家打着"追求高尚"的旗号贬损、压抑人之天性的行为，指出他们的真正目的在于通过各类违背人之天性的特立独行之举来谋得名利。此处，维吉乌斯以昆体良对于此类哲学家

---

① ［意］瓦拉：《论快乐》，李婧敬译，人民出版社 2017 年版，第 149 页。

② ［意］瓦拉：《论快乐》，李婧敬译，人民出版社 2017 年版，第 153—154 页。

③ 尤尼乌斯·弗洛鲁斯是昆体良的作品《雄辩术原理》提及的一个人物。

④ ［意］瓦拉：《论快乐》，李婧敬译，人民出版社 2017 年版，第 175 页。

的评价夯实了自身的观点：

> 因此，这些所谓的哲学家不仅善于欺骗，还善于辜负民众和友人的信赖。我这么说并非空穴来风，许多名家的作品都是铁证。在此，我只提及昆体良，他并非作为普通的见证者，而是明断者发表了以下一番话："当今哲学家的名称经常成了掩饰恶劣罪行的假面具。他们的企图不是靠德行和求知的渴望来赢得哲学家的称号；相反他们用伪装严肃、朴素和与众不同的衣着来掩饰自己在德行上的堕落。"①

在发言的末尾，维吉乌斯表明了伊壁鸠鲁派所向往的快乐人生：平静、淡然、愉快，恰如昆体良笔下的老者："我承认，看着儿子奄奄一息，我感到一丝安慰。噢，这可怜的孩子，至少如他所愿，高兴愉快地度过了他短暂的一生。"②

在第三部分的序言中，瓦拉表示该部分将是全书中最为关键、也最为精彩的篇章。论及这一部分内容的重要程度，瓦拉借用了昆体良的比喻："好比船行至深海，陆地遥不可见，惟余海天茫茫。面对一望无尽的海面，不仅心中忐忑，就连双眼也感到惶恐。"③瓦拉为何感到忐忑，甚至是惶恐？在《论快乐》的前两个部分，瓦拉阐述的是斯多葛派和伊壁鸠鲁派的伦理观，尤其是对伊壁鸠鲁派所主张的"快乐"展开了大胆而详尽的论述，加之作品直接以"快乐"命名，更让整部作品充溢着一种享乐主义异教哲学的色彩。在瓦拉所处的年代，一部以宣扬享乐为目的的作品将会被视为大逆不道之作，引发严重的后果（事实上，瓦拉的确因为《论快乐》和《论自由意志》于

---

① ［意］瓦拉：《论快乐》，李婧敬译，人民出版社 2017 年版，第 185 页。
② ［意］瓦拉：《论快乐》，李婧敬译，人民出版社 2017 年版，第 185—186 页。
③ ［意］瓦拉：《论快乐》，李婧敬译，人民出版社 2017 年版，第 203 页。

1444年遭到那不勒斯宗教法庭的审判）。为了避免学界对该作品（甚至是对作者本人）的误解，瓦拉必须在第三部分调整写作风格，以一种庄重严肃的口吻（而非维吉乌斯的嬉笑怒骂、自由不羁）阐明自身的真实观点。正因如此，瓦拉才会将这一论述阶段比作"船行至深海"，要求自己字斟句酌。

然而，尽管安东尼乌斯在阐述基督教伦理观时显得端庄持重，他却并没有选择按照传统的方式开展说教，而是将人文主义的精神与基督教伦理观进行了融合。发言过程中，昆体良的言论数次出现，体现了文艺复兴时期的人文主义学者对古人智慧的重视。

针对亚里士多德将德行视为居于两种恶行之间的"中道"，因而称恶行远远多于德行的观点，安东尼乌斯不仅指出德行与恶行实乃一一对应，还借用昆体良的比喻进一步强调人类需要警惕的，并非是居于两端的恶行与德行的差异，而是表面看上去十分相似的德行与恶行之间的本质不同：

说话也是如此："流畅而不急切，稳重而不迟缓"，大家可以看到，昆体良将流畅视为急切的对立面，将稳重视为迟缓的对立面，如同银对立于铅，金对立于铜。[①]

接下来，安东尼乌斯引述昆体良笔下一名法官的案例，就第一位发言人加图对人性的指责作出了回应。他指出人的天性并非如加图所说的趋恶避善，即使某些人曾做出恶行，但其目的却并不是伤害他人，而是希望获得自身的快乐——其错处并不在于其本性向恶，而在于没能认清什么才是真正的"快乐"。

……（人类）不是因为热爱恶行而做出种种举动。昆体良

---

① ［意］瓦拉：《论快乐》，李婧敬译，人民出版社2017年版，第217页。

所说的那个犯有强奸罪的法官，的确曾想对一名年轻士兵施暴，这毫无疑问是侵犯之举。但他的目的却不是要冒犯对方，而是想与他一道寻求快乐。既然这一举动如此危险，且有悖于高尚，他为何还能感觉到快乐呢？我承认，此人行为恶劣，他后来被那个勇敢纯洁的青年一剑刺死，甚至死后还被自己的亲人和上司盖乌斯·马略唾骂，这纯属罪有应得。可正如发烧者顾不上自己的身体，一心只想解渴，那人也不愿顾及所谓的德行，只想放纵自己的欲望。①

论及个体与群体利益的关系，安东尼乌斯一方面赞同维吉乌斯认为个体利益高于一切的观点，但另一方面也指出天国之乐与属世之乐的一个重大区别就在于天国里没有嫉妒和攀比，更多的是分享和互助。此处，安东尼乌斯引用昆体良的文字，表明"分享"也是人的一种本能。

正如昆体良所说："这不仅是人类的本能，连不会说话的动物也是如此。"②

在整个论述过程中，安东尼乌斯最为精彩的创意莫过于用描写属世快乐的手法来阐释天国真福，将这种至高无上的善由无形变得有形，由抽象变得具体，由难以言说变得绘声绘色——这一创意显然不是基督教神学家惯用的手段，恰恰来自昆体良。

昆体良所言确实不无道理："以近似伟大想象真正的伟大。"③

可见，无论是对哪一种哲学或神学派别而言，若想使自己的理论得到他人的正确理解和充分认同，就必须采取恰到好处的表达方式和沟通技巧——这正是古代演说家带给瓦拉的启示。

---

① ［意］瓦拉：《论快乐》，李婧敬译，人民出版社2017年版，第226页。
② ［意］瓦拉：《论快乐》，李婧敬译，人民出版社2017年版，第255页。
③ ［意］瓦拉：《论快乐》，李婧敬译，人民出版社2017年版，第270页。

当然，擅长修辞学的并非只有演说家，诗人、剧作家同样精于此道。除了西塞罗和昆体良，瓦拉在《论快乐》中还大量直接引用或正面提及古代史诗诗人、讽刺诗诗人和剧作家的原文，其中：正面提及荷马三处①；直接引述恩尼乌斯（Quintus Ennius，前239—前169）②一处③，正面提及一处④；引述维吉尔共二十八处⑤，正面提及一处⑥；引述卢坎（Marcus Annaeus Lucanus，39—65）⑦四处⑧；引述卢克莱修两处⑨；引述奥维德九处⑩；引述贺拉斯十二处⑪；引述尤维纳利斯五处⑫；引

---

① ［意］瓦拉：《论快乐》，李婧敬译，人民出版社2017年版，第217、228—229页。

② 昆图斯·恩尼乌斯是古罗马共和国时期的诗人、剧作家，创作过许多史诗、戏剧和其他文学作品，在古罗马文学史上享有盛誉。

③ ［意］瓦拉：《论快乐》，李婧敬译，人民出版社2017年版，第80—81页。

④ ［意］瓦拉：《论快乐》，李婧敬译，人民出版社2017年版，第74—75页。

⑤ ［意］瓦拉：《论快乐》，李婧敬译，人民出版社2017年版，第16、17、18、27、43、58—59、63—64、67、70、98、110、114、122、124、128、146、148、149、154、161、178—180、184、188、194页。

⑥ ［意］瓦拉：《论快乐》，李婧敬译，人民出版社2017年版，第228页。

⑦ 马尔库斯·阿涅乌斯·卢坎努斯（普遍依其英译名"Lucan"译作"卢坎"）是古罗马诗人，其代表作是以恺撒与庞培之间的内战为题材的史诗《法沙利亚》。这部史诗虽未最终完成，却被誉为是除《埃涅阿斯纪》之外最伟大的拉丁文史诗。

⑧ ［意］瓦拉：《论快乐》，李婧敬译，人民出版社2017年版，第46—47、49、119—120、175页。

⑨ ［意］瓦拉：《论快乐》，李婧敬译，人民出版社2017年版，第46、98页。

⑩ ［意］瓦拉：《论快乐》，李婧敬译，人民出版社2017年版，第25、44、57、60、61、62、89、135、264页。

⑪ ［意］瓦拉：《论快乐》，李婧敬译，人民出版社2017年版，第26、73、74—75、76、87、104、109、136、143、189、193—194、221页。

⑫ ［意］瓦拉：《论快乐》，李婧敬译，人民出版社2017年版，第33、61、72、132、235—236页。

述佩尔西乌斯（Aulus Persius Flaccus，34—62）① 两处②；引述提布鲁斯一处③；引述撒路斯提乌斯（Gaius Sallustius Crispus，前 86—前 34）④ 一处⑤；引述泰伦提乌斯六处⑥，正面提及一处⑦；正面提及普劳图斯一处⑧。如此，从这场辩论中，读者不仅能够听到台前发言人的侃侃而谈，也能深刻感受到闪耀于幕后的古代文明之光。

二、《论快乐》中的哲学家

在《论快乐》中，第二类重要的引述来自古代哲学家。值得注意的是，瓦拉在《论快乐》中提及的"哲学家"并非广义上的"研究哲学的学者"，而是三类特定的人群：一是以各种名义压抑"人欲"、视"快乐"为禁忌的哲学流派；二是唯亚里士多德马首是瞻，试图以属世的哲学取代基督教信仰的哲学流派；三是主张褒扬"人欲"，视"快乐"为人生至善的哲学流派。

在第一类引述对象中，最具典型性的是作为哲学家的西

---

① 奥鲁斯·佩尔西乌斯·弗拉库斯是古罗马讽刺诗人。

② ［意］瓦拉：《论快乐》，李婧敬译，人民出版社 2017 年版，第 40、136 页。

③ ［意］瓦拉：《论快乐》，李婧敬译，人民出版社 2017 年版，第 72 页。

④ 盖乌斯·撒路斯提乌斯·克里斯普斯是古罗马著名历史学家，主要作品有《喀提林阴谋》《朱古达战争》等。

⑤ ［意］瓦拉：《论快乐》，李婧敬译，人民出版社 2017 年版，第 122—123 页。

⑥ ［意］瓦拉：《论快乐》，李婧敬译，人民出版社 2017 年版，第 26、66、71、91、133、174 页。

⑦ ［意］瓦拉：《论快乐》，李婧敬译，人民出版社 2017 年版，第 60 页。

⑧ ［意］瓦拉：《论快乐》，李婧敬译，人民出版社 2017 年版，第 83 页。

塞罗（整部作品共引述作为哲学家的西塞罗的语句共十二处[①]）。西塞罗不仅是古罗马时期伟大的政治家和演说家，在哲学领域也留下了大量不朽之作。他将许多古希腊哲学作品译成了拉丁文，并将各种流派的思想进行比较，为古罗马人打开了探寻希腊哲学宝库的大门。文艺复兴时期，西塞罗是所有人文主义学者回溯的导师，自彼特拉克起，其名言名句成为众多学者争相引述的对象。一方面，他成为人文主义学者的榜样，鼓励他们继续挖掘古希腊的典籍；另一方面，他也为人文主义学者们提供了大量现成的经典译本，成为他们梳理、归纳古人智慧的重要基础资料。[②] 当瓦拉着手撰写《论快乐》时，许多古籍还未被发掘（例如，布拉乔利尼还未发现卢克莱修的《物性论》手稿），他所了解的斯多葛派及伊壁鸠鲁派的思想，大多亦是基于西塞罗和塞涅卡的描述。[③]

然而，与许多人文主义者不同，瓦拉对西塞罗的态度并不止于崇敬，而是一种既批判也继承的双重态度：从形式上而言，《论快乐》是对《论至善与至恶》和《论义务》的模仿；从内容上而言，却是对以西塞罗为代表的斯多葛派 "高尚乃至善" 的观点的反驳。[④] 换言之，瓦拉推崇演说家西塞罗，甚于

---

① ［意］瓦拉：《论快乐》，李婧敬译，人民出版社 2017 年版，第 22、25、50、57、104、123、138—139、160、176、180、187、243 页。

② E. Garin, *Il ritorno dei filosofi antichi*, Napoli: Bibliopolis, 1983, p. 28.

③ P. Byrne, " 'Cast out into the hellish night': Pagan Virtue and Pagan Poetics in Lorenzo Valla's De Voluptate", in *Ex Historia*, 2013, Vol. 5, p. 49.

④ R. Fubini, "Ricerche sul De voluptate di Lorenzo Valla", in *Medioevo e Rinascimento: Annuario del dipartimento di studi sul Medioevo e il Rinascimento dell'Università di Firenze*, 1987, Vol. I, pp. 214-215.

哲学家西塞罗。①

在《论至善与至恶》中，西塞罗首先系统阐述了伊壁鸠鲁派哲学的快乐观，随后以斯多葛派的"高尚乃至善"的观点对其进行批判，指出"快乐不仅没有权利独占我们理想中的至善宝座，甚至不能被视为与道德价值相关"②。在《论快乐》中，瓦拉进行了彻底的颠覆，先后以伊壁鸠鲁派哲学和基督教神学伦理观驳斥斯多葛派空洞的"高尚"。因此，在《论快乐》中，哲学家西塞罗的斯多葛派言论往往成为瓦拉批判的对象。例如，在第一部分中，斯多葛派发言人加图就引述西塞罗的言论，证明"人性本恶"且"以恶为乐"的观点：

西塞罗也说："人类的心中充满对罪孽的欲求，即便没有任何理由，也认为犯罪本身就是一种娱乐。"③

对于这一观点，安东尼乌斯在第三部分借用昆体良之言给予了明确的回应：人类在作恶时，并非蓄意以恶为乐，而是误将恶当成了乐。究其本性，依旧是趋善避恶的。

除了西塞罗，反对人类追求快乐的哲学家还有斯多葛派的另一位代表人物——塞涅卡和犬儒学派的第欧根尼。瓦拉对这两位人物以描述为主，引述较少（整部作品共三次引述塞涅卡原文④，三处提及第欧根尼⑤）。在第二和第三部分，维吉乌斯

---

① J. E. Seigel, *Rhetoric and philosophy in Renaissance humanism: union of eloquence and wisdom (Petrarch to Valla)*, Princeton: Princeton university press, 1968, p. 142.

② ［古罗马］西塞罗：《论至善与至恶》，石敏敏译，中国社会科学出版社 2005 年版，第 55—56 页。

③ ［意］瓦拉：《论快乐》，李婧敬译，人民出版社 2017 年版，第 25 页。

④ ［意］瓦拉：《论快乐》，李婧敬译，人民出版社 2017 年版，第 19、44、191 页。

⑤ ［意］瓦拉：《论快乐》，李婧敬译，人民出版社 2017 年版，第 40—41、183—184 页。

和安东尼乌斯分别斥责了塞涅卡口称清贫、实则奢华的罪恶生活；至于对人类生存的基本需求熟视无睹的犬儒学派，瓦拉认为他们食不果腹、衣不蔽体的独特生活方式并非为了追寻所谓"高尚"，而是像"猴子"一般，以特立独行之举博得众人侧目。①

关于第二类引述对象——经院哲学的绝对权威亚里士多德，瓦拉并未在《论快乐》中作全面系统的阐述（在后来的作品《辩证法与哲学的再专研》中，瓦拉就此展开了更为深刻的剖析），亦极少从正面意义直接引述亚里士多德的原文，只在第二部分中提到他对于亚里士多德思想的了解在很大程度上来源于布伦尼译介成拉丁文的《尼各马可伦理学》。关于亚里士多德的哲学思想，瓦拉针对两个观点进行了重点剖析：一是"德行乃是居于两种恶行之间的中道"之说，二是"沉思固有的幸福属性"之说。

关于"中道"观念，瓦拉首先借加图之口在《论快乐》的第一部分中进行了阐释，用以解释斯多葛派为何会认为人恶行的数量和种类多于德行。随后，瓦拉又通过维吉乌斯的论述，在第二部分中对上述观点进行了驳斥，从而驳斥了斯多葛派关于"恶行泛滥人间"的观点。

关于"沉思"行为，瓦拉在第二部分的第二十八节展开了深入分析，其目的在于批判亚里士多德将精神愉悦和肉体享受分而论之并且褒扬前者、贬损后者的观点。瓦拉尤其反对的是亚里士多德人生的固有幸福为至善的观点，在他那里，这种不以基督教信仰为前提的"固有的幸福属性"是亚里士多德强行

---

① ［意］瓦拉：《论快乐》，李婧敬译，人民出版社 2017 年版，第 184 页。

赋予"沉思"行为的一种伪善。换言之，在瓦拉那里，"沉思"哲学所带来的"幸福"是无法与信仰上帝带来的"真福"相提并论的。

此外，在第三部分中，瓦拉还提及了《哲学的慰藉》一书的作者波爱修斯，并通过安东尼乌斯对其关于"善"的界定提出了异议。安东尼乌斯指出，作为哲学家的波爱修斯恰恰是在逻辑学的问题上出现了纰漏，以至于将"善"理解成一种行为，而非品质，因此才会将"高尚"置于"快乐"之上，才会妄图"将哲学置于宗教之上"。而事实上，"他不仅没有解决任何问题，而且也没有说明白究竟什么才是真善"①。

值得注意的是，在论及亚里士多德及其追随者的思想观点时，尽管瓦拉在绝大多数情况下都表示反对，且言辞相当犀利，甚至不免刻薄，却不是不分青红皂白地谩骂和全盘否定。瓦拉试图打破的，主要是被中世纪经院派学者阉割、改造过的亚里士多德的辩证法及其在经院派神学体系中占有的不可触碰的权威地位。15世纪的人文主义学者对真理的追求具有相当浓厚的人性化色彩，在他们眼中，任何哲学流派的理论都是具有局限性的，亚里士多德固然伟大，却不是追求真理的唯一典范，更不是绝对正确的权威。在这一点上，瓦拉、维吉乌斯、坎迪多等人表现出的理性和勇气代表了文艺复兴时期的思想精髓：

亚里士多德固然德高望重，却也不是唯一的权威。在我看来，柏拉图也同样威望素著，甚至较前者而言更加一言九鼎。不过你要记得，即使对于权威也不能一味盲从。虽说他们的许

---

① ［意］瓦拉：《论快乐》，李婧敬译，人民出版社2017年版，第241页。

多观点十分明智，然而，但凡是人，便总有犯错的时候。因此，我十分鄙夷那些不经深思熟虑便尽信书本所言的人——尤其是关于德行的问题，它们是各项生活原则的根本。①

相较于前两类哲学家而言，《论快乐》中引述的第三类哲学家赢得了作者更多的赞誉——尽管他们的思想有其局限性，但至少对于自然和人之天性抱有较为乐观的理解，这一点与基督教人文主义伦理观是相符的。关于这一类哲学家，除了伊壁鸠鲁之外，瓦拉还多次提到了柏拉图。

在第一部分，维吉乌斯在谈及人的身体之善（如健康）以及各种感官享受（如听觉享受和味觉享受）时，曾多次引述柏拉图：

人人都希望保持或重获健康，没人愚蠢到要憎恨自己的身体，尽管有人会想象一些关于柏拉图和其他哲学家的虚幻传闻。事实上，柏拉图一派也并非要损害自身的健康，不过是想控制过度的欲望，就好比控制疯长的植物。毫无疑问，对于不珍惜健康的行为，柏拉图也是要斥责的。②

柏拉图曾在他的《国家篇》和《蒂迈欧篇》（*Timaeus*）里将音乐称为 "文明之人的不可或缺之物"。……我从小就努力学习音乐，因为它能带我走入诗歌和演说艺术的大门，也让我的生活美好而快乐。③

以柏拉图为首的哲学家们也争相追捧美酒。柏拉图就在《法律篇》（*De legibus*）的第一卷和第二卷以及《会饮篇》（*Symposium*）中表示，被佳酿温暖的身体和头脑更有智慧，

---

① [意] 瓦拉：《论快乐》，李婧敬译，人民出版社 2017 年版，第 210 页。
② [意] 瓦拉：《论快乐》，李婧敬译，人民出版社 2017 年版，第 54 页。
③ [意] 瓦拉：《论快乐》，李婧敬译，人民出版社 2017 年版，第 65 页。

也更具德行。①

谈及人的欲望，最具代表性、也最容易成为禁忌的便是男女之间的情欲。瓦拉借维吉乌斯探讨这一问题时写下了全书之中最为"伤风败俗"的篇章，甚至对通奸行为表示赞赏，其理论依据恰恰来自柏拉图在《国家篇》中阐述的"公妻制"：

> 假如柏拉图提出的生活模式是合法的，那么美丽的女子就不再属于私人（基本都是君主），而属于国家，属于所有公民。我们也就能够以完全相同的方式来享受她们的爱，同时也让她们享受我们的爱。如此，天下就只存在同一个城市，同一个共和国，同一个婚姻，同一个大家庭了。若果真如此，看有谁还敢斥责我，明知他的姐妹或女儿可以成为我和全体公民的配偶，还要在我与她们享受欢愉的时刻将我捉奸在床？无论是姐妹，还是女儿，都不可能成为只属于某一个人的妻子，所以谁也不能在我与她们（可能还是处女之身）交欢时痛骂我，因为他们也有同等的权利。②

维吉乌斯之所以推崇柏拉图的生活模式，是因为他赞赏该模式体现了对人之天性的遵从：

> 关于柏拉图的观点，我要如何评价？他所遵从的是自然法则。倘若尤利亚法典是我们刻意学习、接受和解读的，那么柏拉图法则是我们依照天性采纳、吸取以及表达的。在尤利亚法面前，我们是被教育的对象；在柏拉图法则面前，我们是被创造的对象。我们被前者管束，却被后者塑造。说到底，前者是制度之法，后者是天性之法，在我看来，许多智者遵从的都是

---

① ［意］瓦拉：《论快乐》，李婧敬译，人民出版社 2017 年版，第 72 页。
② ［意］瓦拉：《论快乐》，李婧敬译，人民出版社 2017 年版，第 84—85 页。

天性之法。①

　　应当清晰地看到，维吉乌斯的可贵之处在于大胆地道出了人类对于欲望（尤其是男女之间的情欲）的普遍追求：在15世纪的欧洲，这种社会风尚已然相当普遍，却无人敢于正视并从理论层面上加以疏导；然而，他对柏拉图所主张的妇女共有制度的认识却是有失偏颇的。在柏拉图那里，"公妻制"所强调的问题，更多的是个人、家庭与国家利益之间的关系，而非婚俗和性道德。换言之，"公妻制"所倡导的是国家对个人的"性生活制度"和"生育制度"的安排，而不是个人的性自由。事实上，在这一问题上，作者瓦拉也并不赞成维吉乌斯的言论，并在《论快乐》的第三部分中通过安东尼乌斯对其进行了批评：

　　　　正是由于不信仰天主，伊壁鸠鲁派才不但不唾弃强暴、通奸、放荡等恶行，还强行将其归入善举的行列。②

　　在《论快乐》第一部分的末尾，维吉乌斯就女性守贞制度展开了一场"辩中之辩"：以一位古罗马妙龄女子的口吻痛斥守贞制度对人性的摧残。维吉乌斯特意指出，这场辩论发生的地点是在"男女云集的柏拉图式元老院里"③，其虚拟色彩不言自明：只有在遵从人之天性的柏拉图式元老院里，女性对于"性爱"的正常欲求才可能得到聆听和重视。

　　在《论快乐》的第二部分，瓦拉对柏拉图的引述主要集中于对义利观的探讨。针对柏拉图讲述的寓言"古格斯的戒指"，维吉乌斯指出，古格斯之所以不应凭借具有魔力的戒指为所欲

---

① ［意］瓦拉：《论快乐》，李婧敬译，人民出版社2017年版，第85—86页。

② ［意］瓦拉：《论快乐》，李婧敬译，人民出版社2017年版，第241页。

③ ［意］瓦拉：《论快乐》，李婧敬译，人民出版社2017年版，第91—92页。

为，并非是出于追求"高尚"之故，而是权衡利弊之举。就此，维吉乌斯将柏拉图的观点进行了演绎：

> 还是让我把柏拉图本想表达却没能表达的本意说出来吧：那戒指不仅会蒙蔽人的双眼，更能蒙蔽人的头脑，使他们看不清明摆的事实，或者说即便看清了也无法憎恨一个如此卑劣的国王。①

在瓦拉看来，人们并不会如斯多葛派所号召的那样，为了追求高尚而放弃作恶，只会为了追求更大、更好、更为持久的利益和快乐而避免利欲熏心、为所欲为。因此，在警醒世人莫要作恶的问题上，瓦拉认为柏拉图的劝说比西塞罗更显高明。

> 后来，柏拉图曾告诫此人的儿子："我希望你记住，在许多诗人的描写之中，暴君的临终遗言往往是'啊，失去了朋友，我完了！'"同样的话，我们也可拿来警醒其他作恶之人，他们罪有应得，正是因为自食其果。②

此外，在这一部分的末尾，瓦拉还论及了柏拉图的"灵魂观"：

> 柏拉图则效仿毕达哥拉斯，甚至将灵魂赐予空中群星，说善者和智者将与它们同在。③

尽管表面看来，这是维吉乌斯站在伊壁鸠鲁派发言人的角度对柏拉图的"灵魂不灭说"的否认，但事实上，瓦拉是通过这种方式在暗中提示柏拉图主义与早期基督教思想体系之间的重要联系，为《论快乐》第三部分的论述埋下了伏笔。

---

① ［意］瓦拉:《论快乐》，李婧敬译，人民出版社 2017 年版，第 163 页。
② ［意］瓦拉:《论快乐》，李婧敬译，人民出版社 2017 年版，第 146 页。
③ ［意］瓦拉:《论快乐》，李婧敬译，人民出版社 2017 年版，第 190 页。

三、《论快乐》中的基督教教父

瓦拉对亚里士多德和斯多葛学派的批判和对柏拉图的褒扬并非仅仅体现于哲学层面。如果说亚里士多德的思想构成了中世纪经院哲学体系中不可动摇的核心，新柏拉图主义则是基督教早期教父思想的重要来源。在《论快乐》的第三部分中，基督教神学家安东尼乌斯的言论体现出一种明显的倾向：回归基督教早期的纯正教父思想，抵制中世纪僵化的经院哲学体系，从而实现基督教伦理观念在人文主义思潮推动下的焕然新生。在这一部分里，最为重要的一位"幕后角色"便是奥古斯丁。事实上，在《论快乐》第一部分的序言中，瓦拉在谈到撰写该作品的价值和意义时曾写道："毫无疑问，这目标艰巨而浩大，我这勇气可谓前无古人"①，这一表述与奥古斯丁在《上帝之城》序言中所说的"伟大且艰巨的工作"②几乎完全相同。尽管瓦拉在整部作品中不曾直接引述奥古斯丁的具体作品，但其文字表述及其背后的宗教伦理观念却在很大程度上受到了奥古斯丁的影响。

在《论快乐》第三部分中，安东尼乌斯在阐述天国里"艰辛的荣耀、没有嫉妒的尊严和没有憎恨及危险的权力"③时表示：

天国的子民将按照各自的尊严地位排出不同的次序，例如普智天使、炽爱天使、德能天使、统权天使等等，各自作为这最为幸福和完美的国度的子民，处于各自的位置。尽管众人都

---

① [意]瓦拉:《论快乐》，李婧敬译，人民出版社2017年版，第4页。

② [古罗马]奥古斯丁:《上帝之城》，王晓朝译，人民出版社2006年版，第2页。

③ [意]瓦拉:《论快乐》，李婧敬译，人民出版社2017年版，第269页。

是自己的国王，也都是天主的儿子，其位置也有先后之分。①

此种"各美其美，美美与共"的情景并非是瓦拉的想象，而是对奥古斯丁的"秩序说"的一种具体化呈现："一切事物的和平在于秩序的稳定，秩序是平等与不平等事物的配置，使每一事物有其恰当的位置。"②

"秩序"这一概念并非仅仅体现于对天国之美的描述。在奥古斯丁的思想体系中，"秩序论"起到了举足轻重的作用。新柏拉图主义认为，宇宙是一个源于"太一"，又归于"太一"的有序、和谐的阶层世界。作为一个信仰基督的柏拉图主义者，奥古斯丁将"上帝"视作"太一"，将上帝创造的世界看作一个由精神、肉体以及最底层的无生命之物组成的，逐级下降的有序的阶层体系。这一秩序是上帝按照永恒的法则创造的，当世界处于和谐的状态时，就意味着宇宙万物服从于永恒法则。人作为世界的一部分，同样属于这个秩序。当人选择顺从这一秩序，便是在维护上帝所创造的善的世界。然而，人是拥有上帝所赐予的自由选择的意志的：当人错误地运用自由意志，选择背离上帝时，便会破坏永恒的秩序，导致恶的产生。由此，奥古斯丁通过人的自由意志对永恒秩序的顺从和违背，一方面阐述了人的天性之善，另一方面也解释了恶行的起源。奥古斯丁强调："就本性而言，即使恶魔自身的本性也不是恶，而是它的本性的倒错使恶魔成为恶的。"③ 在《论快乐》中，瓦

① ［意］瓦拉：《论快乐》，李婧敬译，人民出版社 2017 年版，第 269 页。

② ［古罗马］奥古斯丁：《上帝之城》，王晓朝译，人民出版社 2006 年版，第924 页。

③ ［古罗马］奥古斯丁：《上帝之城》，王晓朝译，人民出版社 2006 年版，第925 页。

拉承袭了这一理论，并以此为依据，对斯多葛派发言人所斥责的自然之恶与人性之恶进行了批判。

关于对属世之乐和天国真福的追求，瓦拉借用了奥古斯丁的两个概念："纯爱"（caritas）和"贪爱"（cupiditas）。奥古斯丁认为，人在永恒秩序中，并不处于善的顶端，人对于善的热爱和追求，恰恰是因为出于对善的缺乏。上帝处于永恒秩序的制高点，因此上帝才是人理应追求的"至善"。只有将上帝作为爱的对象，才是能够带来天国真福的"纯爱"。然而，人常常因为受到被造之物的吸引，忽略了造物主本身，沉沦于一种以被造之物为对象，而不以上帝为对象的"贪爱"。两相比较之下，"纯爱"指向上帝，"贪爱"则针对被造的世界；"贪爱"的对象瞬息万变，"纯爱"的对象则恒久如一。人拥有自由意志选择权，这便使得他既有可能向更高的层次升腾，也有可能向更低的层次坠落。当人选择以上帝为对象的纯爱，他就向上提升；反之，当人为了贪爱而放弃爱上帝的时候，他就将陷落入比自己更低级的被造界。在《论快乐》中，瓦拉先后探讨了"高尚"与"快乐"的关系，以及"属世之乐"与"天国真福"的关系。在这一过程中，瓦拉首先排除了将与信仰无关的"高尚"作为至善的可能，随后探讨了"属世之乐"与"天国真福"之间的关系。与奥古斯丁一样，瓦拉也将永恒的"天国真福"视为至善，将对天国真福的追求视作最为高尚的"纯爱"；关于对"属世之乐"的"贪爱"，瓦拉认为，既然世间万物都是上帝为人类所创造的，人类就应当领受上帝的恩惠，享受万物带来的快乐。当然，这种快乐不是最为完善和持久的，从爱的秩序而言，瓦拉同样主张"纯爱"高于"贪爱"：

人间会磨灭的，在这里不朽；人间会腐朽的，在这里永存。我所提到和不曾提到的所有快乐都将持久存在，而我们也永远不会从满足而变得厌倦，永远不会疲于享受，就好比太阳永远不会因其东升西落、发光发热而懈怠分毫。所以说，尽管神灵的魔杖可以满足我们的一切愿望（这是古人们的说法），尽管我们可以喝下不老琼浆，乐享青春年华，但更为可取的态度还是尽早向天主靠拢，去体验那些更为持久更为伟大的快乐。天主才是那些永恒之乐的源泉。因此，我们用不着害怕放弃属世之乐，而应心怀希望，坚信一切都不会消亡。我们向天主托付的一切，天主都会归还给我们，不仅如此，我们将获得的足有百倍之多，种类更是丰富。①

为了阐明如何做到不因沉沦于"贪爱"而放弃"纯爱"（此种对爱的秩序的违背便是"恶"的源头），奥古斯丁引入了"享用"（fruor）和"使用"（utor）这两个概念："有些事物应当为我们所享用，另一些事物应当为我们所使用。给我们享用的事物使我们幸福，而那些给我们使用的事物帮助我们追求幸福……享用一事物是满足于该事物本身，而使用一事物则是用所能支配的手段来获得渴求的对象。"② 在奥古斯丁那里，二者之间是目的与手段的关系：享用的对象只能是上帝，除此之外，其他事物都只是被人"使用"的对象。人原本应当恰当地使用世间的被造物来达到我们接近上帝的目的，却常常误将本应使用的对象当成享用的对象。在这种情况下，爱的行为就变成了"贪爱"，即失序的爱。因此，正确遵循"享用"和"使用"的

---

① ［意］瓦拉：《论快乐》，李婧敬译，人民出版社 2017 年版，第 275 页。

② S. T. Augustine, *On Christian Doctrine*, translated by Shaw J. F., Mineola: Dover Publications Inc, 2009, p. 705.

原则,即遵循爱的秩序,才是追寻至善的正确方式。在《论快乐》中,瓦拉模仿奥古斯丁对"使用"和"享用"的辨析,展开了对"快乐"和"真福"的探讨。在瓦拉那里,二者之间的关系并非同时呈于眼前的鱼和熊掌,不可兼得,而是在不同的生命阶段逐渐感受的不同程度的善。瓦拉特别强调:永恒"真福"的获得并不是以放弃属世"快乐"为条件的,相反,对"属世快乐"的体验成为了理解并赞赏"天国真福"的手段和前提。从这个意义上来看,维吉乌斯所倡导的"快乐"("利益")与安东尼乌斯所说的"真福"就不再彼此对立,而是相互融合了:

> 我们越是被眼前的美好所吸引,就越要坚定对天国之乐的信仰。我们要从眼前的美好感受天主的智慧、能量以及他对我们的关爱。尽管眼前的快乐看似难以超越,也要坚信天主的许诺将是千倍之美好,我们要从现有的快乐看到将来的快乐。①

对于"享用"与"使用"的区分还有另外一层重要意义:正确处理爱上帝、爱自己与爱邻人的关系。

奥古斯丁认为,既然人享用的真正对象只能是作为"至善"的永恒的上帝,那么"任何人都不应该为了自己而爱自己,而应当为了他(上帝)而爱自己,因为他才是享用的真正对象"②。基于此,无论我们爱自己,还是爱邻人,其目的都是为了享用上帝。如此,在爱的秩序中,爱上帝,爱邻人,爱自己才能各得其所——这便是诫命"爱人如己"的含义所在。奥古斯丁从来不否定人必须爱自己。在奥古斯丁看来,该诫命中已经包含了爱自

---

① [意]瓦拉:《论快乐》,李婧敬译,人民出版社 2017 年版,第 275 页。

② S. T. Augustine, *On Christian Doctrine*, translated by Shaw J. F., Mineola: Dover Publications Inc, 2009, p. 709.

己。自爱是人的自然本性，不仅无可厚非，而且理应如此。"要爱上帝，并且学会爱你们自己；当你们爱上帝的时候，就已经爱了你们自己，这样你们就能实在地爱人如己。因为我若发现一个人不爱他自己，我怎么把他当像爱自己那样来爱的邻人交给他呢？"[1] 奥古斯丁强调，自爱本身是中性的，关键在于是否出于爱上帝而爱自己。当自爱是以爱上帝为基础，它就是正确的自爱；当自爱背离了上帝，便成了错误的自爱。由于上帝是人的至善，人越是爱上帝，便越是爱自己。正是在这个意义上，基督教教义倡导："若有人要跟从我，就当舍己。"[2] "舍己"并不意味着完全放弃自身的利益，而是以爱上帝作为爱自己的大前提。

关于爱他人，奥古斯丁秉承了同样的原则，严格区分"使用"和"享用"。既然上帝命令人彼此相爱。我们究竟应出于什么目的去爱他人呢？是为了他自身，还是出于什么别的缘故？如果是为了爱他而爱他，就是在享用他；如果是为别的缘故，则是在使用他。奥古斯丁说："在我看来，他被爱是为了别的缘故。"[3] 这就表明，当我们爱他人时，是在"使用"他们，最终目的是为了能够享用上帝。表面看来，这种观念似乎是在利用邻人——邻人完全成了一种手段。但在上帝的诫命中，人要爱三个对象——上帝、自己和邻人。"爱上帝的人爱自己并不是错误。由此可以推论，他会努力使他的邻人也爱上帝，因

---

[1]　P. Schaff, H. Wace, "Sermons on the New Testament", in *Select Library of the Nicene and Post-Nicene Fathers of the Christian Church*, Princeton: Christian literature company, 1904, Vol.4, pp. 394-395.

[2]　《路加福音》，载《圣经》（天主教思高版），9：23。

[3]　S. T. Augustine, *On Christian Doctrine*, translated by Shaw J. F., Mineola: Dover Publications Inc, 2009, p. 709.

为他得到的诫命是爱人如己。"①奥古斯丁认为，所谓爱他人，仅仅不给他人造成伤害，这是不够的，更为重要的，是把他人也引向上帝，使他也爱上帝。

在《论快乐》中，安东尼乌斯论述"个体利益"与"群体利益"的关系时，表达了与奥古斯丁同样的观点：个体应出于对至善的追求努力实现自身利益，同时也应为了相同的目的而帮助他人实现其利益，如此，每一个个体利益的实现就成为了群体利益得以实现的保障。

除了奥古斯丁，瓦拉还提及了拉克坦西，尽管不曾直接引述，却在第一部分的引言里肯定了此人在基督教早期发展过程中发挥的重要作用：

关于信仰，我在此暂不赘言：拉克坦西和奥古斯丁已就此发表过鸿篇大论，前者批驳伪宗教，后者夯实真信仰。②

事实上，《论快乐》第二版（及最终版）文稿的标题《论真善与伪善》与拉克坦西的《神圣原理》第三章和第四章的标题：《论伪智慧》（De falsa sapientia）和《论真智慧与宗教》（De vera sapientia et religione）有着异曲同工之妙。可以认为，在以演说和辩论的方式驳斥异教哲学的问题上，瓦拉与拉克坦西和奥古斯丁等早期教父是殊途同归的。

此外，在《论快乐》的第三部分中，安东尼乌斯在对加图和维吉乌斯的发言进行评价时，多次引用了《圣经》中的保禄之言。从形式上看，这或许是对《新约·宗徒大事录》（Actus apostolorum）中保禄在雅典与伊壁鸠鲁派和斯多葛派的哲人

---

① ［古罗马］奥古斯丁：《上帝之城》，王晓朝译，人民出版社2006年版，第927页。
② ［意］瓦拉：《论快乐》，李婧敬译，人民出版社2017年版，第3页。

争论的情节的某种呼应。① 就内容而言，安东尼乌斯之所以引用保禄之言，是为了阐明斯多葛派及亚里士多德学派所主张的"高尚"与基督教伦理系统中的"德行"之间的根本区别：前者是不以任何奖赏为目的的空洞口号，而后者则是企及至善的坦途；前者是蛊惑人与自然和天性对抗的伪善，后者是引领人真切体验人生，并最终企及真福的真信仰。

综上所述，《论快乐》所呈现的并不是作者瓦拉的一家之言，而是一场人文主义学者与古代文明的对话。出现于台前的发言人（大多是作者的前辈、师长、友人）从形式上"表演"了一场颇具戏剧色彩的辩论，隐身于幕后的那些被引述的古代作家则从实质内容层面上吐露了作者本人的心声。在这部作品中，瓦拉对于古代文明的回归是显而易见的——几乎所有的引文全部来自古代的哲学家、演说学家、诗人、基督教早期教父。然而，这种回归并不等于倒退，其目的亦不在于单纯的"复制"，而在于让古人的智慧照亮新的时代，开启新的文明。

---

① R. Fubini, *Note su Lorenzo Valla e la composizione del De Voluptate*, in Istituto di filologia classica e medievale, *I classici nel Medioevo e nell' Umanesimo*, Genova: Darficlet, 1975, p. 31.

第九章 《论快乐》与古典修辞学

　　就题材而言，对于"快乐"和"真善"的探求并不是瓦拉的原创。然而，该作品首次主动、明确、公开地将"快乐"的重要性提到了引领人类个体和人类社会走向"至善"的高度，将对快乐的追求和对上帝的信仰合二为一，这在瓦拉所处的历史时期，不可不谓石破天惊之举。在撰写《论快乐》的过程中，初出茅庐的瓦拉清晰地意识到该作品所表达的伦理观念很有可能引发学界的热议，甚至招致非议。为了令自身的思想体系得以充分、完整、清晰地体现，瓦拉不仅选择了辩论体的体裁，还通过大量修辞学手法、语文学研究和逻辑学推理夯实其观点，角度多元、笔触灵动，以朴素、简约、生动的文字深入浅出地进行了卓有成效的论述，巧妙地避免了同类文体通常难以规避的枯燥、冗长和故弄玄虚。

　　在中世纪，辩证法在经院哲学体系中一度占据核心地位。文艺复兴时期，作为古典文明精髓的修辞学再度获得学界的重视，成为人文主义研究的重要工具。瓦拉认为，人文主义学者的目标不仅在于对真理的探索和追寻，更在于阐述、辨析和传播真理。因此，在瓦拉那里，修辞学起着辩证法无法替代的重要作用。恰如《论快乐》中的布里皮乌斯所言：

　　倘若我们仔细回顾历史，就会发现，在所有时期，演说家口中谈论的都是最为高尚、关乎人类文明的核心论题。那时候，哲学家们还在角落里窃窃私语呢。①

1428 年，瓦拉发表了处女作《论西塞罗与昆体良之比较》，这是一部专门探讨修辞学的小册子，其中对两位古典演说大师在修辞学领域的研究进行了对比。如今，我们已无法知晓该作品的具体内容，却可以隐约推断出瓦拉对修辞学的兴趣和重视。纵观瓦拉流传至今的作品，尽管不曾发现任何其他关于修辞学的专著，却可以在他的所有作品中感受到作者对修辞学技巧的娴熟应用——在这一点上，《论快乐》是十分典型的例子。就作品形式而言，首先，辩论体的选择本身就是出于修辞学上对论述效果的考虑；其次，辩论中的相当一部分对话人物均为擅长修辞学的学者、诗人、律师等；最后，作品中的大量引文亦出自古代演说家、诗人、剧作家等精通修辞学的文人，其中包括保禄、奥古斯丁、拉克坦西等基督教早期教父，他们都以深谙修辞学而闻名。例如，拉克坦西的《神圣原理》之所以在 15 世纪的人文主义思想家中格外盛行，就是因为他能够将基督教教义与演说学技巧完美结合，被誉为"基督徒中的西塞罗"。②

如果说作品形式上的诸多选择体现了瓦拉对修辞学的崇尚，《论快乐》的内容构架和论述层次则直接体现了瓦拉对修辞学的应用：瓦拉的意图并不是单纯从伦理学角度阐明"快乐"和"真善"之间的关系，更多的是通过修辞学的手法使读者认同、接受、赞赏作者的观点。

---

① ［意］瓦拉：《论快乐》，李婧敬译，人民出版社 2017 年版，第 38 页。
② P. Byrne, " 'Cast out into the hellish night': Pagan Virtue and Pagan Poetics in Lorenzo Valla's De Voluptate", in *Ex Historia*, 2013, Vol. 5, p. 51.

第一节 《论快乐》的内容架构和论证层次

与传统的辩论体作品不同，瓦拉在《论快乐》中描述的不仅仅是辩论的内容，而是一场有始有终的辩论过程，包括邀约、问候、介绍、正式辩论、中场休息、晚餐、继续辩论、总结陈词、道别送行等一系列环节，其情节设置十分具有戏剧色彩。倘若将这场辩论视为一场戏剧演出，那么作者瓦拉则在明处和暗处分别承担了两个不同的角色：明处的角色是辩论中的一位旁观听众，暗处的角色则是整部戏剧的导演。作为旁听观众，瓦拉在整个辩论过程中几乎完全保持沉默，仅在作品的第一部分中针对维吉乌斯的发言进行了简要的评价；作为导演，瓦拉在每一部分的开头都添加有一段详细的序言，从修辞学角度详细向读者交代论述的意图、层次、顺序和重点，甚至对辩论过程中的某些特殊情节的设置加以解释。通过这种方式，瓦拉灵活地穿梭于辩论的内外，时而作为导演为整场辩论排兵布阵，时而又作为其中的某一位角色参与讨论，也只有如此，瓦拉才能以修辞学为纽带，将原本分立的两方面传统——神圣的宗教和属世的哲学——结合起来。[①]

就论述策略而言，《论快乐》的辩论体形式表明作者并不打算单方面赞扬 "快乐" 的价值，而是试图通过 "高尚" 之善与 "快乐" 之善的对比，使前者暴露其空洞，使后者彰显其光芒，从而达到其去伪存真的目的。从这个意义来看，该作品的

---

① R. Fubini, *"Note su Lorenzo Valla e la composizione del De Voluptate", in Istituto di filologia classica e medievale, I classici nel Medioevo e nell' Umanesimo*, Genova: Darficlet, 1975, p. 29.

最终版手稿的标题《论真善与伪善》更为明确地体现了作者
的论述意图：辨识真善与伪善的区别，驳斥伪道德，夯实真信
仰。也恰恰是在这一点上，《论快乐》体现出与西塞罗的辩论
体作品的根本区别：在《论至善与至恶》中，作者西塞罗并未
明确道出自身的观点倾向，只是将各种主流观点一一陈述，而
后交由读者各自解读、判断；但在《论快乐》的辩论中，瓦拉
虽极少发言，却通过辩论前的序言和辩论中的大量引述间接却
又明确地表达了自身的观点。

　　我不仅要搬出为人所不齿的伊壁鸠鲁派，去对抗那些言必
称"高尚"的斯多葛主义者，还要无畏揭露那些卫道士的真面
孔：他们所追寻的完全不是"德行"，而是"德行的影子"；不
是"高尚"，而是"虚荣"；不是"责任"，而是"恶行"；不是"智
慧"，而是"妄想"。这些人纵然没有沉溺于享乐，却还不如去
追求快乐。①

　　对于瓦拉打算"搬出伊壁鸠鲁派去对抗斯多葛主义者"的
策略，我们可以从以下两个方面进行解读：其一，伊壁鸠鲁派
哲学思想虽然为许多人所不齿，但在瓦拉看来，却远比言必称
"高尚"的斯多葛派思想来得坦诚，因而具有更大的合理性；
其二，瓦拉之所以要搬出伊壁鸠鲁派伦理价值观，其目的主要
在于驳斥斯多葛派的禁欲主义思想，而非以它作为整部作品的
最终落脚点。

　　关于具体的论述策略，瓦拉也在第一部分的序言中进行了
交代：

　　尽管本书的三部分内容均以反斯多葛主义为目的，却各有

_____
① ［意］瓦拉：《论快乐》，李婧敬译，人民出版社2017年版，第6—7页。

侧重:第一部分重在表明"快乐是唯一的善";第二部分重在强调斯多葛派主张的"高尚"根本不是善;第三部分的主题则为"如何区分真善与伪善"。①

基于作者的意图,可以对《论快乐》三个部分的内容架构和论证层次进行整体解读。

一、立论

在作品的第一部分,瓦拉首先安排斯多葛派发言人从斥责自然之恶和人性之恶出发,将"高尚"视作区别于芸芸众生的极少数智者用以对抗自然和人性的武器,进而表明高尚的可贵,并以这种稀缺性为根据,将常人难以企及(准确地说,是几乎无人得以企及)的"高尚"定义为至高无上的善。

随后,作者安排伊壁鸠鲁派发言人出场,进行针锋相对的反驳,不仅赞扬自然之善和人性之善,更将追求"快乐"视为尊重自然、舒展人之天性的宗旨,从而将"快乐"定义为至高无上的善。

在正式阐述何谓"真善"之前,瓦拉首先设定了关于"善"的两种相互对立的解读,并有意将这两种观点放大,推至两个极端,并表明二者之间没有任何相容之处:

这两种"目的"不可兼得,因为同一个目的不可能产生两种相悖的效果,如"健康"与"疾病"、"潮湿"与"干旱"、"轻盈"与"沉重"、"光明"与"黑暗"、"和平"与"战争"等。②

---

① [意]瓦拉:《论快乐》,李婧敬译,人民出版社2017年版,第6页。
② [意]瓦拉:《论快乐》,李婧敬译,人民出版社2017年版,第49页。

因此，在这一部分的辩论中，斯多葛派对自然有多么不满，伊壁鸠鲁派对自然就有多么褒扬；斯多葛派如何唾弃自然赐予人的天性，伊壁鸠鲁派就对此进行加倍的赞赏；斯多葛派越是痛斥常人因沉沦于"快乐"（尤其是感官快乐），忘却了对"高尚"的追求，伊壁鸠鲁派便越是津津乐道于林林总总的"快乐"，对"高尚"之说嗤之以鼻。在这一部分，导演瓦拉安排前两位主要发言人上演了一场"针尖对麦芒"式的较量，将关于"善"的两种最为著名的哲学理论进行了淋漓尽致的陈述。由于这一部分的核心目的并不在于阐述"真善"何在，而在于描画"伪善"的面貌，瓦拉的遣词造句犀利尖刻，论述内容也放荡不羁。对此，他特意在序言中加以解释："第一部分纯属消遣，甚至具有渎神的色彩。"[①]

尽管瓦拉并不打算在这一部分中对二者的言论给予明确的评价，但其倾向性却是明显的，不但以布里皮乌斯、约翰内斯·马尔库斯等听众的发言旁敲侧击，更是以演员瓦拉的身份对伊壁鸠鲁派发言人的观点公开表示鼓励。很显然，斯多葛派吹捧的"高尚"，正是瓦拉需要驳斥的"伪善"。

二、驳论

瓦拉的驳斥分三个步骤进行：首先指出将"高尚"奉为至善的前提并不存在，进而分析所谓"高尚之举"的真正目的并非为了追求"高尚"，最后揭示为何要远离"高尚"这种"伪善"的原因。其中，前两个步骤都是借伊壁鸠鲁派发言人之口分别

---

① ［意］瓦拉：《论快乐》，李婧敬译，人民出版社 2017 年版，第 6 页。

在《论快乐》的第一和第二部分完成的。

在第一部分里,伊壁鸠鲁派发言人通过论述自然之善和人性之善,破除了"高尚乃至善"的论调的存在前提——通过追求"高尚"避免沉沦于人性之恶,从而清晰地表明那些对抗自然和对抗人性的、貌似高尚的行为并不能将人们引向"真善",而是毫无意义的"伪善"。导演瓦拉并非不知晓,早在古罗马时期,斯多葛派伦理观就是最主流的伦理思想之一。在人文主义时期,赞同斯多葛派伦理观的学者亦为数不少。作为一部驳斥斯多葛派伦理观的作品,《论快乐》势必要承受相当大的压力:

> 毫无疑问,这目标艰巨而浩大,我这勇气可谓前无古人;我的确不曾听闻有哪位作家敢于指出备受颂扬的雅典人、罗马人和其他古代民族不仅没有按照德行行事,甚至根本不理解什么叫做德行——即使是所谓德高望重的古代圣贤亦不例外。①

瓦拉的确勇气可嘉,然而,若要对"高尚乃至善"的观点进行透彻地批驳,仅凭针尖对麦芒式的"唱反调"是远远不够的。在作品的第二部分,瓦拉不再安排斯多葛派发言人进行长篇论述——既然"高尚"已被视作"伪善",便无须进一步详述——将发言权完全交给了伊壁鸠鲁派发言人,以抽丝剥茧的方式阐明所谓"高尚之举"的真正目的并非为了追求"高尚"。如何才能证明斯多葛派所崇尚的贤人义举并非是按照"德行"和"正义"行事呢?在第二部分中,瓦拉凸显了修辞学的价值,他以导演的身份在这一部分的序言里对伊壁鸠鲁派发言人的论

---

① [意]瓦拉:《论快乐》,李婧敬译,人民出版社2017年版,第4页。

述策略进行了说明，先后强调了内容之充实、言语之精练、层次之清晰、顺序之合理、举例之典型的重要性。① 随后，伊壁鸠鲁派发言人通过三个阶段的论述，完成了对"高尚"和"快乐"之间关系的重构。在第一阶段，鉴于斯多葛派的德行伦理学格外重视典范的榜样效应，伊壁鸠鲁派发言人针对其先前列举的贤人义举逐一展开了剖析：惨烈自刎的烈女卢克蕾提亚、自断右臂的勇士穆修斯、血洒疆场的德西乌斯父子、宁死不屈的军事家雷古鲁斯，以及科德鲁斯、墨诺扣斯、苏格拉底、萨贡托英雄等追求的并非"不以任何奖赏为目的"的"高尚"，而是"名誉"和"利益"。这两种价值是否值得追求？伊壁鸠鲁派发言人指出，既然"名誉"和"利益"都能够带来"快乐"，那么追名逐利自然无可厚非。法律维护的对象，也不外乎是"利益"（而非"高尚"）。他同时强调，无论是对于名、利还是其他快乐的追求，都务必遵循"两利相权取其重"的原则。如此，伊壁鸠鲁派发言人令"名誉"和"利益"走出了"高尚"的阴影，光明正大地现身于"快乐"的阳光之下。在第二阶段，伊壁鸠鲁派发言人就亚里士多德所说的"沉思"进行探讨，驳斥了将精神愉悦与肉体快乐分而论之、厚此薄彼的观点，将精神享受也囊括至"快乐"的名下。行文至此，伊壁鸠鲁派发言人不但彻底清空了"高尚"的内涵，还将斯多葛派和亚里士多德学派原本用以压抑快乐的种种价值统统归于"快乐"。基于此，伊壁鸠鲁派发言人在第三阶段就"高尚"与"快乐"之间的关系进行了全新的阐释："高尚"并非全然没有价值，但是与"快乐"相比，它只是手段，"快乐"才是目的，是至高无上的善。

---

① ［意］瓦拉：《论快乐》，李婧敬译，人民出版社 2017 年版，第 103—105 页。

三、综论

随着第二部分的结束，瓦拉借伊壁鸠鲁派发言人之口初步完成了关于"人生至善"的辨伪。至于为何要远离"高尚"这种"伪善"，以及如何才能企及"真善"，是由第三部分的基督教神学家来论述的。事实上，尽管瓦拉给伊壁鸠鲁派的发言分配了大量篇幅，其落脚点却并不完全在此。如果说在作品的前两个部分中，作者就"高尚"与"快乐"进行了哲学层面上的对比，以伊壁鸠鲁派思想驳斥斯多葛派的伦理观，那么在第三部分，瓦拉的重点则转变为以基督教教义进行论证，以"信德之盾"和"圣言之剑"击溃"伪善"，并表明如何才能凭借真正的德行，企及"真善"。[1]

在第三部分的序言里，瓦拉再度强调该部分论述的重要性与艰巨性：

我们已经到达全书的高潮部分，正如昆体良所说：好比船行至深海，陆地遥不可见，惟余海天茫茫。面对一望无尽的海面，不仅心中忐忑，就连双眼也感到惶恐。事实上，在前两部书中，我仿佛一个涉水未深、无所畏惧的水手，凭着初生牛犊不怕虎的勇猛挑战并克服种种困难，并强行要求诸位的认同。此刻，我又该如何继续呢？[2]

基于上述针对第三部分重要性的定位，瓦拉交代了这一部分的论述策略：前两个部分的幽默生动、言辞犀利不再适宜，取而代之的将是庄重稳妥、安详恭敬、谨小慎微；此外，瓦拉

---

[1] M. Fois, *Il pensiero cristiano di Lorenzo Valla nel quadro storico-culturale del suo ambiente*, Roma: Libreria editrice dell'Università Gregoriana, 1969, p. 130.

[2] ［意］瓦拉：《论快乐》，李婧敬译，人民出版社 2017 年版，第 203 页。

还强调该部分的阐述者应具备对于神圣知识的深厚学养、正派的为人和端庄的言行。①

在这一部分中，瓦拉首先借基督教神学家之口对斯多葛派和伊壁鸠鲁派的伦理观分别做出评价。

针对斯多葛的"高尚乃至善"的观点，基督教神学家分别从伦理学、逻辑学和宗教信仰的角度批驳其谬误：从伦理学角度而言，斯多葛派错在过于盲从亚里士多德关于德行的"中道"之说，误认为恶行多于德行，并以此为由敌视自然及其赋予人类的天性；从逻辑学角度而言，斯多葛派误将"善"理解为"行为"，而非"品质"，才会将本应作为手段的"高尚"视作人生的最高目标；就宗教信仰而言，斯多葛派过度依赖哲学伦理，无视对上帝的"信""望""爱"，才会将属世的"高尚"视作"真善"。基于上述分析，基督教神学家指出，斯多葛派所谓的伦理智慧，点燃的乃是"伪善"之火，它燃烧得越是旺盛，"就越容易损耗身心，如一场大火般令其化为灰烬"②。

针对伊壁鸠鲁派的"快乐至上论"，基督教神学家在基本认同的基础上对"快乐"的类型进行了划分：属世快乐和天国真福，并对伊壁鸠鲁派的唯物主义思想提出了批驳，指出他们正是出于对"来世"的质疑，才会止步于属世快乐，无法企及真正的至高无上的"善"。

综上所述，在基督教神学家那里，斯多葛派主张的"高尚"是彻头彻尾的"伪善"，而伊壁鸠鲁派所主张的"属世快乐"的确属于"善"，但却算不上高贵、完美、永恒的"至善"。因

① ［意］瓦拉：《论快乐》，李婧敬译，人民出版社 2017 年版，第 203 页。
② ［意］瓦拉：《论快乐》，李婧敬译，人民出版社 2017 年版，第 234 页。

为真正的至善，必须以对上帝的信仰为前提，也只有服务于信仰的德行，才是真正的德行。

基于此，基督教神学家在第三部分的后半段着重阐述了何谓真正的"德行"和真正的"善"。在该过程中，基督教神学家暗中采用了奥古斯丁的"秩序说"，表明天国之乐高于属世之乐，对"享用"之物的追求高于对"使用"之物的追求。从而将至高无上的善定位于"快乐"的顶点——"天国真福"。

如此，三位发言人在导演瓦拉的安排下通过立论、驳论和综论三个步骤，完成了对"伪善"的驳斥和对"真善"的阐释。如果说三位发言人分别是以哲学家和基督教神学家的身份表达了自身观点，导演瓦拉则是凭借修辞学的论述策略将这两种层面的伦理观进行了结合，表达了一种富于人文主义色彩的基督教伦理观。

第二节 《论快乐》的语言风格和文学色彩

在《论快乐》第三部分的序言中，瓦拉谈到了行文"风格"的重要性：

我们要格外重视演说的风格，务必要与演说的内容相得益彰。若是以仓促之词论及严肃之事，以卑贱之态论及伟大之事，以轻佻之风论及神圣之事，恐怕没有比这更不相匹配的了！①

的确，在辩论和演说过程中，恰如其分地遣词造句、引经

---

① ［意］瓦拉：《论快乐》，李婧敬译，人民出版社2017年版，第204页。

据典是不可忽视的关键元素。从这一角度而言，《论快乐》作
为一部辩论体伦理学作品，亦体现出作者瓦拉在修辞学领域的
思考。

一、论理部分：深入浅出、清晰简明

与传统的伦理学作品不同，深入浅出、清晰简明的语言风
格构成了《论快乐》的一大特色。作为昆体良和（演说家）西
塞罗的崇拜者，瓦拉试图尝试以一种全新的方式来阐述哲学伦
理：摆脱斯多葛派哲学的不苟言笑和经院哲学的故弄玄虚，凭
借生动的比喻（例如将自己比作医生，将不明"真善"和"伪
善"区别的人比作病患[1]）、平实的词汇和富有生活气息的论
理风格阐明自身观点。换言之，在瓦拉那里，对于"真善"的
探讨和追寻不再是只属于少数"智者"的高深莫测的理论，而
是一种经世致用的实用伦理。

在伊壁鸠鲁派发言人和基督教神学家的发言部分，上述特
点显得尤为突出。对此，我们不应认为瓦拉的论述过于肤浅，
缺乏逻辑推理，从而质疑瓦拉的论证能力。事实上，瓦拉把纯
逻辑学论述留给了另一部作品——《辩证法与哲学的再专研》。
在那部作品中，瓦拉从根本上驳斥了亚里士多德的逻辑体系，
环环相扣，体现出缜密的逻辑思维。[2] 在《论快乐》里，导演
瓦拉为伊壁鸠鲁派发言人和基督教神学家所选取的语言风格本
身就构成了对斯多葛派发言人的一种形式上的反抗——不仅反

---

[1]　［意］瓦拉：《论快乐》，李婧敬译，人民出版社 2017 年版，第 3 页。

[2]　F. Gaeta, *Lorenzo Valla: filologia e storia nell'umanesimo italiano*, Napoli: Isti-
tuto italiano per gli studi storici, 1955, p. 25.

抗其内容上的空洞虚伪，同时反抗其形式上的故作高深：

> 我们仍须谨记，许多时候，越是重要的技巧，其难度也越大，甚至越具风险。不少人羡慕名家的洋洋洒洒，进而纷纷效仿，却落入拙劣怪异、废话连篇的境地。究其原因，有人是连篇累牍，有人是举例泛滥，有人是罗唆累赘，有人是东一榔头西一棒槌，仿佛哪颗葡萄落下就捡起哪颗，丝毫不考虑说出的话是否毫无用处，甚至有害无益。这般枯燥冗长、模棱两可的演说不仅难入人心，还会折磨听众的耳朵，令其厌烦。[①]

可以认为，瓦拉在《论快乐》中的语言风格选择并非因为他无法驾驭逻辑学推理（在第三部分，基督教神学家针对波爱修斯的逻辑学漏洞展开了一段相当精彩的辩驳），而是为了展示一种有别于经院派神学家的人文主义情怀：使用常人的语言，探讨常人的言行，为常人的实际生活提供实用的伦理学引导——这恰恰是 15 世纪意大利新兴资产阶级所亟须的精神食粮。

一个世纪后，瓦拉的作品流传至欧洲北部地区，其研究成果和行文风格得到包括马丁·路德（Martin Luther，1483—1546）[②] 在内的一系列宗教改革家的称许：

> 他在虔诚的信仰与文字研究中同时找寻“简单”这一品质，伊拉斯谟却只在文字研究中寻找它，并且嘲笑前者所谓的“虔诚”。[③]

---

① ［意］瓦拉：《论快乐》，李婧敬译，人民出版社 2017 年版，第 103 页。

② 马丁·路德是 16 世纪德意志基督教神学家，德意志宗教改革的主要发起人之一，路德宗的开创者。

③ M. J. Wright, *Martin Luther's Understanding of God's Two Kingdoms*, Ada: Baker Academic, 2010: 97.

关于路德所说的"简单""虔诚",可以从品行和素养两方面来理解:一方面,路德赞扬瓦拉单纯的品性和虔诚的信仰;另一方面,路德亦欣赏瓦拉在写作中所表现出的平实、简明、朴素的文风。在路德看来,瓦拉的语言风格浅显易懂,却有着强大的表现力和说服力,与前一时期的经院派推理相比,恰如一缕清新之风令人心旷神怡。

二、对话部分:嬉笑怒骂、言辞犀利

如前文所述,《论快乐》呈现了一场有始有终的完整辩论,其情节设置体现出明显的戏剧性,因而,该作品在描述对话人物之间交流互动的部分亦展现出一定的文学色彩。尤其是在作品的第一部分,斯多葛派发言人和伊壁鸠鲁派发言人在交锋过程中言辞犀利、嬉笑怒骂、放荡不羁,营造出相当明显的戏剧台词效果。例如,当斯多葛派发言人结束发言,伊壁鸠鲁派就迫不及待地针对前者展开了不留情面的驳斥:

你认为人性本恶,同时又担心不能对普通大众的生活方式毫无顾忌地横加指责,所以只好将无知大众所体现的人性弱点归咎于自然之罪。这针对人性和自然的双重责难,我看你还是省省吧:你若想获得民众的爱戴,就不要指责众人的生活可悲,以免激起他们的憎恨。①

噢,加图,回到你先前提出的论题,我实难接受你们斯多葛派这副痛苦不堪的嘴脸。在你们眼里,一切都是卑鄙邪恶的。倘若真是如此,当你们飘飘然地飞向天空时,那双并非天

① 〔意〕瓦拉:《论快乐》,李婧敬译,人民出版社2017年版,第33页。

生而是蜡糊的翅膀必然土崩瓦解，而你们，也会像昏聩的伊卡洛斯（Icarus）① 一般，彻底坠入大海。你们装腔作势、费尽心思地将（连你们自己也找不到任何真实存在的例证的）所谓智者描绘成唯一的"幸福的""友好的""善良的""自由的"人。若只是如此，便也罢了。你们居然还把算不上智者的人归为"昏聩者""狡诈者""丧家犬""敌人""叛徒"，以至于所有人都属于此类。毫无疑问，从古至今，还没有谁能算得上智者。为了不让任何人从"愚民"成为"智者"，你们就一口咬定"恶行"多于"德行"，并且罗列出无数细小的罪过，简直比医生了解的疾病种类还要繁多。纵然身体遭受某种疾病的侵袭，我们尚不能说它完全丧失健康；可某人只要犯下一点点小错，你们就要说他不配成为智者，甚至还要让他背上各种卑鄙无耻的恶名。我的老天爷，这太匪夷所思了！②

同样，针对伊壁鸠鲁派发言人的批判，斯多葛派发言人亦毫不客气地反唇相讥，甚至连以旁听者身份出席的作者也未能放过：

老话说得好，"老鼠的尾巴藏不住"。劳伦修斯先生一开口就如此彻底地暴露了自己的秘密，乃至心灵的肮脏。看来你俩是一个鼻孔出气，相互之间颇为欣赏，不仅年龄相仿，同爱作诗，就连行为也同样堕落。假如他无法证明其观点，你打算怎么办呢？你以为你能掩盖刚才承认的（甚至是引以为豪的）罪过吗？还是对刚才说过的话矢口否认？要么辩解为一时失言？为了让你明白说话如此嚣张带来的后果，我要告诉你，他根本

---

① 伊卡洛斯是古希腊神话人物之一。在与父亲代达罗斯使用蜡造的翼逃离克里特岛时，伊卡洛斯因飞得太高，双翼被太阳熔化，最终落水丧生。

② ［意］瓦拉：《论快乐》，李婧敬译，人民出版社 2017 年版，第 39 页。

没法为他的享乐主义自圆其说，而你的邪恶也会彻底暴露在众人面前。①

　　类似的语料不胜枚举，瓦拉之所以给作品中的对话人物安排如此"火药味十足"的对白，除了是要给作品增添更浓郁的戏剧色彩，更是希望在嬉笑怒骂之间阐明道理。对此，瓦拉在第一部分的序言里进行了说明：

　　有什么比枯燥沉重的论调与"快乐"这一主题更不相称？又有什么比板着一幅斯多葛派的面孔去论述伊壁鸠鲁派的思想更为可笑？所以说，我要用轻松调侃来代替惯常的犀利严肃。演说家的魅力就是在谈笑之间阐明道理。②

　　事实上，这样一种颇具"战斗色彩"的语言风格不仅体现于《论快乐》，也体现于《〈君士坦丁赠礼〉辨伪》《辩证法与哲学的再专研》等作品中。这与瓦拉本人的性情不无关系。自从因进入教廷供职的"壮志"未酬离开罗马之后，瓦拉的人生就进入了连续不断的战斗状态，诚如他本人所说："我生性好战，乃旁人不能及。"③关于这一点，瓦拉的反对者巴托洛梅奥·法齐奥也曾写道："趾高气扬，自恃高明，眉飞色舞。"④尽管法齐奥的描述并非出于善意，但其描述的内容并不夸张。从某种意义上说，《论快乐》中伊壁鸠鲁派发言人的状态正是对生活中的瓦拉的真实写照。

---

① ［意］瓦拉：《论快乐》，李婧敬译，人民出版社2017年版，第52—53页。
② ［意］瓦拉：《论快乐》，李婧敬译，人民出版社2017年版，第6页。
③ L. Valla, "Antidota in Poggium", *Laurentius Valla: Opera Omnia*, Vol.I. Basilea: Henric Petri, 1543: 273.
④ R. Valentini, "Le invettive contro Lorenzo Valla", *Rendiconti della Reale Accademia dei Lincei, Classe scienze morali, storiche, filosofiche*. 1906（Vol. 15）：526.

　　除了性格因素，时代背景也对瓦拉的语言风格产生了重要的影响。瓦拉所处的是一个新旧交替的年代，原有的价值体系正在瓦解，新的思想观念正在形成。在这样一个充满不确定的时刻，生性敏感的瓦拉自然会以战斗者的姿态，为确立自己的思想体系进行极为广泛而深刻的探寻。

　　通过从修辞学的视角对《论快乐》的论述手法和语言风格进行分析，可以探察瓦拉对哲学、修辞学和基督教教义这三者之间关系的看法。杰罗德·西格尔（Jerrold E. Seigel，1936—　　）[1] 指出："很多学者一直尝试厘清瓦拉究竟是一个伊壁鸠鲁主义者，还是一个虔诚的基督教徒。其实，瓦拉既是前者，也是后者。与其无休止地纠缠于这个问题，不如换一个角度来看。瓦拉之所以在第三部分安排基督教神学家发言，是因为他想表明古代异教哲学是基督教的敌人，而演说学却是基督教的盟友——很多异端学说都来自异教哲学，而演说学却对传播基督教多有助益。许多早期教父都是伟大的演说家。这种思想在《论拉丁文的优雅》里也有所体现：瓦拉在这部作品中提及了哲罗姆的一个梦。哲罗姆梦见自己变成了一个西塞罗主义者。其实，这里的西塞罗并非指哲学家西塞罗，而是指演说家西塞罗。"[2]

　　在《论快乐》的第三部分，瓦拉借旁听者瓜里诺之口将演说学和基督教伦理学比作两姐妹：前者是居于市井的燕子，后者是飞翔于丛林的夜莺；前者是演说术，富于人间生活气息，

---

[1]　杰罗德·西格尔是纽约大学历史学教授，欧洲文艺复兴研究专家。

[2]　J. E. Seigel, *Rhetoric and philosophy in Renaissance humanism: union of eloquence and wisdom (Petrarch to Valla)*, Princeton: Princeton university press, 1968, p. 154.

后者是诗艺，代表了更高的追求和境界；后者高于前者，却不鄙夷前者，两者是比翼齐飞的姐妹。

瓦拉在《论快乐》中得出的结论与《论拉丁文的优雅》是相似的：修辞学是基督教伦理之友，而经院派哲学却是基督教之敌。从这个角度而言，修辞学与基督教伦理学说在瓦拉那里达成了共识——对经院派哲学的拒斥。基督教伦理学说拒绝经院派哲学，是因为它否认对上帝的信仰；修辞学贬斥经院派哲学，乃是因为它藐视普世价值。尽管单凭修辞学也无法企及"天国真福"，但至少能在属世生活这一层面上与基督教信仰达成共识——舒展天性、享受快乐的人生。

第十章 《论快乐》与语文学

14世纪末的意大利正处于新旧社会体系交替的过渡时期。城市经济的繁荣带来社会阶层的变化：新兴资产阶级逐渐取代原有的封建领主成为社会主导。除了物质生活的丰盛，资产阶级尤其渴望获得价值观层面的理论支撑，希望在旧有的、僵化的、以神为核心的中世纪经院派教条之外找到某种富有生气的全新学说体系。这种精神层面的需求为以"人"为中心的人文主义思潮的兴起准备了内在的动力。自彼特拉克开始，人文主义学者致力于重新研读、翻译、评论古代经典文献，人文主义思潮得以迅速传播，以回溯和复兴古代文明为标志的文艺复兴时期亦随之拉开帷幕。值得思考的是，这种大规模、全方位的回溯，是以何种手段作为切入点的呢？

不妨简要回顾历史。自西罗马帝国灭亡起，欧洲大陆硝烟四起，连年战争曾一度导致意大利社会长期陷入停滞状态：政局动荡、人口锐减、经济崩溃、文化倒退，就连作为文化载体的语言也难逃厄运——古希腊文和拉丁文先后逐渐为世人所遗忘。尽管基督教会从某种程度上扮演了保护和传承古代文化和语言的角色，却在近千年的历程中按照其自身发展的需要对其进行了大幅度改造。就语言而言，拉丁文的词汇体系和语法规则遭到野蛮篡改，被严重"污染"，与古典拉丁文相比，已然面目全非。

　　因此，当这一时期的人文主义学者逐渐挖掘和收集了一定数量的古籍之后——这些作品全都用古希腊文或拉丁文写成，现成的译本十分有限，优质译本更是凤毛麟角——他们面临的首要任务便是如何读懂这些作品，并从中汲取精华。困难带来了契机，在彼特拉克的引领下，人文主义学界兴起了研习古希腊文和古典拉丁文的热潮，绝大多数学者从学习古代语言入手，重新研读、译介、评论古代典籍，从而催生了一门新兴学科：语文学——研究语言文字在不同历史时期的演化进程。这种研习并不等同于单纯的语言习得，除了关注语言本身，研究者更着重于探索某种语言在不同历史时期的特征和演变，以语法学、修辞学和逻辑学为基础，以文献评审为主要形式，对语言的发展历史进行注疏、解释、考订和对比研究，从而将语言研究和文学史、风俗史、制度史的研究进行有机结合。此种探索所取得的成果并不局限于对语言本身的研究，通过重新研读、译介古代文本，人文主义学者们得以真正了解了古人智慧的精髓所在，将其从中世纪的误读中解放出来。可以认为，正是语文学的发展促使这一时期的学者对古典文明给予高度关注，并对其作出有别于前一时期的全新理解，从而构成了文艺复兴时期思想变革的重要切入点。

　　十分可贵的是，这样一种回溯与复兴的核心，并不在于简单的模仿和复制，而是在于打破僵化的教条主义——这正是先前经院派学说的最大弊病所在——实现对真理的个性化追求。因此，一种"比较式"的研究传统在15世纪的人文主义学界蔚然成风，人文主义研究的一系列根本原则得以确立：其一，不同流派的理论各自体现了认知真理的不同视角和侧重点，任何流派的思想都有局限性，尽管真理之光只有一束，但其观察角度却是多样的；其二，为了更为真切和透彻地了解古人的智慧，不仅需要收集古籍文本，还需更新探求其内容的方法，应以全新的优质译本取代以往的劣质译本；其三，对于古籍的译介应清晰、准确，用语深入浅出，以利于其传播和普及。以上三条原则的提出，既凸显了语文学研究的重要性，又推动了语文学实践的广泛开展。可以认为，在这一时期，思想领域所取得的几乎所有重大成就，均是以语文学的发展为基础的。

第一节　瓦拉的语文学研究

15 世纪，语文学研究开始朝哲学研究方向转变。通过对于古典文献的满怀敬意的探索与研究，人文主义学者感觉到一种需要：通过探索古代文本的真正含义，挖掘在中世纪时期被忽略和埋没的价值观念体系。例如，布伦尼在翻译亚里士多德的《尼各马可伦理学》时，就曾斥责中世纪的经院派学者囫囵吞枣、混淆词意、误解经典，随后，又基于自身对作品的理解展开了对"至善"一词本义的探讨。[①]1418 年，布拉乔利尼发现了伊壁鸠鲁的书信集和卢克莱修的《物性论》原本，随即将该消息告知尼科洛·尼科里。尼科里按照布拉乔利尼寄送的样本抄写了一个版本，该抄本后来成为许多人文主义学者对伊壁鸠鲁派哲学进行研究的重要参考文献。[②] 这一时期，一系列古

① 　F. Gaeta, *Lorenzo Valla: filologia e storia nell' umanesimo italiano*, Napoli: Istituto italiano per gli studi storici, 1955, p. 15.

② 　G. Gentile, *Storia della filosofia italiana (fino a Lorenzo Valla)*, Firenze: Sansoni, 1961, p. 348.

代作者及其作品成为人文主义学者关注的焦点：从古希腊的柏拉图、亚里士多德、斯多葛学派、伊壁鸠鲁等到古罗马的西塞罗、塞涅卡、昆体良、卢克莱修、奥维德、贺拉斯、尤维纳利斯……数量之多，领域之广，不胜枚举。尤其是西塞罗，成为了以彼特拉克为代表的一大批人文主义者崇尚的楷模。文艺复兴时期，对西塞罗作品的重新研读在很大程度上影响了人文主义者的研究：一方面，西塞罗作为人们的榜样，鼓励了人文主义学者继续探寻古希腊典籍；另一方面，西塞罗直接为人们提供了许多经典作品的优质译本。学者们（包括瓦拉）借助西塞罗的译本，开始对古代哲学思想（尤其是斯多葛派和伊壁鸠鲁派思想）进行系统的了解、整理和归纳。①

　　作为一位人文主义学者，瓦拉的学术生涯也起步于对古希腊文和古拉丁文的研习。他极力捍卫经典拉丁文的纯正，顽强抵制中世纪教廷对拉丁语的粗野态度和对古代文献的肆意篡改，通过勘校、重译和评注古希腊和古罗马文献，使大量古典作品的本真含义得以从中世纪的误传和歪曲中浮现和澄清。在五十年的生命历程中，瓦拉围绕着语文学这一圆心，以自由探索精神为半径，完成了大量学术著作，覆盖语法学、修辞学、伦理学、逻辑学、宗教学、历史学等诸多领域。

　　1428 年，年仅二十一岁的瓦拉发表了处女作《论西塞罗与昆体良之比较》，探讨这两位古代作家在修辞学领域的特色和成就，并提出昆体良才是古典拉丁文修辞学领域最为杰出的典范。1431 年，伦理学作品《论快乐》问世，通过对"快乐""高尚"等关键词的本真含义进行探讨，就何谓人生至善

---

① E. Garin, *Il ritorno dei filosofi antichi*, Napoli: Bibliopolis, 1983, p. 28.

展开哲学和神学层面的讨论，并将其定位于集人间之乐和天国真福于一体的“快乐”，尝试构建以人之天性为核心的人文主义伦理观。1433年，瓦拉撰文抨击了上一世纪的经院派法学权威——萨索费拉托的巴托罗（《驳巴托罗书》），痛斥经院派学者纯粹基于逻辑推断的研究方式及其对于古代权威的无条件盲从。尽管这一观点曾在第一时间遭遇众多老派学者的激烈反对（瓦拉甚至为此被迫放弃了帕维亚大学的教职），但它却一直贯穿于瓦拉的人文主义研究的始终，并在日后的作品中日渐完善和成熟。1439年，瓦拉发表了《论自由意志》一文，指出人类在善恶选择之间拥有自由意志，抨击某些神学家对于信仰的歪曲。一个世纪以后，该文成为马丁·路德宗教改革的重要理论依据。同年年底，瓦拉发表了三卷本的《辩证法与哲学的再专研》。这是一部十分重要的逻辑学作品，针对亚里士多德的三段论演绎推理体系展开了强有力的批驳。1440年，震惊整个基督教世界的政治檄文《〈君士坦丁赠礼〉辨伪》横空出世：瓦拉从分析历史文献内部的词汇和语法入手，在蛛丝马迹中找到确凿证据，一针见血地指出被罗马教廷奉为法宝的《君士坦丁赠礼》实属伪造，一举揭穿了基督教历史上的最大谎言，并首次将语文学研究方法引入史学研究、以内证法进行文献辨伪的先河。1442年发表的《论修道士的誓言》延续了《〈君士坦丁赠礼〉辨伪》的研究思路，从考证历史文献的真伪入手，对基督教神职人员独身制度的合理性提出质疑。1444年，瓦拉与方济各会修士安东尼就《使徒信经》中的内容是否全部为耶稣的十二使徒亲笔所著发生争辩，在语文学考据与神学研究之间划出了清晰的界限。为此，瓦拉险遭宗教裁判所判罪。即便如此，瓦拉从未放弃自身的观点，并为此撰写了六卷本代表作《论拉丁文的优雅》。在该作品的前言中，瓦拉将恢复拉丁文的纯洁视为一场战斗。瓦拉指出，在思想传承的过程中，语言的"污染"是造成误解和歪曲的罪魁祸首，若要去伪存真，必先从钻研语言入手。为此，人文主义学者必须首先恢复以昆体良和西塞罗为典范的古典拉丁文，驱逐野蛮的语言习惯，才能对经典文献进行准确透彻的理解。可以说，《论拉丁文的优雅》代表了瓦拉在语文学研究领域的最高成就。然而，正是这部作品，连同1449 年发表的《〈新约〉之比较研究》引发了布拉乔利尼的强烈敌意。以翻译古典文献著称的波焦·布拉乔利尼认为瓦拉针对自己明嘲暗讽，遂对瓦拉展开猛烈的人身攻击。对此，瓦拉以一篇题为《为波焦消毒》（*Antidotum in Poggium*）的作品以牙还牙，两人之间的论战一度沸反盈天。在史学研究方面，瓦拉先后撰写了《李维〈论第二次布匿战争〉之六处修订》（*Emendationes sex librorum Titi Livii de secundo bello punico*）、《阿拉贡王朝斐迪南一世时代的历史》等作品，其中的拉丁文优美通畅，其观点亦具有很高的史学价值。此外，瓦拉还将荷马、希罗多德、修昔底德、伊索（Aesopus，约前 620—前560）[1]、色诺芬（Xenophon，前 427—前 355）[2] 等人的作品由古希腊文译介至拉丁文，留下了大量经典译作。

　　瓦拉认为，人文主义研究需要重拾和传承的，是古人对于人性的尊重、对于人世生活的积极态度，尤其是对于真理的自由追求。在瓦拉看来，没有任何权威不可超越，没有任何教条

---

[1] 　伊索是古希腊文学家，以其寓言作品而著称。

[2] 　色诺芬是古希腊军事家和文史学家。其代表作包括：《长征记》《希腊史》《回忆苏格拉底》《居鲁士的教育》等。

不可触碰，学术研究正是在不断被质疑和被修正的过程中得以不断前行。20世纪的意大利哲学家乔凡尼·詹蒂莱如此评价瓦拉的学术态度："在语文学研究方面，瓦拉不仅是古代智慧的崇拜者，更是探索者和批评者——探索古代典籍的真正含义，评判各种古代学说的得失高下。在瓦拉那里，语文学研究达到了思想批评的高峰。"①

此外，瓦拉还将语言学研究带到了史学研究的前沿，以语言本身为工具考证史学文献，正是在这个意义上，瓦拉被许多当代学者视为现代语文学和历史考据学之父。②

第二节 关于"快乐"和"高尚"的语文学分析

在《论快乐》的第一部分中，瓦拉清晰地指出了辩论的关键——对辩题进行定义：

首先，我们应对辩题进行定义。这是开始辩论的必要步骤，也是造诣高深的学者们的常规做法。③

这说明瓦拉在探讨"真善"的过程中十分重视对概念的清晰界定。只有辩题正确清晰，论述才能有的放矢。为此，瓦拉在构建自身的基督教人文主义伦理观之前，首先从语文学的角度对"快乐"和"高尚"这两个关键词的内涵进行了考察。

鉴于该作品第一版文稿的撰写时期与伊壁鸠鲁派哲学家卢

---

① G. Gentile, *Storia della filosofia italiana (fino a Lorenzo Valla)*, Firenze: Sansoni, 1961, p. 355.

② Ibid., p. 355.

③ ［意］瓦拉:《论快乐》，李婧敬译，人民出版社2017年版，第50页。

克莱修的手稿被发掘和传播的年代几乎重叠，[①] 可以推断瓦拉对于伊壁鸠鲁派思想的了解很可能并不来自对其作品的直接研读，而是来自哲学家西塞罗对相关思想的阐述。[②]

在《论至善与至恶》的第二卷，西塞罗曾就伊壁鸠鲁派的"快乐"概念进行了解释，并提出了与希腊文中的"快乐"一词相对应的拉丁文：

现在我仍然认为，伊壁鸠鲁在阐述快乐时对它的理解肯定是与其他人一样。每一个人在使用希腊词"ηδονή"和拉丁词"voluptas"时，指的都是一种怡人的、令人兴奋的感官刺激……我说的快乐与他说的"ηδονή"意思一样。我们常常很难给一个希腊语词汇找到完全匹配的拉丁语词汇，但这里根本不需要找。没有比"voluptas"这个拉丁语词汇更能准确地表达相应的希腊语词汇的含义了。世界上的每一个人都知道，这个拉丁语有两个意思，一是指心灵的欣喜、高兴，一是指身体的愉悦、激动、舒适的感受。[③]

在《论快乐》中，瓦拉对"快乐"的定义完全沿用了西塞罗的说法：

"快乐"是一种善，无论它源自何处，都落脚于心灵和身体的愉悦。这一定义与伊壁鸠鲁的观点大致吻合，希腊人称其为"ηδονή"。正如西塞罗所说，在拉丁语中，没有比

---

① 1418 年，布拉乔利尼发现了卢克莱修的《物性论》手稿，但该手稿的传抄却是 15 世纪 30 年代以后的事情。

② P. Byrne, "'Cast out into the hellish night': Pagan Virtue and Pagan Poetics in Lorenzo Valla's De Voluptate", in *Ex Historia*, 2013, Vol. 5, p. 49.

③ [古罗马] 西塞罗：《论至善与至恶》，石敏敏译，中国社会科学出版社 2005 年版，第 41—42 页。

"voluptas"这个拉丁语词汇更能准确地表达相应的希腊语词汇（"ηδονή"）的含义了。任何人都能明白该词表达的双重含义："受到温柔触动的心灵体会到的喜悦，以及身体感觉到的欢愉。"①

在《论至善与至恶》中，西塞罗对"高尚"的含义进行了如下描述：

我们认为高尚是这样的东西，虽然缺乏实用性，但它受人赞美正是出于自身，因为其本身，而不在于任何益处或报偿。我所给出的这样正式的定义可能有利于说明它的本质。②

极其相近的文字，也出现在《论快乐》中：

"高尚"则是一种由德行构成的、只以自身为目的的"善"。对此，塞涅卡与其他斯多葛主义者都表示赞同。我们也可借用西塞罗的说法：高尚是一种与任何利益、奖赏和成果无关的、纯粹因自身魅力而赢得赞赏的品质。希腊人将"高尚"称为"καλόν"③。④

"voluptas"对应"ηδονή"，"honestum"⑤ 对应"καλόν"——从语文学角度来看，西塞罗对"快乐"和"高尚"的翻译和阐释，构成了瓦拉对上述两个关键词展开剖析的出发点。换言之，在《论快乐》中，瓦拉对西塞罗的界定重新加以审视，并提出了不同于前人的看法。

---

① ［意］瓦拉：《论快乐》，李婧敬译，人民出版社2017年版，第50页。

② ［古罗马］西塞罗：《论至善与至恶》，石敏敏译，中国社会科学出版社2005年版，第58—59页。

③ 希腊文，意为"高尚的"。

④ ［意］瓦拉：《论快乐》，李婧敬译，人民出版社2017年版，第50页。

⑤ 拉丁文，意为"高尚的"。

按照西塞罗的阐释，高尚是"一种由德行构成的，只以自身为目的的善"。关于"只以自身为目的"这一说法，瓦拉不以为然，分别从伦理学和语文学层面展开了驳斥。就伦理学层面而言，瓦拉在《论快乐》的第二部分中借维吉奥之口列举了一系列被斯多葛派视作典范的贤人义举，并逐一分析其行为举止的真正动机，最终得出结论：所谓贤人义举并非为了追求所谓"因自身魅力而赢得赞赏"的"高尚"，而是为了实现自身的利益。从语文学层面，瓦拉对"高尚"一词的核心内涵进行了探讨：

> 希腊语中的"καλόν"在拉丁语中被译为"pulchrum"[①]，"honestum"则与"honoratum"[②]几乎是同义词，说明美好的事物能展现出荣耀……因此"高尚"来自"美好"和"荣耀"。[③]

瓦拉指出，既然西塞罗将"καλόν"译作"honestum"，而"pulchrum"和"honoratum"均是"honestum"的同义词，便可以认为，在古希腊—古罗马人眼中，"高尚"与"美好""荣耀"是息息相关的，而并非西塞罗所称的"纯粹以其自身为目的"。换言之，从语文学的角度来看，古人认为"美好的"和"享有盛名的"事物和行为，从根本上来说都是"有德的""善的"：

> 伊壁鸠鲁曾十分礼貌地将"高尚之举"界定为"民众眼中的荣耀之举"。

> ……

> 正如维吉尔所说："欢乐的双眸闪现着家族的荣耀"以及"他俊美的头颅，难掩他的高尚"，说明此人既有美貌也有

① 拉丁文，意为"美丽的""美好的"。

② 拉丁文，意为"荣耀的"。

③ [意] 瓦拉：《论快乐》，李婧敬译，人民出版社 2017 年版，第 124 页。

美名。①

就此，瓦拉强调，被斯多葛派奉为人生终极目标的所谓"高尚"，其含义来自"美好"和"荣耀"（"名誉"），本身却只是一个缺乏实质内涵的空洞概念。借维吉奥之口，瓦拉就"高尚"与"荣耀"的关系进行了解读：

> 诸位且听："仁慈的诸神，为国捐躯本是不假：但此举若以荣耀为目的（事实也的确如此），便算不得是追求'高尚'。"你要说："可是'名誉'是高尚的同伴。"没错，正因如此，我才认为"高尚"的概念来源于"名誉"。显然，"名誉"并不依靠"高尚"，但"高尚"却来源于"名誉"和"荣耀"。至于"高尚"本身，它什么都不是。②

如果说"高尚之举"所能带来的"荣耀"和"名誉"不无价值，那么必须基于一个前提：将"荣耀"视作一种快乐：

> 我收回刚才所说之话，不仅不说荣耀一文不值，并且认为它极为重要、值得渴求。不过，说这话有一个前提，即将荣耀看作一种快乐。道理很简单，既然荣耀不属于高尚（想必没有人反对），那么它就必须属于一种快乐，除此之外没有第三种可能。③

既然"高尚"的内涵空洞虚无，自然也就不具备成为"至善"的先决条件。如此，瓦拉从语文学的角度完成了对"高尚"一词的探索，驳斥了斯多葛派"高尚乃至善"的论调，夯实了伊壁鸠鲁派的观点——"高尚"是一种"善"，却并非人生"至善"，只能算作追求"快乐"这一"目的"的必要手

---

① ［意］瓦拉：《论快乐》，李婧敬译，人民出版社 2017 年版，第 124 页。

② ［意］瓦拉：《论快乐》，李婧敬译，人民出版社 2017 年版，第 124 页。

③ ［意］瓦拉：《论快乐》，李婧敬译，人民出版社 2017 年版，第 132 页。

段之一：

快乐相对于它们而言，不是混在良家女中的荡妇（那是斯多葛派的混账逻辑），而是统领女仆的女主人。各种德行都应为快乐服务，快乐就好比一位贵妇，指挥众位仆人，有的加快步伐、有的返回复命、有的原地停留、有的听候差遣。①

以上表述体现了瓦拉对西塞罗的大胆反驳，与《论至善与至恶》中的言论形成了鲜明对比：

为何还要把如此恣意放荡的快乐情妇引入到那些高贵的美德女士之列？她的名字就是可疑，笼罩在令人不齿的云层之下——你们伊壁鸠鲁主义者喜欢告诉我们的不过就是这些。②

一方面，瓦拉大大削弱了"高尚"的价值，另一方面，他澄清了"快乐"一词原本不应承载的负面含义，又赋予该词以先前不曾拥有的丰富内涵——这是瓦拉较之其他推崇伊壁鸠鲁派学说的同时代学者的创新之处。③

在《论快乐》第一版文稿的作者序言中，瓦拉特意对该作品的标题进行了说明：

他们也许会问：你究竟有何奇谈怪论，居然将"快乐"与"真善"混为一谈？好吧，这正是我想说明的：倘若我能如愿以偿，将这一观点阐释到位，那么各位将会发现，本书的标题可谓恰如其分。④

---

① ［意］瓦拉：《论快乐》，李婧敬译，人民出版社 2017 年版，第 81—82 页。

② ［古罗马］西塞罗：《论至善与至恶》，石敏敏译，中国社会科学出版社 2005 年版，第 42 页。

③ M. D. P. Lorch, *A defense of life: Lorenzo Valla's theory of Pleasure*, New York: Wilhelm Fink Verlag, 1985, p. 27.

④ L. Valla, *Il piacere*, traduzione di Grillo V, Napoli: R. Pironti & figli Editori, 1948, pp.3-4.

瓦拉为何写下上述文字？一方面，他深知在当时的人文主义学界，对"快乐"一词的理解还十分具有局限性，许多人将其视为"浸淫人的意志"的罪魁祸首；另一方面，瓦拉希望展示自己逆流而动的勇气：不仅要为"快乐"正名，还要将"快乐"提升至"真善"的高度。为此，从语文学层面重新澄清这一概念，并赋予其全新的含义，就成为一个必不可少的步骤。

首先，瓦拉尝试在"快乐"与"自然"和人之"天性"之间建立某种联系。在第一版手稿序言中，瓦拉使用了两个形容词来修饰"快乐"："mollis"[①] 和 "non invidioso"[②]。其中，"mollis"一词既可以指"能屈能伸的""灵活的""柔软的""柔和的"，也可指"柔弱的"和"骄奢淫逸的"。在《论至善与至恶》中，西塞罗就曾以同样的词描述众人对伊壁鸠鲁派的看法："我们这个学派被误传为生活奢侈、讲究感官享受、纪律薄弱"[③]——这显然是采用了"mollis"一词的负面含义。然而，瓦拉之所以用该词来修饰"快乐"，则是要赋予"快乐"一词新的内涵。事实上，瓦拉曾在《论拉丁文的优雅》中专门对该词在不同情境下的用法进行了辨析：如果用来形容一个人，如"mollis homo"[④]，往往指其性格软弱，无法抵御命运的磨难；如果用来形容一部作品，如"mollis opus"[⑤]，则是指该作品具有"柔和""开放"的特点，其反义词"durum ingenium"则意味

---

① 拉丁文，意为"柔软的""柔和的"或"柔弱的"。

② 拉丁文，意为"不引发损害、仇恨、嫉妒的""不仇视的""不嫉恨的"。

③ [古罗马] 西塞罗：《论至善与至恶》，石敏敏译，中国社会科学出版社 2005 年版，第 19—20 页。

④ 拉丁文，意为"软弱的人"。

⑤ 拉丁文，意为"具有开放性的作品"。

着"刚愎自用"。① 瓦拉之所以说"快乐"是"柔和"的，意在表明为人处世应随机应变，而不应像斯多葛派那样过着与自然对抗的苦行僧式的生活；只有顺应"自然"和"人之天性"，才能获得"快乐"，企及"真善"。

根据时局的变化，我们时而享受城市的车水马龙，时而追逐乡野的自由宁静。我们时而骑马，时而步行，时而坐船，时而乘车，时而射箭，时而打球，时而轻歌，时而曼舞。自然如此友善，你们却将罪过归咎于她，实在是不知羞耻。即使在没有犯错的情况下遭受挫折，也应咬牙坚持，并期盼尽快渡过难关，同时关注其他可带来愉悦的事物，以减轻痛苦。所以说，生活是否愉快，全在我们自己。②

同样，另一个形容词"不怨天尤人的"也强调了一种"开放性"，表明瓦拉主张人类对于自然的顺应，即使遭遇命运的不测风云，也能以平和的心态看待旦夕祸福，并在逆境中不断磨砺自身的意志：

请相信我，自然是不会动怒的，她创造毒蛇、毒草和猛兽，绝不是为了降罪于我们。你若仔细思考，便会发现她这么做，反倒是为了我们的健康，让我们学会从中取其精华，去其糟粕。③

如此，瓦拉在作品的开篇就通过两个形容词对"快乐"的内涵进行了扩充，不仅将其视作一种"伦理价值"，也将其视作一种为人处世的"存在方式"和"行为方式"进行探讨，使

① M. D. P. Lorch, *A defense of life: Lorenzo Valla's theory of Pleasure*, New York: Wilhelm Fink Verlag, 1985, p. 28.
② [意] 瓦拉：《论快乐》，李婧敬译，人民出版社2017年版，第47页。
③ [意] 瓦拉：《论快乐》，李婧敬译，人民出版社2017年版，第44页。

整部作品的理论体系具有了某种"本体论"的哲学色彩。

在"快乐"与"自然"和"天性"之间建立起联系之后，瓦拉从伦理学层面谈论了"快乐"与"利益"之间的趋同性，而后以探讨亚里士多德所说的"沉思"为切入点，证明了"身体享受"和"精神愉悦"的统一性。如此，随着论述的层层进展，瓦拉逐渐将属世价值中的"天性"、"利益"、"荣耀"、"身体享受"（即"感官享受"）、"精神愉悦"都归于"快乐"之下，烘托出"快乐"作为"人生至善"的高贵地位。

然而，瓦拉的落脚点并不止于此，他的最终目标是要在"属世之善"与"天国之善"建立起一座桥梁。瓦拉指出，古人热爱"自然"，崇尚"快乐"，早期基督教亦不曾对"快乐"有过诟病。因此，对于"快乐"的鄙夷和批判源自中世纪经院派学者对该词的野蛮误译，从语言层面上造成了禁欲主义观念的广泛流传。① 为此，瓦拉以经典文献《圣经》为依据，从语文学角度证明了"快乐"是被这些神圣经典所维护的权利。

我们所说的高尚是通往心灵或灵魂幸福的阶梯，它将灵魂从凡俗躯体中解放，使其在造物主的身旁同享福祉。还有什么词汇比"快乐"能更好地界定此种福祉呢？《旧约·创世纪》（*Liber Genesis*）里用到的也是同一种表述："伊甸乐园"。同样的，《旧约·厄则克尔》（*Prophetia Ezechielis*）里也说道："伊甸的树木和果实"，不仅如此，该书也用类似的词汇来形容神圣之善。②

---

① L. Barozzi, *Sabbadini R., Studi sul Panormita e sul Valla*, Firenze: Le Monnier, 1891, pp.208-209.

② ［意］瓦拉：《论快乐》，李婧敬译，人民出版社 2017 年版，第 237—238 页。

　　此处，瓦拉数次引用《圣经》中频繁出现的"伊甸园"①
一词，表明天国原本就是一处充满了"享受""愉悦"的快乐
之所，从而将对"快乐"的追求提升至对"天国"的向往。为
了表明二者在语文学层面的一致性，瓦拉指出，《圣经》中同
样使用"voluptas"一词来表示快乐：

　　《旧约·圣咏集》里也曾这样写："你还赐他们畅饮你怡人
的溪川。"②

　　瓦拉特意指出，对于希腊人而言，此处的"怡乐"更多偏
指"欢愉"（deliciaris），而非"快乐"（voluptatis）。随后，瓦
拉对这两个词进行了辨析，指出二者的区别只在"快乐"的程
度上，"voluptas"是指最高程度的"delectatio"：

　　（当然，对于希腊人来说，此处更多偏指欢愉，而不是快
乐，事实上，文中所说的并非"χειμάρρουν"的溪川，而是
用了"τόν χειμάρρουν τής τρυφής σου ποτιείς αύτούς"这
样的表述。其中"τής τρυφής"指的就是欢愉，与拉丁语中
的"delector"或"delectat"相对应，而不是"delecto"③。所谓
快乐，无非是极致的欢愉，除此之外，我看不出二者之间有
其他差异。所以说，拉丁民族为表达高度的欢愉，就会选用
"voluptas"一词。）由此可以看出，人们无条件追寻的并非高
尚，而是快乐，只不过有人渴求的是此生的快乐，另一些人期
待的则是来世的快乐。④

---

① 　来自希伯来文，原指"陪伴"，后来也指"享乐""愉悦"。
② 　[意] 瓦拉：《论快乐》，李婧敬译，人民出版社 2017 年版，第 238 页。
③ 　在拉丁文中，"delector"意为"怡然自乐"，"delectat"意为"某物令人心怡"，
"delecto"意为"我令他人心怡"。
④ 　[意] 瓦拉：《论快乐》，李婧敬译，人民出版社 2017 年版，第 238 页。

至此，瓦拉从语文学角度完成了对"快乐"一词的最后一层含义的扩展，将"天国真福"（beatitudo）解释为"极致的欢愉"（vehemens delectatio），即"快乐"（voluptas），使"快乐"一词的含义囊括了值得人类追求的所有"此岸"价值和"彼岸"价值，从世俗伦理和宗教伦理两个层面论证"快乐"与"真善"的趋同性。在这一过程中，作者虽以宗教层面的天国真福作为最终落脚点，但却丝毫没有贬低和忽视任何一种属世价值。不仅如此，我们甚至可以认为作者的用意恰恰在于凭借基督教这一强有力的理论体系去捍卫人性、人欲和人世生活的价值，将人生的目的由"彼岸"引向了"此岸"，由"来世"引向了"今生"，从"神圣"关照"世俗"。

第十一章 《论快乐》与辩证法

"辩证法"这一术语源于古希腊文"διαλεκτική",原指"问答法"或"对话术"。[1] 在带有论辩色彩的语境下,该词可被译作"论辩术",而在带有思辨色彩的语境下,则应被译作"辩证法"。

作为一种寻求真理和至善的古老方式,辩证法有着悠远的历史渊源,自古希腊时期起,历经芝诺、苏格拉底、柏拉图、亚里士多德等人的发展,逐渐成为哲学研究的重要组成部分。在中世纪,辩证法被经院派哲学家视为最核心的研究对象。其中,亚里士多德及其崇尚者波爱修斯的相关理论的影响最为显著。这一时期,"辩证法"几乎成为"理性"的代名词,不仅被视为追寻真理的唯一工具,更被视为将人引向上帝的向导,从某种程度上获得了与基督教信仰比肩的重要性,尤其是亚里士多德的理论,更是被捧上神坛,奉为无可撼动的金科玉律。

自彼特拉克开始,包括瓦拉在内的大批人文主义学者通过对古代典籍的发掘和重新研读,逐渐意识到经院哲学理论体系的僵化,试图通过重塑古代智慧的价值来摆脱经院主义教条的思想垄断。

---

[1] 冯契、徐孝通:《外国哲学大辞典》,上海辞书出版社 2010 年版,第 45 页。

第一节　瓦拉眼中的辩证法

瓦拉敏锐地意识到，在经院派思辨神学体系中，亚里士多德的辩证推理占据核心地位：若要打破经院派理论的垄断地位，必先摆脱对亚里士多德思想的迷信和盲从。这种批判并非针对亚里士多德本人——瓦拉并不否认亚里士多德作为古希腊伟大哲学家的地位和功绩——而是针对那些将亚里士多德思想进行粗野改造，同时又唯亚里士多德马首是瞻的经院派学者。这一观点在他的诸多作品中均有体现，尤以 1439 年撰写的《辩证法与哲学的再专研》最具代表性。在该作品中，瓦拉从四个层面驳斥了经院派神学家对亚里士多德式的辩证推理的盲目崇拜。首先，瓦拉指出，任何一种思想体系都存在其局限性。尽管亚里士多德是古希腊伟大的哲学家，然而，作为"爱智慧"者中的一员，任何哲学家都没有资格宣称自己"拥有"智慧，而只能成为真理的追寻者之一。[①]

毕达哥拉斯认为自己并不是"智者"，只是"热爱智慧之人"，即"哲学家"……后来的哲学家虽有不同流派，却也都不称自己为"智者"，而统一称自己为"热爱智慧之人"。每个哲学家都有大胆表达自身观点的自由，既可以反对其他流派，也可反对自己所属的流派的领袖。[②]

瓦拉进而强调，任何一种学说都不可能穷尽真理，若是一

---

① G. Gentile, *Storia della filosofia italiana (fino a Lorenzo Valla)*, Firenze: Sansoni, 1961, p. 359.

② E. Garin, *Filosofi italiani del Quattrocento*（edizione anastica）, Roma-Firenze: Edizioni di storia e letteratura, 2012, p. 165.

味盲从某种学说，甚至唯其独尊，以强权意志打压其他的观点，这种学说就会走向自身的反面。换言之，如果把某种学说捧上神坛，那么通往认识真理的道路反而会被截断。瓦拉认为，追随亚里士多德的逍遥学派恰恰就是在这一点上过于妄自尊大。

相反，亚里士多德逍遥派的做法却让人无法忍受。他们容不下其他任何别的流派，仿佛忘了在他们之前就有许多流派产生，在他们之后也有许多流派兴盛。事实上，就连亚里士多德的学生泰奥弗拉斯托斯也曾大胆批判自己的老师。希腊人更为推崇荷马、柏拉图和德摩斯梯尼。罗马人中，瓦罗更崇拜拉克坦西，西塞罗更崇拜柏拉图。普兰古斯（Lucius Munatius Plancus，前 90—1）[1] 在斯多葛派和伊壁鸠鲁派之间徘徊。布鲁图斯和塞涅卡属于斯多葛派——哲罗姆认为这一派十分接近基督教学说。奥古斯丁更为崇拜柏拉图。阿普列尤斯（Lucius Apuleius，约 124— 约 189）[2] 和马克罗比乌斯（Ambrosius Theodosius Macrobius，约 390—约 430）[3] 也都属柏拉图派。就连波爱修斯也崇拜柏拉图甚于亚里士多德。[4]

关于经院派哲学家对于亚里士多德的笃信，瓦拉认为，其根源并不在于他们对亚里士多德思想的真正了解和热爱；相反，那些人除了亚里士多德，并不了解任何其他哲学流派，甚至对亚里士多德思想的理解也不确切（由于对希腊文和拉丁文

---

① 卢基乌斯·穆那修斯·普兰古斯是古罗马的军事和政治家。

② 卢基乌斯·阿普列尤斯是古罗马作家、哲学家，曾在雅典学习柏拉图主义哲学。

③ 安布罗修斯·特奥多西乌斯·马克罗比乌斯是古罗马作家、哲学家和天文学者，其思想深受新柏拉图主义影响。

④ E. Garin, *Filosofi italiani del Quattrocento* (edizione anastica), Roma-Firenze: Edizioni di storia e letteratura, 2012, p. 165.

的一知半解，其理解显然具有断章取义的倾向），因而只能选择对其无条件的盲从。[1]

大部分古罗马人只认亚里士多德。可惜的是，他们读到的亚里士多德的言论都不是出自希腊文原本，而是被胡乱翻译、错漏百出的拉丁文译本。继波爱修斯之后，几乎就没有人懂得真正纯正的拉丁文了，学术界弥漫着"野蛮主义"的语言风尚。阿维森纳（Avicenna，980—1037）[2]和阿维罗伊（Averroes，1126—1198）[3]尽管名声显赫，但却都属于对语言进行野蛮篡改的人：他们对拉丁语一窍不通，对古希腊文也知之甚少，在语言方面确实不是权威。然而，语言是哲学研究过程中的关键要素。我怎可对这样的人言听计从？[4]

最后，瓦拉指出，哲学家所肩负的最重要的使命，并不是盲目崇拜前人的成就——无论是柏拉图，还是亚里士多德，错误和局限都在所难免——而是以批判的眼光审视前人的成果，从而在寻求真理的道路上迈出前进的步伐。对于前人的观点，探讨也好，批判也罢，都要为探寻真理而服务。在瓦拉那里，只有属于真理的胜利才是真正的胜利——尽管这有时与个人的胜利并不相吻合——但是，真理之荣光必然高于个人的荣耀。[5]

---

[1] G. Gentile, *Storia della filosofia italiana (fino a Lorenzo Valla)*, Firenze: Sansoni, 1961, p. 360.

[2] 阿维森纳（亦称伊本·西纳）是 11 世纪中亚经院派哲学家、自然科学家、医学家、诗人。

[3] 阿维罗伊是 12 世纪安达卢斯哲学家和博学家，支持亚里士多德派哲学，精通医学、心理学、政治学、医学、音乐学、地理学、天文学和物理学等学科。

[4] E. Garin, *Filosofi italiani del Quattrocento* (edizione anastica), Roma-Firenze: Edizioni di storia e letteratura, 2012, p. 169.

[5] M. Fois, *Il pensiero cristiano di Lorenzo Valla nel quadro storico-culturale del suo*

即使亚里士多德的著作多于其他人，也并不意味着他的理论比其他人更高明。既然如此，又何须将他如天主般供奉？只有迷信者才会放弃追求真理的权利。我认为，只要存在比亚里士多德的理论更高明的观点，便要不顾一切地去追求，不是为了打击他本人，而是为了尊崇真理。①

因此，瓦拉主张所有真理都应在历史发展的过程中通过实践去逐渐探寻，"真理并不蕴于名人的话语，而是蕴于脚踏实地的生活实践"②。

第二节 《论快乐》中的辩证推理

在《论快乐》中，瓦拉刻意回避了辩证推理哲学的论证方式，主要以修辞学和语文学为手段，阐述其具有人文主义色彩的基督教伦理观。对此，瓦拉特意在序言中进行了交代，表明自己将以不同于寻常"庸医"的方式来医治不知真善为何物的"病患"③。此处，"病患"指的是游离于基督教信仰之外的"真善"寻求者，而"庸医"一词则是对中世纪普遍存在的经院派哲学说教者的讽刺。正因如此，瓦拉才在《论快乐》一书中采取了辩论体的对话框架和深入浅出、朴素生动的口语化语言风

---

ambiente. Roma: Libreria editrice dell'Università Gregoriana, 1969, p.489.

① E. Garin, *Filosofi italiani del Quattrocento* (edizione anastica), Roma-Firenze: Edizioni di storia e letteratura, 2012, p.171.

② G. Gentile, *Storia della filosofia italiana (fino a Lorenzo Valla)*, Firenze: Sansoni, 1961, p.359.

③ ［意］瓦拉：《论快乐》，李婧敬译，人民出版社2017年版，第3页。

格，从形式上抵制单调、枯燥、僵硬的辩证推理，以一种贴近生活的方式在生活实践中探寻"真善"的所在。

然而，这一选择并不意味着瓦拉对辩证法知之甚少。在《论快乐》的第三部分中，瓦拉借基督教神学家之口不仅对亚里士多德的"中道论"进行了批判，还以辩证推理的方式对波爱修斯——中世纪最为知名的亚里士多德派学者——在《哲学的慰藉》中关于"善"的辩证逻辑进行了驳斥，其用意可谓"以子之矛，攻子之盾"。对此，莱布尼茨在其《神正论》中评价道："瓦拉的这篇对话①及他那部论述快乐和真善的作品表明他在哲学上的造诣绝不逊色于他在其他人文学科领域的造诣。"②

《哲学的慰藉》是波爱修斯最负盛名的代表作。在该作品中，波爱修斯以与哲学女神对话和赋诗的方式描述了自身的机遇，反思了世俗幸福之不可靠——各种身体快乐、财富、荣耀、运气、权利等价值均被排除在幸福之外。在波爱修斯看来，上帝那里才有至善，这种善是起伏不定的命运所无法剥夺的。因此，人只有借助上帝之力才能获得幸福。

瓦拉所倡导的"天国真福"貌似与波爱修斯对上帝的赞扬彼此呼应，然而，这只是一种表面现象，两者之间的伦理观念存在实质上的根本差别。尤其是在对"善"的定义问题上，波爱修斯认为：思想中至高无上的东西才是唯一真正的"善"，其奖赏便是源于内心的真正的幸福。很明显，这种观点是以亚里士多德将肉体享受和精神愉悦分而论之的二元论为基础的。

一个人的善可以给他带来奖赏，但他要是不再善的话，那

---

① 此处指瓦拉的《论自由意志》。

② F. V. G. W. Leibniz, *Theodicy*, E. M. Huggard (ed.), Charleston: BiblioBazaar, 2007, p.370.

奖赏也就没有了。既然人们相信奖赏是好的而对它进行追求，那还有谁会相信一个拥有善的人可能没有奖赏呢？奖赏究竟是什么呢？那是最伟大、最美妙的东西……因为善本身就是幸福，所以，所有善的好人也显然都是幸福的。我们还同意，神明都是幸福的。成为神明就是对好人的奖赏，它不会随时衰减，谁都无权侵害它，谁都不能用邪恶来蒙蔽它，这是好人的情况。同样，聪明的人都不会怀疑，恶人总会有恶报。善恶和奖惩，都是两两对立的，因而，我们因为好人有好报的事情而增长的见识，一定会以相反的方式在恶人有恶报的事情上体现出来。所以，善是给好人的奖赏，恶则是对坏人的惩罚。①

针对波爱修斯对"善"与"恶"的界定，瓦拉在《论快乐》中提出了完全不同的见解。

首先，瓦拉从辩证哲学的角度指出波爱修斯将"善"等同于"高尚"，将"幸福"视作"对高尚的奖赏"，是对"品质"和"行为"的混淆，正因如此，才会得出"善人（此处指追求高尚的人）必有善报""恶人（此处指不追求高尚的人）必有恶报"的结论。但事实上，"高尚"与"幸福"相去甚远。

后来的波爱修斯与斯多葛派如出一辙，他效仿柏拉图的高尔吉亚，在《哲学的慰藉》第四卷中就此话题进行了长篇论述，宣称好人常备、坏人欠缺的真善与所谓高尚基本是一码事。若要问及我对他的看法，首先，我十分尊重他在各个领域的造诣。然而，他处处为哲学辩护，甚至将其置于我们的宗教之上。因此，他并没有解决任何问题，既没有说明白什么是真善

---

① ［古罗马］波爱修斯：《哲学的慰藉》，贺国坤译，陕西师范大学出版社 2009 年版，第 147—148 页。

（德行并非至高无上的善），也没有解释清楚为何恶人未必可怜，好人未必幸福……有谁能相信，如此勤奋、敏锐甚至是高尚的人居然会在这样一个简单的用词上犯错？人们有时将"善"（谬误就出在这个词上）理解为"德行"，有时则将其理解为"幸福"，有时将"恶"理解为"恶行"，有时则将其理解为"不幸"。然而，德行与恶行都是行为，幸福与不幸却是品质：二者之间的性质相去甚远，所带来的结果也大相径庭。有德之人并不全都幸福，邪恶之人也并非全都凄惨，一个关乎生活方式是否正义，另一个则关乎生活品质是否高贵。①

事实上，基督教神学家安东尼乌斯在《论快乐》第三部分中评论前两位发言人的观点时，表示伊壁鸠鲁派发言人的言论有其可取之处，也在某些问题上有失偏颇，但斯多葛派将追求"高尚"视为人生终极目标的观点却是无论如何也站不住脚的。从辩证哲学的角度来看，安东尼乌斯对维吉乌斯的"保留式赞同"，并非是对伊壁鸠鲁派哲学思想的认可，而是对其逻辑观点的赞同：不能将"行为"等同于"品质"，不能将"手段"等同于"目的"。②

瓦拉指出，无论是斯多葛派哲学家，还是波爱修斯，都将"德行"与"幸福"混为一谈，这是一种偷换概念式的逻辑错误。对于辩证哲学而言，这种错误是非常严重的，将直接导致整个论证失去立足的根基。

若仔细思考，德行是不能被称作善的——除非是换喻修

---

① ［意］瓦拉：《论快乐》，李婧敬译，人民出版社 2017 年版，第 241—242 页。
② J. E. Seigel, *Rhetoric and philosophy in Renaissance humanism: union of eloquence and wisdom (Petrarch to Valla)*, Princeton: Princeton university press, 1968, p. 155.

辞：例如，我们之所以说房屋、土地、财产是善，是因为它们能带来快乐这种善。同样的，高尚之所以被称作善，是因为它能带来真福之善。可即便如此，我也不会将拥有真福之人界定为"好人"，因为好人是指有德之人。事实上，我们从来不曾听到人们这样形容一个幸福之人："这是一个好人。"我认为，波爱修斯的逻辑正是在这里出了纰漏，他说："任何好人都拥有善，真福是善，因此，每个好人都拥有真福。"对于以上观点，我可以进行如下反驳：你说任何好人都拥有善，可究竟是指哪一种善呢？若这善指的是幸福，我不能苟同。正如我先前所说，好人指的是有德之人，而非有福之人，若这善指的是德行，我表示认可。既然如此，这番话就应如此表述："任何好人都拥有善。善是德行，因此任何好人都具备德行。"……尽管人们将真福和德行都称之为善，但所谓好人，却仅仅是有德之人，而不一定是有福之人。①

　　基于此，瓦拉对辩证哲学在追寻真理过程中的可靠性和万能性提出质疑，指出辩证哲学相较于修辞学而言的缺陷和劣势，再度强调修辞学的重要性，这亦是对经院派哲学传统的一种反击。

　　波爱修斯钟情于辩证法远胜于修辞学，结果却在这里马失前蹄。他若以修辞学的方式，而不是以辩证法的方式来论理该有多好！还有什么比哲学辩论更冒险吗？只要一词用错，便会满盘皆输。换作是修辞学，则可使用各种手法：正反对比、举例子、打比方，即使是最为深藏不露的真理也可以被挖掘而出。一个将军若将整场战争的胜负寄托在一个士兵身上，这是

---

① ［意］瓦拉：《论快乐》，李婧敬译，人民出版社 2017 年版，第 242—243 页。

多么可怜和可悲！所以说需要使出十八般武艺：无论是一个士兵倒下，还是一支分队被击溃了，总有其他士兵和队伍前仆后继。波爱修斯本应采取类似的战术，可惜他如许多人一样，过于酷爱辩证法，以至于被它蒙蔽了。事实上，辩证法中的谬误数不胜数，但先前从没有人撰写过相关作品进行深入探讨，且辩证法也属于修辞学的一个部分。①

瓦拉进而指出，在解决俗世问题的过程中，辩证推理的可靠性尚且不及修辞学，那么探讨终极幸福时，就更不能唯辩证推理是从了。在这个问题上，瓦拉与波爱修斯的主张有着不可调和的差异。

在《哲学的慰藉》中，波爱修斯相信信仰和推理的关系是和谐统一的，从宗教教义中寻求到的真理与从哲学中寻求到的真理并无差别。因此，就本质而言，《哲学的慰藉》宣传的对象并非基督教教义，而是辩证哲学。从这个意义上来说，这是一部试图不依靠基督教教义，而只依靠辩证哲学去回答宗教问题的作品。

对于波爱修斯的主张，瓦拉表示出坚决的批判。他所推崇的基督教教义，植根于早期教父的理论体系，他所提倡的人文主义精神，植根于古希腊古罗马时期的经典文本，两者都与辩证法推理风马牛不相及。不仅如此，他甚至认为经院哲学体系中的辩证推理，是与早期教父的理论体系背道而驰的。②

哲学，请你走开！就像请戏子应远离天主的神圣居所，请她闭嘴，不要像娇滴滴的美人鱼一般用靡靡之音引诱世人走

---

① ［意］瓦拉：《论快乐》，李婧敬译，人民出版社 2017 年版，第 243—244 页。
② S. I. Camporeale, *Lorenzo Valla: Umanesimo e teologia*, Firenze: Istituto Nazionale di Studi sul Rinascimento, 1972, p. 4.

向死亡。鉴于她自己已是百病缠身，满脸沟壑纵横，所以治病救人的任务还是交给其他医生吧！哪位医生呢？当然是我！如何医治？当然按照如下方法："可怜人，你为何要哭诉、抱怨、指责天主？若你期待永恒之善，为何又渴望属世之乐？你若不顾罪过，留恋尘世之乐，又为何不祈求天主宽恕，反要控诉他？他已说过，他不爱醉心尘世之乐的人。你这站不住脚的卑贱奴仆，受到天主的惩罚本是罪有应得，你怎可诅咒天主，说他不给你褒奖？你甚至还开出清单，告诉他你应获得何种褒奖，仿佛你比天主还智慧、还伟大？纵然天主明白什么才是对你的最大恩惠并将其赐予你，你为何不仅不感恩戴德，还要忘恩负义地将他的慷慨视作不公？"这样看来，所有埋怨机运、埋怨天主的人都应受到谴责。然而，夸夸其谈的哲学女王是做不到这一点的：尽管她曾有机会、有可能了解天主，却始终不曾对天主怀有热爱和信仰，而是宁可与钟情俗世之人结缘。①

在瓦拉看来，波爱修斯在《哲学的慰藉》中往基督教教义里掺杂了过多的异教因素。他将"高尚"和"幸福"混淆在一起，使对善者的善报从天国降到了凡间，变成了无须上帝审判和赐予的自然之物。如此一来，"幸福"不再是上帝的赠礼，而成了人凭借自身努力完善道德便能企及的状态。从这个意义上说，波爱修斯的伦理观并非基督教伦理观，反倒是代表了斯多葛派哲学的伦理观。②这一点恰恰构成了瓦拉坚决反对辩证哲学的深层原因。

瓦拉之所以批判"以哲学代替宗教"或"哲学与宗教并驾

---

① ［意］瓦拉：《论快乐》，李婧敬译，人民出版社 2017 年版，第 244—245 页。

② M. Fois, *Il pensiero cristiano di Lorenzo Valla nel quadro storico-culturale del suo ambiente*, Roma: Libreria editrice dell'Università Gregoriana, 1969, pp. 106-107.

齐驱”的思想，其依据来自保禄①、哲罗姆，尤其是受到了拉克坦西和奥古斯丁的影响。因此，瓦拉试图凭借自己对古代语言的精深了解，探寻和恢复原有基督教教义的纯洁性。从这个意义上说，瓦拉“不是以一种新的、更好的哲学的名义，而是以宗教和信仰的名义来反对经院哲学”②。

瓦拉对于辩证哲学核心地位的质疑，并不意味着瓦拉认为辩证哲学全无价值，而是意味着瓦拉认为辩证哲学只是追寻真理的手段之一，并不占据高于其他研究手段的垄断地位。如果说修辞学作为另一种追寻真理的手段，其重要性足以与辩证法势均力敌，那么虔诚的基督教信仰给人带来的引导，则是辩证哲学远远无法企及的。在他看来，异教哲学犹如入侵者，玷污了原有宗教的纯洁，必须加以剔除。瓦拉在《论快乐》中表达的对古人提倡的“高尚”和经院哲学的反对，绝不仅仅是为了炫耀自己的雄辩技巧，也不是为了逞一时的口舌之快，而是有着明确的目的：将保禄和其他早期教父所宣传的基督教与后来的经院派思辨教义划清界限。从这个角度而言，我们也可将维吉乌斯和安东尼乌斯的发言视作从修辞学和宗教信仰层面对亚里士多德辩证哲学的垄断地位的冲击。换言之，“瓦拉所批判的不仅仅是波爱修斯的幸福观本身，而且将其思辨哲学的基础归结为修辞学与哲学的主从关系的颠倒”③。

1439 年，瓦拉的《论自由意志》和《辩证法与哲学的再

---

① 参见第 33 页注③。

② [美] 克里斯特勒：《意大利文艺复兴时期的八个哲学家》，姚鹏等译，上海译文出版社 1987 年版，第 32 页。

③ 赵敦华：《古典学的诞生与解经学的现代传统》，《北京大学学报（哲学社会科学版）》2013 年第 2 期，第 20 页。

专研》相继问世，其中的观点可以视作对《论快乐》的延续
和深化。《论自由意志》针对《哲学的慰藉》第五卷展开了批
驳[1]，而《辩证法与哲学的再专研》则对亚里士多德在经院哲
学体系中的垄断地位进行了全面批判。对于上述两部作品，莱
布尼茨给予了高度评价，称自己"从瓦拉反对波爱修斯的著作
和路德反对伊拉斯谟的文章中享受到极大的满足"[2]。在瓦拉心
中，辩证法应是与语文学和修辞学紧密相关的逻辑学，其宗旨
在于以深入浅出、明晰易懂的方式阐释哲学理论。因此，他反
对中世纪的经院派哲学家将这一学科人为地复杂化和神秘化，
致力于依靠古典拉丁文的语法和修辞学的手段使辩证法摆脱先
前故弄玄虚和枯燥呆板的演绎程序，并以典雅、流畅、形象、
活泼的论述方式取而代之。这一思想代表了人文主义学者在逻
辑学领域的改革方向，在这条由瓦拉开辟的道路上，荷兰学
者鲁道夫·阿格里科拉（Rodolphus Agricola，1443—1485）[3]、
西班牙学者胡安·路易斯·维夫斯（Juan luis Vives，1492—
1540）[4]、法国学者彼得吕斯·拉米斯（Petrus Ramus，1515—
1572）[5] 以及后来的鹿特丹的伊拉斯谟[6] 将进行更为深远的探

---

[1]　L. Valla, *Lorenzo Valla: scritti filosofici e religiosi*, Traduzione di Radetti G. Firenze: Sansoni, 1953, p. XXV.

[2]　F. V. G. W. Leibniz, *Theodicy*, E. M. Hugguard（ed.）, Charleston: BiblioBazaar, 2007, p. 68.

[3]　鲁道夫·阿格里科拉是 15 世纪尼德兰人文主义学者，毕生从事演说词的撰写和古典著作的翻译和评注工作。他坚信修辞学是比辩证法更为重要的学科，其作品《论逻辑论证的运用》对文艺复兴时期的修辞学发展有重要贡献。

[4]　胡安·路易斯·维夫斯是 16 世纪西班牙人文主义者、哲学家和教育家。

[5]　彼得吕斯·拉米斯是 16 世纪法国人文主义学家、逻辑学家、哲学家、教育改革者。他在 1572 年发生的圣巴泰勒米大屠杀中被杀。

[6]　1504 年，鹿特丹的伊拉斯谟在比利时鲁汶的杜帕尔克修院中读到了瓦拉的

索，这种探索承袭古典文明的遗产，也开创了全新的传统："这一历史起源于经典，传世于经典的评注、改造和转化；这一历史的每一时刻都沉淀着过去，适应着现在，创造着未来；连续的思想在不同时空、不同语言的文本之中和之间，前后流动，上下跳跃；经典和古典学为新文本提供思想材料，每一时代新作在经典传承中灌注生机和活力，又化为古典学的新对象和方法。"①

《〈新约〉之比较研究》，为其日后的宗教文献评注工作奠定了基础。

① 赵敦华：《古典学的诞生与解经学的现代传统》，《北京大学学报（哲学社会科学版）》2013年第2期，第27页。

第四篇

宁言而死　勿默而生

在《15 世纪的意大利哲学家》一书中，欧金尼奥·加林（Eugenio Garin, 1909—2004）[1]对瓦拉的学术影响进行了如下描述："在 15 世纪所有哲学作品的作者之中，瓦拉是最为复杂、也最为活跃的人物之一。针对他的评价毁誉参半，褒贬不一。"[2]的确，《论快乐》（及其后续版本）手稿一经发表，就立刻引发了当时社会各界的众说纷纭：针对该作品的核心观点，赞同与批判交杂而至；针对瓦拉本人的学术研究，亦是既有鼓励之言，也有斥责甚至是谩骂之声。尤为值得注意的是，该作品的印刷版本无一例外地是在欧洲北部地区诞生并开始流传的；相反，在意大利境内，该作品却在相当长一段时间里处于封禁状态。在赞誉与贬斥、喧嚣与沉寂之间，瓦拉究竟经历了怎样的波澜起伏？

---

[1] 欧金尼奥·加林是 20 世纪意大利哲学家和哲学史专家，蜚声国际的文艺复兴研究专家。

[2] E. Garin, *Filosofi italiani del Quattrocento* (edizione anastica), Roma-Firenze: Edizioni di storia e letteratura, 2012, p.162.

第二十章　一石激起千层浪

在 15 世纪的意大利，尽管"古代文明"作为一个整体，其价值已经重新得到世人的普遍重视，但是，人文主义学界内部并不是整齐划一的"铁板一块"：关于如何甄别、选择、继承和发展古人留下的文化遗产，以古代智慧之光照亮中世纪的无知、盲目和野蛮所造成的黑暗，众多学者在不同的领域，朝着不同的方向进行了各自的尝试。在文艺复兴时期处于变动与转型的社会中，他们基于其各自所处的家庭与社会背景，表现出不同的行为方式、文化旨趣与政治理想。[①] 因此，人文主义学界内部在呈现出一股具有共性的、以回归古代为特色的主要潮流的同时，各种派别与理论之间的张力亦不容忽视。

与同时期的其他伦理学作品相比，《论快乐》并非一部循规蹈矩之作。且不说其第一版文稿标题直接使用了当时屡遭诟病的"快乐"一词，单论其对话人物所代表的立场及瓦拉借其之口阐述的内容，就足以引起学界哗然。在《论快乐》中，瓦拉首先借伊壁鸠鲁派发言人之口发表了一系列赞扬"快乐"（尤其是"感官快乐"）的言论，随后又以基督教神学家的名义将"快乐"与宗教层面的"天国真福"统而论之，从而将"快乐"

---

① 孟广林：《欧洲文艺复兴史（哲学卷）》，人民出版社 2008 年版，第 28 页。

由"浸淫人心智"的"恶"一举提升为"唯一且至高无上"的"真善"。如果说瓦拉在该作品中对经院派的批判代表了15世纪意大利人文主义学界的主流思想之一，那么他在字里行间流露出的对伊壁鸠鲁派思想的"推崇备至"，以及他所主张的带有明显人性化色彩的基督教伦理体系，则并不属于那一时代的普遍共识。《论快乐》的发表之所以招致纷纷议论——有人斥其"离经叛道"，也有人赞其"气象一新"，其中一个重要的原因就在于不同的学者对瓦拉看似"放荡不羁"的伦理价值观念进行了截然不同甚至相互对立的解读。

第一节　批驳与谩骂

在意大利人文主义学界，针对《论快乐》的批驳主要来自两位学者：巴托洛梅奥·法齐奥和波焦·布拉乔利尼。

法齐奥出生于拉斯佩齐亚的律师世家，早年曾在维罗纳、佛罗伦萨和热那亚求学，师从著名希腊文和拉丁文专家——维罗纳的瓜里诺。1429年，法齐奥在帕维亚与贝卡德里结识。1436年起，法齐奥效力于热那亚共和国，并于1443年9月20日代表热那亚出使那不勒斯王国。正是由于友人贝卡德里的挽留，法齐奥在完成出使职务后仍在那不勒斯停留许久，直至1446年才返回热那亚继续担任共和国文书官。旅居那不勒斯期间，法齐奥与阿拉贡宫廷的人文主义学者交往密切，与同一时期供职于此的瓦拉亦展开学术上的交流。然而，法齐奥与瓦拉的学术探讨未能长期保持友好的气氛，不久之后就转变为剑拔弩张的唇枪舌剑，《论快乐》一书也成为二者激烈争执的焦点之一。

早在《论快乐》第一版文稿发表之后，法齐奥就曾指责瓦拉剽窃其"伯父"的一段文字，且在匆忙之中忘了删除出现在原文中的"安东尼奥·洛斯基"的姓名，故而露出了马脚：

事实上，在那本谈论"至善"之荣耀的作品中——我知道你学养深厚的伯父曾写过一部类似的作品——某些文字是被你暗中抄袭而来的：匆忙之中就连安东尼奥·洛斯基的名字也忘了删掉，居然一同搬上来了。①

然而，法齐奥的这一指责却是站不住脚的：且不说瓦拉轻松地回应自己问心无愧，故而无须避讳洛斯基的名字，仅从他对瓦拉和洛斯基之间关系的界定，就能看出此人并不曾仔细读过《论快乐》——安东尼奥·洛斯基并不是瓦拉的伯父，瓦拉在成长过程中，也只得到过"舅父"梅尔吉奥莱的辅导和提携。②

1445 年，法齐奥专门撰写了一部题为《论幸福人生》(*De Humanae vitae felicitate*) 的作品。表面看来，该作品与《论快乐》十分类似：二者同为辩论体作品，参与对话的人物也是三位当代学者——维罗纳的瓜里诺、安东尼奥·贝卡德里和乔凡尼·拉莫拉(Giovanni Lamola，约 1407—1449)③，且探讨的主题也是属世快乐和天国真福。然而，值得注意的是，在这部作品中，法齐奥特意将贝卡德里设置为亚里士多德派的发言人，宣扬"沉思生活"的崇高价值。这无疑是对瓦拉发出的一种挑战——在《论快乐》中，贝卡德里是以伊壁鸠鲁派发言人

---

① L. Valla, *Opera Omnia*, Basilea: Henric Petri, 1540, pp. 620-621.

② L. Valla, *De vero falsoque bono* (critical edition), M. D. P. Lorch (ed.), Bari: Adriatica Editrice, 1970, p. XXX.

③ 乔凡尼·拉莫拉是 15 世纪意大利人文主义学者，曾师从加斯帕里诺·巴尔齐扎、弗朗切斯科·菲莱尔福等学者，是维罗纳的瓜里诺的友人。

的形象出现的。当然，法齐奥挑战瓦拉的主要目的并不在于批驳《论快乐》的观点，而是试图与瓦拉在论述水平上一较高下。可惜，这部作品的观点并无新意，论述逻辑亦不够严密，不但未能打压瓦拉的名望，反而因为缺乏令人信服的论据及合理的逻辑思维遭到瓦拉的斥责。

在贝卡德里的支持下，法齐奥将对瓦拉的批驳进行了整理，汇总为四卷本《针对洛伦佐·瓦拉的辟谬》(*Invective in Laurentium Vallam*)。该作品第三卷的主要内容就是针对瓦拉对《论幸福人生》的批驳所进行的自我辩护。此外，法齐奥还痛斥了瓦拉的拉丁文文法错误以及在史学作品中信口雌黄。为此，瓦拉迅速撰写了《驳斥法齐奥》(*Recriminationes in Facium*)，反唇相讥，两人之间的诘难与辩驳频繁而激烈。

另一位与瓦拉保持长期论战的学者是著名的波焦·布拉乔利尼。早在1426年，瓦拉发表处女作《论西塞罗与昆体良之比较》时，作为前辈的布拉乔利尼就因初出茅庐的瓦拉对西塞罗在修辞学领域的权威提出质疑而感到不满。1452年至1453年上半年期间，布拉乔利尼更是数次撰文，不仅对瓦拉所有著作中的语言问题逐一挑出并加以批驳，并且嘲讽他的身材相貌和穿着打扮，甚至指责他的生活作风。在布拉乔利尼笔下，瓦拉俨然成为人文主义学术圈中最为低俗下流、放荡可耻、不学无术且自命不凡的败类。①

倘若法齐奥针对《论快乐》的挑衅主要是为了在论述技巧上与瓦拉一比高低，那么布拉乔利尼对《论快乐》的批驳则集

---

① S. I. Campoerale, *Poggio Bracciolini contro Lorenzo Valla*, BRACCIOLINI P, FUBINI R. Poggio Bracciolininel VI centenario della nascita. Firenze: Sansoni, 1982, p. 137.

中于瓦拉的人文主义伦理观。布拉乔利尼抨击瓦拉为"基督教之敌"[1]，尤其将《论快乐》第三部分的论述视作与基督教传统教义相违背的异端邪说。[2] 在布拉乔利尼看来，瓦拉撰写《论快乐》的目的，纯粹是为了宣传享乐主义，并以这种哲学玷污了基督教的纯洁。

针对布拉乔利尼在各方面的诸多指责和谩骂，生性倔强、争强好胜的瓦拉迅速以三卷本《为波焦消毒》进行回应。其中，关于布拉乔利尼对《论快乐》的斥责，瓦拉不依不饶：

> 噢，波焦，假如我要将你污蔑为伊璧鸠鲁派的代言人，我能摆出的证据要比你多得多！我能给你扣上的帽子将有许多顶！相信我，我会让"海"变成"酒"，而你则是在酒的海洋中遨游的"酒神"。维吉乌斯[3]的确谈到了酒，然而，他[4]为人如此严肃庄重，与你波焦完全是两类人，正是他让我注意言辞不要过于狂放，免得被人视作一个真正的伊璧鸠鲁派。[5]

不难看出，在布拉乔利尼与瓦拉的舌战中，双方都竭力冷嘲热讽，言辞刻薄，相互攻击对方的学术研究与为人处世之道，其激烈程度曾引起同时代其他学者的广泛关注。

---

① 　G. Radetti, *La religione di Lorenzo Valla*, Università di Roma: Istituto di filosofia. Medioevo e Rinascimento: studi in onore di Bruno Nardi, II. Firenze: Sansoni, 1955, p. 597.

② 　P. Byrne, "'Cast out into the hellish night': Pagan Virtue and Pagan Poetics in Lorenzo Valla's De Voluptate", in *Ex Historia*, 2013, Vol. 5, p. 48.

③ 　此处指《论快乐》第二版及后续版本文稿中的伊璧鸠鲁派发言人维吉乌斯。

④ 　此处指《论快乐》第二版及后续版本文稿中的伊璧鸠鲁派发言人维吉乌斯的原型马菲奥·维吉奥。

⑤ 　L. Valla, *Antidota in Poggium*, Valla L. Opera Omnia, vol. I. Basilea: Henric Petri, 1540, p. 342.

此外，那不勒斯人文主义学者乔凡尼·彭塔诺（Giovanni Pontano，1429—1503）[①]也曾对瓦拉的宗教观念提出质疑。[②]15世纪70年代，锡耶纳人文主义学者阿格斯蒂诺·达蒂（Agostino Dati，1420—1478）[③]还撰写了《关于"快乐"的探讨》（*Sermo de voluptate*），批判瓦拉对"快乐"一词的含义进行过度扩充。[④]

第二节　赞誉与鼓励

除了批驳和斥责，瓦拉因《论快乐》收获了更多来自意大利人文主义学界的赞誉和鼓励。

15世纪的知名人文主义学者、政治家德琴布里奥是瓦拉最为敬重的"百科全书式的人文主义学者"，除了具备令其他许多学者望尘莫及的拉丁文造诣，还精通语文学、历史学、修辞学、哲学，对宗教和医学也有深入研究。早在与瓦拉结识初期，德琴布里奥就曾在一封致克雷莫纳的安东尼奥（Antonio Cremona，生卒年不详）[⑤]的信件中称赞瓦拉"文风

---

① 乔凡尼·彭塔诺是15世纪意大利人文主义学者和政治家，那不勒斯人文主义学者中的代表人物。

② G. Radettl, *La religione di Lorenzo Valla*, Università di Roma: Istituto di filosofia. Medioevo e Rinascimento: studi in onore di Bruno Nardi, II. Firenze: Sansoni, 1955, p. 597.

③ 阿格斯蒂诺·达蒂是15世纪意大利人文主义学者、历史学家和哲学家，曾师从弗朗切斯科·菲莱尔福。

④ R. Fubini, *Umanesimo e secolarizzazione da Petrarca a Valla*, Roma: Bulzioni editore, 1990, p. 363.

⑤ 克雷莫纳的安东尼奥是15世纪意大利人文主义学者，安东尼奥·贝卡德里的友人。

简练而高雅，用语精当，令人信服"①。在读过《论快乐》的第一版手稿之后，德琴布里奥更是对这部作品赞不绝口：

> 瓦拉的文风儒雅而高贵，观点犀利，思维清晰，论理有序。事实上，你若看重文章的条理，则没有哪篇文章比这部作品更为井然有序；你若追求雄辩，则没有哪篇文章比这部作品更为令人信服；你若看重修辞，则没有哪篇文章比这部作品更为丰富多彩；你若追求风雅，则没有哪篇文章比这部作品更为温婉雅致；你若看重激情，则没有哪篇文章比这部作品更为奔放自如；你若追求来生的快乐，则没有哪篇文章比这部作品更能让你感到喜极而叹。②

从上述评价可以看出，德琴布里奥与瓦拉有着十分相似的宗教伦理观，主张将古典传统与基督教教义相融合。与瓦拉类似，德琴布里奥并不认为天国真福处于属世生活的对立面，也不认为灵魂的救赎仅是修士的专利。在他看来，天国的救赎大门对所有人敞开，包括凡俗之人。因此，天国真福并非对属世之乐的否定，而是对后者的完善和升华。③ 或许正是出于观点上的近似，瓦拉才在《论快乐》的第三版文稿中将其设为旁听人物之一。

1433 年，瓦拉在米兰完成了《论快乐》第二版文稿（更名为《论真善与伪善》）。较之先前的第一版而言，这一版无论从标题名称、对话人物设置还是具体文稿内容上都发生了十分

---

① L. Barozzi, Sabbadini R., *Studi sul Panormita e sul Valla*, Firenze: Le Monnier, 1891, p. 64.

② Ibid., p. 64.

③ M. Fois, *Il pensiero cristiano di Lorenzo Valla nel quadro storico-culturale del suo ambiente*, Roma: Libreria editrice dell'Università Gregoriana, 1969, pp. 81-82.

明显的变化。修改完成后，瓦拉将第二版文稿分别寄给列奥纳多·布伦尼、卡罗·马苏皮尼和嘉玛道理会士盎博罗削等人文主义学界的友人，征求其评论和建议（收藏于佛罗伦萨的里卡迪图书馆的第七百七十九号抄本保留了若干分别由布伦尼、马苏皮尼和盎博罗削修士写给瓦拉的信笺，其落款日期均为1433年9月[①]）。

身为佛罗伦萨人文主义学术权威的布伦尼精通古希腊文和拉丁文，曾将亚里士多德的数部重要论著由古希腊文译介为拉丁文，其中包括：《尼各马可伦理学》《论家庭》《政治学》等。1426年，瓦拉在罗马与身为佛罗伦萨教宗特使的布伦尼结识，对其在古代语言领域的造诣钦佩有加，还曾请他指点自己的拉丁文习作，称其为"斧正者"。基于上述因素，在《论快乐》第一版手稿中，瓦拉将布伦尼设置为辩论中的斯多葛派发言人。

关于瓦拉在《论快乐》中提出的将"快乐"视作人生至善的观点，布伦尼并不赞同，并坚持自己在《伦理哲学导论》中谈到的亚里士多德关于"幸福"的论述。然而，尽管学术观点不尽相同，布伦尼却并未像布拉乔利尼一般，对瓦拉的伦理观横加指责。在写给瓦拉的回信中，布伦尼并未指责瓦拉的观点唐突莽撞、大逆不道；相反，他却告诫布拉乔利尼在遣词造句时务必更为谨慎，避免言过其实。[②] 此外，他对作品中第二部分关于"人死之后灰飞烟灭"的观点提出了异议，并抄录了一

[①] V. Vestri, *Il codice riccardiano 779 con le lettere al Valla sul De vero bono*, Lorenzo Valla e l'Umanesimo toscano: Traversari, Bruni e Marsuppini. Firenze: Polistampa, 2009, p. 107.

[②] L. Barozzi, Sabbadini R., *Studi sul Panormita e sul Valla*, Firenze: Le Monnier, 1891, p. 211.

段亚里士多德论"快乐"的文字，寄送给瓦拉作为参考。关于作品的对话体结构，布伦尼亦提出了个人看法，认为这种形式令作者本人的观点变得影影绰绰、难以辨识。①

马苏皮尼在回信中表示自己十分赞赏《论快乐》的形式和内容，但他格外强调对精神愉悦和肉体快乐进行严格的区分："一种属于宇宙的缪斯，一种属于世间的民众。"② 并补充说："只有在基督教信仰的引领下，方能获得天国真福。"③

尤为值得重视的是来自盎博罗削修士的反馈。此人是嘉玛道理会的领袖，以为人端庄、信仰虔诚和学养深厚而著称。他曾先后给瓦拉写过两封回信。在第一封信中，盎博罗削表示自己"尽管琐事缠身，仍将《论快乐》一口气读完"④，并赞扬"作品风格优雅，深入浅出，与论述的主题相得益彰"⑤。在第二封信中，他表示自己"将作品读过两遍，意犹未尽之际又重读第三次，深感其中的论述令人心服口服；从此之后只愿遵从瓦拉倡导的伦理观，不愿再理会其他学说，因为瓦拉的论述十分神圣、精彩而又庄重"⑥。对于瓦拉将"快乐"视为人生最高目标的观点，身为教职人员的盎博罗削居然"大胆"称道，并支持

---

① L. Barozzi, Sabbadini R., *Studi sul Panormita e sul Valla*, Firenze: Le Monnier, 1891, p. 210.

② R. Fubini, *Umanesimo e secolarizzazione da Petrarca a Valla*, Roma: Bulzioni editore, 1990, p. 363.

③ G. Di Napoli, *Lorenzo Valla: filosofia e religione nell' Umanesimo italiano*, Roma: Edizioni di storia e letteratura, 1971, pp. 187-188.

④ L. Barozzi, Sabbadini R., *Studi sul Panormita e sul Valla*, Firenze: Le Monnier, 1891, p. 210.

⑤ Ibid., p. 210.

⑥ Ibid., p. 210.

世人勇敢追求"快乐"。

此外，还有其他人文主义学者对《论快乐》提出了善意的建议和忠告。例如，基督教神学家乔凡尼·托尔泰利肯定瓦拉的"全新伦理观"，同时叮嘱他在宗教问题上应保留更为谨慎的态度。① 瓦拉的好友维吉奥——《论快乐》第二版及所有后续版本文稿中的伊壁鸠鲁派发言人——善意地建议瓦拉将研究重点放在语言学和语法学领域，不必轻率地涉及哲学和宗教领域。②

可以说，除了少数与瓦拉有过"私人恩怨"的学者之外，大部分学者都没有将瓦拉视作放荡不羁、极情纵欲的享乐主义者，针对他提出的全新伦理观念，尽管并非所有人都能够欣然接受，但也都能以求同存异的态度善意地聆听，并作出冷静的评判。

在人文主义时期，意大利社会正在历经由中世纪向近现代过渡的历史变革。尽管禁欲主义的阴霾尚未完全散去，但世俗化进程已然成为不可逆转的历史潮流。在一个看似被动等待上帝救赎，实则崇尚健康、财富、荣耀、爱情等属世价值的社会里，人人都在以各自的方式追求"快乐"，诚如德·桑蒂斯（Francesco Saverio de Sanctis, 1817—1883）③ 所言："就这样，同时存在着两个不同的社会，它们相互间并没有很大的干扰。思想自由被否定，禁止对抽象的教理提出疑问；然而实际生活却是另一回事，人们以上帝和圣母玛利亚的名义去追求快乐，

---

① M. Fois, *Il pensiero cristiano di Lorenzo Valla nel quadro storico-culturale del suo ambiente*, Roma: Libreria editrice dell'Università Gregoriana, 1969, p. 483.

② Ibid., p. 483.

③ 弗朗切思科·萨维里奥·德·桑蒂斯是19世纪意大利作家、文学批评家、哲学家，曾担任意大利王国教育部长。

而且人们也可以以上帝和圣母玛利亚的名义去追求快乐。"① 在新旧伦理价值体系的瓦解与重构之际，一大批人文主义学者向变革中的社会提出考问，希望通过对于人生至善的探讨，找寻未来人类社会的发展方向。在 14 世纪，薄伽丘的小说《十日谈》从文学的角度生动地刻画了传统主流价值观与现实生活之间的冲突；一个世纪之后，菲莱尔福、拉伊蒙迪等人亦逐渐开始从理论层面探讨伊壁鸠鲁派思想的价值。然而，相较于布鲁尼、布拉乔利尼等老一代人文主义学者而言，瓦拉展现出了一种作为新生代学者独有的活力和创意，尽管其伦理价值观在当时尚无法获得社会各界的普遍认同，但其思想体系的"创新"之处却是无可否认的：首次正视人对于"快乐"（及"利益"）的欲求，并从人性伦理和宗教伦理层面上系统论证此种欲求的合理性与必要性。正因如此，就连作为时任教宗尤金四世心腹人物的嘉玛道理会士盎博罗削也对《论快乐》中所倡导的伦理价值观念表示赞同：该作品不仅准确地反映了当时意大利社会的实际情况，还尝试从理论层面上给同时具有自然属性和宗教精神的人提供一个完善的伦理解决方案：将快乐与真福相融合，将属世利益与宗教信仰相融合，将世俗与神圣相融合。②

《论快乐》代表了一种全新的伦理观念：拒绝没有信仰引导的空洞的"高尚"，拒绝传统观念中对感官享受的蔑视，拒绝将天国真福视作属世快乐的对立面，拒绝一切打着神圣的旗号反对自然、反对人性的主义。从这一角度而言，瓦拉的《论

---

① F. S. De Sanctis, *Storia della letteratura italiana*, vol. I, Torino: Giulio Einaudi editore, 1958, p. 369.

② L. Barozzi, Sabbadini R., *Studi sul Panormita e sul Valla*, Firenze: Le Monnier, 1891, p. 211.

快乐》宣告了一个新的历史时期即将到来。当然,作为过渡时期的人物,瓦拉的思想还不够完善和成熟,还缺乏强有力的意志和行动,不足以构建一个稳固的全新伦理系统,这一切都有待后世学者将其思想发扬光大。[①] 这一漫长的历史时期并非是风平浪静的和平演变,而是一个包含探索与反探索、创新与反创新、改革与反改革的,充斥着激烈冲突和斗争的过程。一方是试图维护原有伦理价值体系和学术研究方法的经院派;另一方则是以彼特拉克为先驱的人文主义学者,他们批判对权威的盲从,倡导以全新的方式自由自主地探寻真理之所在。作为后一阵营的典型代表,瓦拉以其桀骜不驯的性情、惊世骇俗的观点和一针见血的文风在赢得盛誉的同时成为反对者的众矢之的。事实上,这恰恰体现了瓦拉思想对于 15 世纪意大利社会的价值:在一个已经出现变化端倪,却尚未彻底完成变革的社会中,前瞻性越强的学者越容易招致同时代人的非议;或者说,富于前瞻性的观点往往要经过若干年的历史验证,方可得到后人的普遍认同。基于此,《论快乐》在人文主义学界引起的褒贬不一的反响,恰好可以证明瓦拉的伦理观念在人文主义思想与基督教信仰相融合的过程中起到的重要作用。

[①] G. Li Vecchi,. *La filosofia di Lorenzo Valla*, Cefalù: Lorenzo Misuraca Editore, 1978, p. 68.

第十三章　瓦拉与德国宗教改革[①]

1517 年，宗教改革运动在马丁·路德的倡导下在德意志拉开序幕，并迅速在北欧地区呈现星火燎原之势。论及宗教改革运动的对象，毫无疑问，其矛头直指当时腐败、专制、对世俗权力虎视眈眈的罗马教廷；然而，谈到这场批判性运动的理论依据——基督教人文主义思想，二者之间的复杂关系至今依然是学界探讨的焦点。

瓦拉一生与罗马教廷有着频繁且复杂的互动。1431 年，在完成《论快乐》第一版文稿之后，身在帕维亚的瓦拉迅速将文稿抄本寄往罗马，希望得到教宗尤金四世的赏识，进而获得进入教廷供职的机会。1434 年，瓦拉再次将该作品第二版文稿的第三部分呈献给教宗——之所以只呈献了最后一部分，很可能是因为瓦拉担心前两部分的论述过于偏离主流观点，会引起教廷误解。遗憾的是，瓦拉的两次呈献都没有获得教廷的重视。1444 年，瓦拉遭到那不勒斯宗教裁判所的审判，表面原因在于瓦拉曾与方济各会修士安东尼奥·达·比敦托（Antonio da Bitonto，1385—1465）[②] 在《使徒信经》（Credo）作者真伪的

---

① 本章内容已作为独立的论文，发表于《跨文化对话》第 37 辑。
② 安东尼奥·达·比敦托是 15 世纪意大利方济各会修士，先后在费拉拉、博洛尼亚和曼托瓦等地传教。

问题上发生争执，但究其根本，乃是瓦拉在《论快乐》及其后续作品《论自由意志》和《辩证法与哲学的再专研》中所主张的具有明显人性化色彩的宗教伦理观念挑战了基督教传统教义的权威。面对宗教裁判所的强压，瓦拉撰写了一篇题为《自我辩护辞》（*Defensio quaestionum in philosophia*）的文稿，向教宗恳切陈词，力证其《论快乐》《论自由意志》《辩证法与哲学的再专研》及《论修道士的誓言》并非宣扬异端邪说之作。然而，瓦拉的辩白并未起到实质性的作用，直到那不勒斯国王阿方索五世出面干预，瓦拉才躲过一场牢狱之灾。1448 年，瓦拉离开那不勒斯，重返罗马，担任教廷公证员和书吏，夙愿终于得偿。但上述四部作品却一直名列罗马教廷的禁书目录，直至 1900 年的利奥十三世（Papa Leo XIII，1810—1903）[1] 改革才彻底解禁。[2] 然而，这些在意大利境内一度遭到封禁的作品，却在德国、荷兰、瑞士等地广为流传，并产生了深远的影响。

第一节　瓦拉作品在宗教改革地区的流传

一、《论拉丁文的优雅》

在宗教改革地区，传播最为广泛的瓦拉著作当属《论拉丁文的优雅》。这部论著是瓦拉最为重要的语言学和语文学

---

[1]　教宗利奥十三世，于 1878—1903 年在任。

[2]　R. Fubini, "Ricerche sul De voluptate di Lorenzo Valla", in *Medioevo e Rinascimento: Annuario del dipartimento di studi sul Medioevo e il Rinascimento dell' Università di Firenze*, 1987, Vol. I, p. 207.

代表作。瓦拉在该作品中强调古典拉丁文的优雅与纯正，并以西塞罗和昆体良的作品为例，通过分析后世学者对二人作品的不同解读，探讨古典拉丁文语法在中世纪各个时期的演变历程。瓦拉痛斥中世纪经院派学者对古典拉丁文语法的野蛮篡改，号召人文主义学者恢复古代的语言传统，在语言学和语文学知识的帮助下，回溯古代经典作品之本源（Ad fontes），令语言学研究成为哲学、伦理学、神学、历史学研究的有力工具。

自 15 世纪下半叶起，《论拉丁文的优雅》作为德意志学者研习拉丁文的基础工具书开始在德语地区流传，其中不仅包括第一个完整版抄本，还有大量关于该书的摘要本和选录本。奥格斯堡的领主西格蒙德·格森布洛特（Siegmund Gossembrot，1417—1493）[1] 是众多读者之一，他曾与哈特曼·舍德尔（Hartmann Schedel，1440—1514）[2] 等人率先推动人文主义思想在德意志的传播。格森布洛特在自己收藏的《论拉丁文的优雅》抄本中撰写了大量摘要和笔记，其中涉及的内容并不局限于在语言学领域的心得。对于瓦拉在该书第四卷序言中对经院派学说进行批判，格森布洛特不仅深感赞同，还将其推荐给人文主义学者路德维希·德林根贝格修士（Ludwig Dringenberg，约1410 至 1415—1477）[3]：

关于这封题为《证实》的信函内容，其依据详见洛伦佐·瓦拉《论拉丁文的优雅》第四卷序言。[4]

---

① 西格蒙德·格森布洛特是 15 世纪奥格斯堡的领主、德意志人文主义学者。

② 哈特曼·舍德尔是 15 世纪德意志人文主义学者、历史学家和物理学家。

③ 路德维希·德林根贝格是 15 世纪德意志修士、教育家、人文主义学者。

④ M. Cortesi, *Scritti di Lorenzo Valla tra Veneto e Germania*, BESOMI O, M. Rego-

随后，格森布洛特亦提到了自己对中世纪经院派神学理论的质疑，并就古典诗歌与基督教文献的关系进行了探讨。

二、《论自由意志》

1439 年，瓦拉发表了《论自由意志》一文，指出人类在善恶选择之间拥有自由意志，并能通过此种意志与上帝意志的合作获得救赎，从宗教层面上强调了人的自由和自主，彰显其价值。在该部作品中，瓦拉直击在中世纪中晚期占据权威地位的经院派哲学理论，反对用空洞的哲学概念和烦琐的逻辑推理来理解基督教信仰，主张恢复保禄和奥古斯丁等早期教父的基督教传统，将信仰建立在对《圣经》本身的理解和思考之上。

该作品发表后不久便遭到罗马教廷的封禁。然而，14 世纪 60 至 80 年代期间，在德语和弗拉芒语地区却先后流传着 12 个抄本——这是一个明确的信号：只有在北欧地区，瓦拉的思想才能找到合适的土壤生根发芽。

在所有抄本中，最为引人注目的当属约翰内斯·孟德尔（Johannes Mendel，生卒年不详）保存的版本。此人曾担任艾希斯特主教约翰·冯·艾克（Johann Von Eych，1404—1464）[1]的书记官。之所以认为该抄本格外重要，是因为该抄本不仅收录了《论自由意志》的文稿，还包括一封艾克写给泰根塞修院院长的书信。主教在信中主张以勤勉的布道取代禁欲的修院生活；以积极的使徒精神取代被动的墨守成规；以发自内心的对

---

liosi, *Lorenzo Valla e l' Umanesimo italiano. Atti di convegno internazionale di studi umanistici*, Padova: Antenore, 1986, pp. 377-382.

[1]　约翰·冯·艾克是 15 世纪德意志艾希斯特主教。

上帝的爱取代索然无趣的形而上学推理。这些观点与瓦拉在
《论自由意志》和《论修道士的誓言》中的论述可谓一脉相承：
一方面是对经院派哲学抽象推理的反抗；另一方面是对修士生
活的种种清规戒律的批驳。

三、《〈君士坦丁赠礼〉辨伪》

另一部与宗教改革密切相关的作品是瓦拉于 1440 年撰写
的政治檄文《〈君士坦丁赠礼〉辨伪》。当年，瓦拉效力的那不
勒斯王国和教宗尤金四世之间因领土争端爆发了战争。在这篇
檄文里，瓦拉从考证不同历史时期的拉丁文语法入手，就《君
士坦丁赠礼》这一文献进行逐字逐句的分析，指出了诸多可疑
的语言现象，成功地证明了该文献实属伪造的事实。此外，瓦
拉在文中对罗马教廷的腐败、专制以及对世俗权力的贪婪进行
了辛辣的讽刺，与马丁·路德发起宗教改革时对教廷的批判遥
相呼应。

据统计，流传于德语地区的《〈君士坦丁赠礼〉辨伪》抄
本中，有 25 本保留至今，其抄录日期分布在从 1450 年至 16
世纪初期的五六十年间。其中，抄录日期早于瓦拉去世年代的
有三个抄本：一本抄录于 1451 年；一本抄录于 1456 年之前——
因为该抄本的主人、宗教裁判所法官若望·卡比斯特拉诺神父
（Giovanni da Capestrano，1386—1456）[1] 于 1456 年去世；另一
本则很可能抄录于 1444 年——因为该抄本还包含 1444 年瓦拉

---

[1] 若望·卡比斯特拉诺是 15 世纪意大利天主教神父，曾担任宗教裁判所法官，1690 年被封为圣人。

在宗教法庭上的《自我辩护辞》。① 除此之外，其余 22 个抄本的年代均在瓦拉去世以后，且绝大多数都集中于 16 世纪初期。这一现象并不难以理解：1443 年，教宗尤金四世与那不勒斯国王阿方索五世在特拉希纳签署了协议，在领土争端的问题上达成了和解，也就暂时平息了《〈君士坦丁赠礼〉辨伪》一文引发的轩然大波。然而，对于 16 世纪初德意志的宗教改革家们而言，瓦拉在这篇檄文中对罗马教廷的斥责恰好与他们酝酿已久的运动不谋而合，自然会得到他们的格外青睐。②

上述抄本的所有者大致可分为两类：第一类是基督教廷的各类教职人员，第二类则是宗教改革前期阿尔卑斯山北部地区的学者。对于前者而言，既然该文已经广为流传，不可能加以封禁，就必须对其进行深入研究，以便在第一时间组织驳斥和回击，从而巩固教廷的权威；至于那些期待教廷革新的宗教人士和世俗学者，他们则渴望在瓦拉的文字中为自己的观点找到具有说服力的理论根据，为即将拉开序幕的宗教改革运动做好理论层面上的准备。

四、其他作品

在德语地区广为流传的瓦拉作品还包括《致尤金四世的辩解辞》（*Apologia ad Eugenium IV*）。该文再度强调其遭到封禁的三部理论作品（《论快乐》《论自由意志》《辩证法与哲学的

---

① G. Zippel, "L'autodifesa di Lorenzo Valla per il processo dell'inquisizione napoletana (1444)", *Italia medievale e umanistica*, 1979 (13), pp. 59-84.

② M. Regoliosi, "Lorenzo Valla e la riforma religiosa del XVI secolo", *Studia philologica valentina*, 2007 (7), p. 29.

再专研》）及《论修道士的誓言》并非离经叛道之作。

在弗拉芒语地区，则有另一部惊世骇俗之作的唯一抄本得以流传——《〈新约〉之比较研究》。在该作品中，瓦拉以古典希腊文、古典拉丁文及相关语文学研究为工具，首次以理性的视角针对哲罗姆译介的、已被教廷批准为权威译本的《通俗拉丁文本圣经》（Vulgata）提出质疑，将其中的内容与希腊文原版文字进行细致比对，指出其中的诸多谬误。1504 年，鹿特丹的伊拉斯谟在鲁汶的杜帕尔克修院读到了该作品，为其日后的宗教文献评注工作奠定了基础。

五、瓦拉作品印本的传播

随着印刷术在巴黎、里昂、斯特拉斯堡、鲁汶、巴塞尔及意大利部分地区的逐渐普及，瓦拉作品的印本亦层出不穷。在这一过程中，伊拉斯谟功不可没。作为瓦拉基督教人文主义思想的继承者和发扬者，伊拉斯谟大力推动瓦拉作品的印刷和传播。从数量上看，印刷最多的仍是《论拉丁文的优雅》，逻辑学作品《辩证法与哲学的再专研》也为数不少。1506 年，维也纳的约翰·辛格里纳（Johann Singriener，1480—1545）[1] 和莱昂哈·阿兰特斯（Leonhart Alantsee，？—1518）[2] 出版了一部印刷版瓦拉作品集，其中收录了《论自由意志》《致尤金四世的辩护辞》和批判 14 世纪权威法学家萨索费拉托的巴托罗的檄文《驳巴托罗书》，尤其后两部作品是首度印刷。此举的

---

[1] 约翰·辛格里纳是 16 世纪维也纳出版商。

[2] 莱昂哈·阿兰特斯是 15—16 世纪维也纳出版商和书商。

幕后推手是时任维也纳大学校长、人文主义学者和政治家约阿
希姆·瓦迪安 (Joachim Vadian, 1484—1551)[①]。尽管瓦迪安的
初衷是为了反驳瓦拉对巴托罗的抨击，表明不能用语言学研究
替代法学研究，但在客观上，这部印本仍具有重要意义：它首
次将三部看似不相关联的作品集中收录于一本文集，令读者有
机会发现其中的紧密联系：尽管角度不同，瓦拉批判的对象却
只有一个，即经院派逻辑学在各个研究领域的垄断。如果说
《论自由意志》和《致尤金四世的辩护辞》是从宗教的角度对
经院派权威提出质疑，那么《驳巴托罗书》则是从法学角度对
其进行抨击。事实上，瓦拉撰写《驳巴托罗书》的主要目的并
不在于指责中世纪法学家的拉丁文造诣不高，而在于批评他们
在法学研究的过程中过度盲从亚里士多德的辩证法体系。在瓦
拉看来，亚里士多德尽管有着极高的学术成就，但并非不可触
碰，无条件的迷信和盲从只会成为人类在各个领域研究探索的
壁垒和阻碍。

　　1518—1519 年，在路德派改革家乌尔里希·冯·胡滕
(Ulrich Von Hutten, 1488—1523)[②] 的推动下，《〈君士坦丁赠礼〉
辨伪》一文的印刷版在美因茨和巴塞尔问世。人文主义学者
约翰内斯·科赫洛伊斯 (Johannes Cochlaeus, 1479—1552)[③]
在一封写给威利巴尔德·皮尔克海默 (Willibald Pirckheimer,
1470—1530)[④] 的书信中曾提到该印刷版的缘起：胡滕在科赫洛

---

① 约阿希姆·瓦迪安是 16 世纪瑞士人文主义学者、圣加仑宗教改革的倡导者。
② 乌尔里希·冯·胡滕是 16 世纪德意志人文主义学者、路德宗教改革的支持者。
③ 约翰内斯·科赫洛伊斯是 16 世纪德意志人文主义学者、神学家和音乐理论家。
④ 威利巴尔德·皮尔克海默是 15 至 16 世纪德意志人文主义学者、作家、律师，
人文主义学者伊拉斯谟的友人。

伊斯处看到了该文的手稿，随后便逐渐酝酿了将该文付梓印刷的想法。尽管这并非该作品最早的印刷版（1506 年的斯特拉斯堡印本），却是最为知名的版本。1517 年，路德发表了《关于赎罪券的意义及效果的见解》（*Disputatio pro declaratione virtutis indulgentiarum*），一年后，这个印本与之遥相呼应，甚至还颇具挑衅意味地在封面印上了"献给利奥十世"的字样。路德所读到的《〈君士坦丁赠礼〉辨伪》，正是这一版本。1537 年，路德从该版本译出了德文版，用作反对罗马基督教廷的宣传品，推动宗教改革的进行。

第二节　瓦拉的人文主义思想对路德的影响

马丁·路德对瓦拉的诸多作品均有研究，其中对《论自由意志》格外赞赏，他甚至将瓦拉视为新时代的奥古斯丁：

在我看来，一位是威克里夫（John Wyclif，1331—1384）[1]、一位是洛伦佐·瓦拉，尽管先前还曾有奥古斯丁。[2]

此外，《〈君士坦丁赠礼〉辨伪》也是路德的重点研究文本。1520 年，路德在一封写给德意志人文主义学者、宗教改革的重要人物乔治·斯帕拉廷（Georg Spalatin，1484—1545）[3] 的书信中提到了这篇文章：

我手头有一本由胡滕出版的洛伦佐·瓦拉的《〈君士坦丁

---

① 约翰·威克里夫是 14 世纪英格兰神学家、欧洲宗教改革的先驱。

② M. Luther, *Martin Luther's Werke Kritische Gesamtausgabe, vol.* 18, Weimar: Hermann Böhlaus Nachfolger, 1908, p. 640.

③ 乔治·斯帕拉廷是 16 世纪德意志人文主义学者、神学家和宗教改革家。

赠礼〉辨伪》。我的主啊，罗马人竟如此阴险和荒谬！令人惊讶的是，在主的审判之中，这谎言居然持续了这么久，不仅无人揭穿，而且还被重视，被归在如此不洁的、庞杂的、无耻的诏令一类的谎言中……我简直感到悲凉，几乎要质疑全世界大众期待的教宗竟然是敌基督：全世界民众对他的期待如此深切，以至于他所有的体验、行为、言辞、决定全都成立。[①]

类似的评价也出现在《驳罗马教宗：魔鬼的造物》(*Contra Papatum Romanum, a Diabolo inventum*) 中：

自此，关于《君士坦丁赠礼》的巨大谎言被完成，并被鼓吹……教宗们因这公开的弥天大谎而沾沾自喜，被妄想填满的内心日渐膨胀。愚人令愚人更加愚昧，瞎子为瞎子指路。对于这谎言，他们并非不明就里，任其四处传扬（其实他们心知肚明），而是故意要将它广而告之，并且令全世界的人们相信它。[②]

在《路德针对我们鲁汶和科隆的学者所遭遇的责难所作的回应》(*Responsio Lutheriana ad condemnationem doctrinalem per magistros nostros Lovanieneses et Colonienses factam*) 中，路德针对罗马教廷对瓦拉思想的审判和封禁进行了诚恳的维护：

（在我看来）洛伦佐·瓦拉是早期教会遗留的火花，亦是新的导火索，（早期教会神学家和教宗留下的火花为何要被熄灭？）他还被他们指控为是极其无知的，他们以各种无耻的方

[①] M. Luther, *Martin Luther's Werke Kritische Gesamtausgabe,* Vol. 2, Weimar: Hermann Böhlaus Nachfolger, 1931, p. 48.

[②] M. Luther, *Contra Papatum Romanum, a Diabolo inventum,* Vol.1, Wittenberg: Hans Luft, 1545, p. 3.

式存在，斥责他的愚蠢……如今洛伦佐的思想巍然屹立且日渐
强大。长久以来，意大利和整个教廷都无人能与之比肩，不仅
是在所有研究领域中……而且矢志不渝地信仰基督教，其虔诚
之心绝非虚情假意。①

路德对于瓦拉的赞誉并不局限于瓦拉在某个具体领域取得
的成就，更关乎瓦拉作为人文主义学者的整体学术素养和高贵
品行。

洛伦佐·瓦拉……纯粹、简单、有才华、率真。他取得的
成果比所有意大利人的成果加起来还要多。他想用各种方式来
辅佐年轻的意大利，并思考如何推广文字研究。此人就"自由
意志"进行了深刻的探讨。他将虔诚的信仰与文字研究相结
合……他曾深刻地探讨"自由意志"。他在虔诚的信仰与文字
研究中同时找寻"简单"这一品质，伊拉斯谟却只在文字研究
中寻找它，并且嘲笑前者所谓的"虔诚"。②

关于路德使用的一系列定语，"纯粹""简单""有才华""率
真"，可以从品行和素养两方面来理解：一方面，路德赞扬瓦
拉单纯的品性和虔诚的信仰；另一方面，路德亦欣赏瓦拉在写
作中所表现出的平实、简明、朴素的文风。在路德看来，瓦拉
的行文深入浅出，却有着强大的表现力和说服力，与先前故作
玄奥的经院派推理相比，显示出独有的清新之风。

综上所述，瓦拉的人文主义思想在德语和弗拉芒语地区的

---

① M. Luther, *Responsio Lutheriana ad condemnationem doctrinalem per magistros nostros Lovanieneses et Colonienses factam*, Martin Luther's Werke Kritische Gesamtausgabe, vol.6. Weimar: Hermann Böhlaus Nachfolger, 1964, p. 183.

② W. J. Wright, *Martin Luther's Understanding of God's Two Kingdoms*, Ada: Baker Academic, 2010, p. 97.

确得以普遍传播，并获得了以路德为代表的宗教改革家的接受、认可、传承和发扬。应该承认，瓦拉的思想的确与大半个世纪后的宗教改革运动存在某种切实的联系。

首先，作为语法学家和语文学家的瓦拉是德意志的宗教改革家了解和研习纯正古典拉丁文的当之无愧的导师。《论拉丁文的优雅》系统阐述了古典拉丁文的语法和词汇规范，被视作凝聚人文主义研究精髓的关键作品。倘若说瓦拉的初衷在于恢复古代的语言传统和规范，那么对于路德及其追随者而言，掌握古典拉丁文则成为他们抛弃中世纪经院派"注疏"，直接查阅古代经典文献，为其全新的宗教观点寻求理论依据的必不可少的工具。在《〈新约〉之比较研究》中，瓦拉冒着被教廷视作异端的风险，针对已被教廷审核为权威版本的《通俗拉丁文本圣经》进行研读，指出了其中的诸多疑点和谬误。正是在该作品的启发下，伊拉斯谟于1516年完成了希腊文版《新约》译本。1521年秋，路德参照伊拉斯谟的希腊文本，着手将《新约》译介为德文版，于1522年9月发表。随后，路德又将希伯来文本的《旧约》译介为德文，于1534年完成了整部《圣经》的翻译。可以看出，瓦拉倡导的"回到本源"与路德提出的"唯独圣经"（Sola Scriptura）堪称一脉相承之举。无论是对于瓦拉还是对于路德而言，语法学和语文学研究都起到了不可替代的关键作用。正因如此，宗教改革运动又被称为"关于书籍以及那本书的一场运动"[1]。

其次，在重塑人与上帝之间的沟通模式的问题上，作为哲

---

[1] ［美］T.乔治：《改教家的神学思想》，王丽译，中国社会科学出版社2009年版，第62页。

学家和伦理学家的瓦拉是引领路德及其追随者另辟蹊径的引路人。出于对古代文明的崇敬和对于人之天性的肯定,瓦拉拒绝将冰冷僵化的经院派禁欲主义理论作为人类企及真理的媒介;出于对《圣经》的笃信,路德拒绝将罗马教廷视为信徒企及上帝的媒介。正是在这个意义上,有学者认为:"'因信称义'(Sola Fide)是人文主义思想在神学领域的翻版。"①

在《论快乐》和《论自由意志》中,瓦拉将"人生""人性""人的德行""人的快乐"引入基督教神学体系,将上述问题视作某种全新的、人性化的宗教的中心点,从"遵从人性"出发,落脚于"人性的升华",这虽不是对基督教教义的直接否定,却在客观上冲击着中世纪一切以"神"为核心的神学体系。正是基于这样一种理论背景,路德提出了"因信称义"的口号,旨在以基督教早期教父思想为依据,恢复人与上帝的直接联系,从而规避教宗和其他各个层面上的教职人员构成的中介。可以认为,路德希望创立的宗教体系,亦具有一定程度的人性化色彩。

在《论快乐》中,瓦拉指出人间的世俗快乐与天国的永恒真福并不是彼此对立的,前者是后者的序曲,后者则是前者的完善和升华。因此,人们对于肉体快乐和精神愉悦的向往不仅不应遭到压抑和扼杀,更应该得到尊重和鼓励。在《论修道士的誓言》里,瓦拉主张包括修士在内的人努力追求合理的世俗价值(财富、爱情和婚姻等),反对修道院里违反人之天性的禁欲生活。受其影响,路德也提出人是由灵与肉两方面共同组

---

① 李韦:《路德宗教改革思想的基督教人文主义渊源》,《四川大学学报(社会科学版)》2010年第1期,第106页。

成的:"人有两个性,一个是属灵的,一个是属血气的。就人称为灵魂的灵气说,就叫做属灵的人,里面的人,或说新人;就人称为血气的属肉体的性说,就叫做属血气的人,外表的人,或者说旧人。"① 如此一来,人依其本性所犯的所谓"罪恶"就能够因其内心的信仰而被赦免。在教廷禁止教职人员嫁娶的问题上,路德表示坚决反对:"如果教宗、主教和教廷官吏将婚姻宣布为无效,他们就是敌基督者,就是破坏自然,犯了抗拒上帝的大罪。有经文表明:'上帝配合的,人不可分开。'"② 1925年,路德本人与一位名为卡塔琳娜·冯·博拉(Katharina von Bora,1499—1552)③ 的修女结婚,两人共同倡导世人在热爱世俗生活的基础上凭借宗教引导和完善人之天性。

最后,作为历史学家的瓦拉凭借深厚的语言学和语文学功底,从字里行间对历史文献进行分析和辟谬,有力地撼动了罗马教廷的权威。在《〈君士坦丁赠礼〉辨伪》一文中,瓦拉对罗马教宗的专制、腐败,尤其是对世俗财富和权力的贪婪进行了辛辣讽刺。对于路德派宗教改革家们而言,瓦拉的檄文当仁不让地成为了他们声讨罗马教廷的最为合适的前期宣传。这也成为其墓冢于1576年前后被迁出罗马拉特兰若望大教堂的直接原因。

可以认为,人文主义者瓦拉的思想的确是在基督教内部响起的叛逆之声,为宗教改革做了大量的前期准备工作,尤其是营造了恰当的思想氛围,直接推动了这场运动的发生。因此,

---

① [美]克尔主编:《路德神学类编》,王敬轩译,道声出版社2009年版,第85页。
② 《路德文集(第一卷)》,上海三联书店2005年版,第362页。
③ 卡塔琳娜·冯·博拉是16世纪德意志的一位修女,于1524年逃出修道院,并于1525年与宗教改革家马丁·路德结婚。

对于宗教改革家们而言，瓦拉的确如"特洛伊的木马"一般，在不自觉的情形下扮演了前期内应的角色。

第三节　路德的宗教改革思想对瓦拉的超越

鉴于瓦拉对路德产生的深刻影响，宗教改革的坚决反对者、特伦托大公会议成员奥古斯丁·斯图科（Agostino Steuco）曾在《护真信仰、驳路德派》（*Pro vera religione adversus Lutheranos*）一文中将瓦拉称作"路德派的旗手和典型"。[①] 罗贝托·贝拉明主教（Roberto Francesco Romolo Bellarmino）也曾在《基督宗教信仰的辩论》（*De controversiis christianae fidei*）中写道："洛伦佐·瓦拉……被视为路德派的先驱。"[②] 上述评价是否客观、中肯？应该看到，路德的宗教改革理念与瓦拉的人文主义宗教观之间，既包含顺向的继承和发扬，也存在逆向的冲突与超越。

首先，在对待基督教教义的问题上，尽管瓦拉和路德都反对罗马教廷的贪婪、腐败和专制，都倡导回归《圣经》之本源，也都从保禄、奥古斯丁等早期基督教教父的思想中吸取了诸多营养，但两者在立论出发点和思想落脚点上均体现出根本的区别。

瓦拉一生笃信基督教，自幼以身为罗马人为荣，平生最大的心愿便是进入罗马教廷供职，一番辗转之后终于在 1448 年

---

① G. Antonazzi, *Lorenzo Valla e la polemica sulla donazione di Costantino*, Roma: Storia e letteratura, 1985, pp. 167-170.

② Ibid, p. 164.

得偿夙愿。尽管他曾以《论快乐》倡导基督教教义的人性化，以《论自由意志》强调"以人为中心"的人文主义宗教观，以《辩证法与哲学的再专研》挑战经院派抽象逻辑推理的权威地位，以《论修道士的誓言》反对禁欲主义对人之天性的扼杀，以《论拉丁文的优雅》抨击中世纪在思想文化上的倒退，以《〈新约〉之比较研究》质疑中世纪神学家对基督教经典典籍的译介和注疏，甚至以《〈君士坦丁赠礼〉辨伪》怒斥罗马教廷的贪婪和无耻，然而，种种看似叛逆的言行却难掩其对基督教信仰的虔诚。事实上，瓦拉反对的是教廷的道德腐败，是宗教研究过程中的墨守成规，而非基督教教义本身的缺陷，因此他从未从主观上考虑通过某种革命推翻罗马教廷的权威。恰恰相反，他最真诚的目的在于重拾基督教教父时代的本真教义，进入罗马教廷任职并从内部促进其改良，使其重新立足于耶稣基督的真言，而非危险的权力游戏。瓦拉所期盼的，是尊重人之天性并引领人类走向天国真福的基督教体系，是仁慈、清贫、不贪恋世俗权力也不受其羁绊的精神领袖。诚如他在《论修道士的誓言》中所说："我是一名战士，为宗教而战，为教廷而战，也为你而战。"①

与瓦拉不同，路德对待罗马教廷的态度是通过另起炉灶而摒弃之。路德及其追随者致力于建立一种全新的基督教体系，并将教宗、教廷排除在通过"唯独圣经"和"因信称义"原则而实现的"人与上帝的直接沟通"之外。此种思想的源头并非完全出于纯粹的精神需求，而是与当时德意志的政治经济状况

---

① M. Fois, *Il pensiero cristiano di Lorenzo Valla nel quadro storico-culturale del suo ambiente*, Roma: Libreria editrice dell'Università Gregoriana, 1969, p. 2.

息息相关。罗马教廷的种种贪腐行为（诸如售卖"赎罪券"等）愈演愈烈，教宗对于德意志内政的干预也导致德意志经济长期处于停滞和萧条状态。因此，对于德意志的宗教改革者而言，从根本上否定罗马教廷至高无上的精神领袖权就成了为德意志民众争取民族利益的一种必需。就这一点而言，路德倡导的改革运动比瓦拉主张的教会内部的改良有着更为强大和多元化的动力，走得也更为深远。

其次，从"宗教自由"的角度而言，瓦拉和路德对"自由意志"的诠释亦存在差异。在《论自由意志》中，瓦拉借鉴了奥古斯丁的理论，指出上帝是全善的，其创造的一切亦是全善的，但上帝赋予了人自由意志，从而赋予了人选择从善或作恶的权能。因此，恶的起源在于人的自由意志。所谓恶，是指人类对于属世享乐的过度贪恋，是人类为了属世利益而放弃永恒真福的行为——为了低级利益而放弃高级利益，这便是堕落、便是恶行。可以看出，瓦拉认为人在得到救赎的过程中并非处于完全被动的位置。在解读被救赎者与救赎者之间的关系时，瓦拉力图为人类争取一个具有相对独立性的位置，表明人类只有通过自身的意志与上帝主动合作，才能真正获得救赎。

然而，瓦拉及后世人文主义学者（尤其是伊拉斯谟）所主张的"自由意志论"却并不被路德及其追随者所认可。宗教改革运动的宗旨并非追求"人在上帝面前的自由"。尽管路德也曾宣扬自由，尤其是在宗教改革取得成功以前，他曾公开表示："烧死异端者乃违反神意"[1]，"每人皆为教士，有权依照

---

[1]　［美］W. 杜兰:《世界文明史》（第 19 卷，宗教改革），幼狮文化公司译，华夏出版社 1998 年版，第 130 页。

私人之判断和个人之理性解释圣经"①。但这种自由，是哲学和社会学意义上的自由存在和自由选择，而非神学层面上的自由意志；换言之，是人在罗马教廷面前的自由，而非人在上帝面前的自由。正是在这一点上，路德的"唯独恩典论"（Sola Gratia）与瓦拉的"自由意志论"（Arbitrio libero）表现出本质上的分歧。

再次，从"宗教宽容"的角度而言，瓦拉的人性化宗教观是基督教精神和古典文明结合的产物，具有明显的古典自然哲学的色彩。在《论快乐》的第一部分和第二部分里，瓦拉曾多次引用昆体良、维吉尔、奥维德、贺拉斯、尤维纳利斯等古代非基督徒的观点，对他们所践行的生活方式赞赏有加；在第三部分里，更是借作为基督教代言人的神学家之口毫不掩饰地用描述世俗生活的辞藻来形容天国之福的完美和永恒：

> 当他见到那个将极乐视为最高快乐，且处处充满竞技、歌舞、宴会和其他娱乐的世界后，便会知道神灵既不会作恶，也不会为凡人（包括活人和死人）动怒。然而，即便有极乐世界，那也是我们的世界，因为我们的日子与真福者的生活是十分相似的。②

然而，就对待古典异教文化的宽容度而言，路德创建的新教体系并不及瓦拉，且日渐凸显出其保守独断的一面。1522年，路德甚至宣称"凡不接受我的主张者就不能得救"③，他甚

---

① ［美］W.杜兰：《世界文明史》（第19卷，宗教改革），幼狮文化公司译，华夏出版社1998年版，第130页。

② ［意］瓦拉：《论快乐》，李婧敬译，人民出版社2017年版，第186—187页。

③ ［美］W.杜兰：《世界文明史》（第19卷，宗教改革），幼狮文化公司译，华夏出版社1998年版，第133页。

至引用《旧约·申命纪》中的诚命，要将异端置于死地："你不可姑息他，你不可庇护他……他是你的同胞、弟兄或你的儿女，或是你怀中的妻子……你必定要杀死他，你要杀死他，你要先下手，置他于死地。"① 从这个意义上说，"新教的宗教改革家们尽管反对了罗马教廷的独断论，却认为新教的形式是理解《圣经》统一性的唯一方式，因而陷入了新的独断论之中"②，相对于瓦拉的人文主义思想而言，这并非一种进步。

最后，如果说瓦拉的人文主义思想始终停留在理论层面，那么路德发起的宗教改革则在这个意义上远远超越了前者，它将所继承的人文主义精神在宗教体系和社会制度的层面上加以贯彻和落实，且在政治经济层面上迎合了欧洲资本主义和民族主义的发展趋势，在精神文化层面上实现了民众意识形态由中世纪朝近现代的过渡。

毫无疑问，瓦拉的人文主义思想对路德的宗教改革运动起到了相当重要的推动作用。然而，此种推动力的产生并不在前者的预料之中，且后者与前者的互动也绝非单纯的全盘接受，而是从社会和制度层面上针对前者进行了有目的、有选择的借鉴、落实与超越。

由于瓦拉的宗教观本身所具有的复杂性，后世学者对其思想进行的解读也各有不同。加林有言："史学家们时而关注瓦拉思想的某些侧面，时而关注另一些侧面；时而关注他的某部作品，时而关注他的另一些作品；时而按照古老的传统，时而按照当代的观念对他进行剖析，这就导致他们常常对瓦拉的作

---

① ［美］W.杜兰：《世界文明史》（第19卷，宗教改革），幼狮文化公司译，华夏出版社1998年版，第322页。

② 李雪涛：《误解的对话》，新星出版社2014年版，第15页。

品断章取义或进行刻意改造，使之成为支持各种理论的依据。然而，那些不同的理论却往往彼此相去甚远"。① 因此，在探讨瓦拉究竟是不是路德宗教改革之"先锋""旗手""楷模"的问题上，务必要改变简单的、线性进步式的历史观念和非此即彼的二元化认识论，以便客观、辩证地看待瓦拉的历史地位和思想价值，并对人类社会的历史发展进程进行更为深刻和全面的理解。

---

① S. I. Camporeale, *Lorenzo Valla: Umanesimo e teologia*, Firenze: Istituto Nazionale di Studi sul Rinascimento, 1972, p. VII.

结　论

一、《论快乐》核心观点综述

在 15 世纪的意大利，瓦拉的《论快乐》是一部直面人生、直面人性、直面人相对于神之尊严的重要伦理学作品，也是第一部从理论层面上主动、清晰地阐述"快乐"之价值并将其与"至善"相提并论的惊世骇俗之作。正因如此，加林认为《论快乐》"从各个角度充分而全面地歌颂了人的属世生活"[1]，在"文艺复兴史上留下了极其重要的一页"[2]。

在这部辩论体作品中，三位主要对话者分别作为斯多葛派、伊壁鸠鲁派和基督教神学思想的代言人发表演说，就"何谓真正的人生至善"展开辩论。第一部分由斯多葛派发言人开场。他首先责难自然，将其比作歹毒的继母，令世间恶行泛滥。随后，他控诉人类的天性本恶，趋恶避善的本性导致恶人大行其道，少数良善之人却生活艰难；世间的芸芸众生皆是恶人，只有少数的智者才能企及真正的善——"高尚"。若要达到该目标，就必须与自然和人之天性对抗，通过禁欲修行，抗

---

[1]　E. Garin, *L'umanesimo italiano*, Bari: Biblioteca universale Laterza, 1993, p. 62.

[2]　E. Garin, *Storia della filosofia italiana*, Torino: Piccola biblioteca Einaudi, 1978, p. 311.

拒邪恶诱惑。针对斯多葛派的悲观言论，伊壁鸠鲁派发言人开始为自然和人类的天性进行辩护。他赞颂自然为善良的慈母，赋予人类丰富的感官和多种身体快乐及精神愉悦。伊壁鸠鲁派发言人认为：快乐是所有德行的统领，获得快乐是人生的最根本目标。德行若不服务于快乐，便会丧失其存在的根本意义。在第二部分，伊壁鸠鲁派发言人逐一剖析斯多葛派推崇的所谓"高尚之举"，将其无一例外地解读为以追求快乐或利益为动机的行为，指出了"高尚"的空洞本质，重申快乐至上、利益至上，以快乐引领人生的观点。在第三部分，基督教神学家针对先前两位发言人的观点作出评判，表明两者的观点均有失偏颇，但相较而言，伊壁鸠鲁派的观点从逻辑上更为可取。随后，他提出了基督教伦理体系中的"至善"概念，将"唯一、真正的至善"定义为"完美无缺且永恒不逝的天国真福"，结束了整场讨论。

　　表面看来，《论快乐》描述的只是一场发生于斯多葛主义者、伊壁鸠鲁主义者与基督教神学家之间的辩论，整部作品的宗旨亦不外乎借古希腊享乐主义哲学思想鼓吹声色犬马、纸醉金迷的生活方式和穷奢极欲、唯利是图的伦理价值观，至于第三部分的宗教伦理，不过是掩人耳目的伪饰——瓦拉的反对者（包括基督教廷和某些人文主义学者）正是基于上述理解才会纷纷拍案而起，对其发起责难。然而，倘若我们仔细分析该作品的逻辑推理过程，并将其与同时期的其他作品（如《论自由意志》《辩证法与哲学的再专研》《论拉丁文的优雅》等）进行横向比对，便会发现这部凝聚瓦拉大半生心血的作品集中体现了作者在语文学、修辞学、伦理学、逻辑学和基督教神学等领域的多层面探索，其核心思想也绝不囿于对古希腊伊壁鸠鲁派哲学理论的复制或重申。

就作品标题而言，从 1431 年问世的《论快乐》到 1449 年前后完成的最终版文稿《论真善与伪善》，作品标题的数次更改清晰地展示了瓦拉如何将语文学研究转变为伦理哲学研究的思想历程。瓦拉从追溯"快乐"一词在古希腊和古罗马经典文献中的确切含义出发，探索这一关键词在伦理学体系中的内涵与外延，将对于语言的研究转变为对于哲学理念的追问。如果说，《论快乐》表明了这一过程的出发点，那么《论真善与伪善》则彰显了这一过程的最终落脚点。

就作品结构和形式而言，瓦拉选择了对话体这一形式。这并非瓦拉的独创：无论是古罗马作家西塞罗的《论至善与至恶》，早期基督教神学家奥古斯丁的《忏悔录》，还是 14 世纪人文主义先驱彼特拉克的《秘密》都是以对话体形式探讨哲学伦理和宗教伦理的经典之作。从某种意义上说，这一选择既是 15 世纪人文主义学者瓦拉向古代修辞学前辈的致敬之举，也是修辞学教授瓦拉针对当时处于垄断地位的经院派哲学发起的奋力反击。瓦拉认为，相较于纯粹基于逻辑演绎推理的说教，修辞学是更能令人心悦诚服的论理手段。如同大夫救助拒绝服药的任性病患，瓦拉并不强求他们"吃药"，却采取其他更易接受的治疗方法。需要说明的是，尽管瓦拉在对话中设置的人物都是真实存在、并且与其有过密切交往的人文主义学者，但在《论快乐》一书中，他们都只是舞台上的角色，其发言内容与其在生活中的真实思想并不完全对应，读者亦不应行对号入座之举。

就作品的伦理价值观而言，尽管瓦拉本人在作品中仅仅是以观众的身份列席辩论，但其倾向性却是相当明确的，其矛头直指以任何名义（尤其是借"高尚"之名）抹杀人之天性、压抑人类合理欲望、进而否定对人生快乐之追求的禁欲主义者。然而，我们既不能将斯多葛派看作瓦拉抨击的唯一群体，也不能将第三部分中神学家的言论视为某种为掩人耳目而添加的摆设，更不应将瓦拉的伦理价值观简单地等同于古希腊的伊壁鸠鲁主义或某种鼓吹欲望至上的学说，而应针对瓦拉的伦理价值观体系的复杂性和创新性进行更为深入和全面的剖析。

瓦拉反对一切否定人之天性，扼杀人性欲望的禁欲主义思想。作为人文主义的践行者，瓦拉在《论快乐》中将肯定自然之善和人的天性之善视为整个论述的根本前提。瓦拉认为，人作为"上帝的相似"，在万物生灵中享有最高的尊严，其天性亦是上帝的赐予，不容污蔑；同样，自然作为上帝为人类安排的生存空间，亦是神圣而高贵的。基于此，瓦拉在《论快乐》中借伊壁鸠鲁派发言人之口首先批驳了斯多葛派控诉自然之恶、哀叹人性之恶的悲观主义自然观和人性观。

在肯定人的天性之善的基础上，瓦拉视个人利益的实现和合理的身心欲望的达成（即"快乐"）为真正的善。为此，在《论快乐》的第一部分，瓦拉借伊壁鸠鲁发言人之口极力铺陈各种感官享受和心灵愉悦，洋洋洒洒，占据相当大比重的篇幅。与此同时，瓦拉强烈抨击一切打着"高尚"的旗号，阻止世人追求快乐和利益的虚伪言论，尤其对斯多葛派所宣扬的"不以任何奖赏为目的的高尚之善"深恶痛绝。瓦拉并非不承认"德行"的可贵，也并非鼓吹见利忘义的价值观，但在他看来，德行只是获得快乐的途径，却不能被视作人生的最高目标，更不能成为站在人性对立面的、用于对抗人性的"武器"。在《论快乐》的第二部分，伊壁鸠鲁派发言人针对斯多葛派先前历数的古代先贤的高尚之举进行剖析，将其一一解读为以追求利益或快乐为真实目的的行为。伊壁鸠鲁派力图表明，即使对于所谓贤人而言，高尚的言行也只是手段，而非目的。任何以追求高尚为终极目标的行为不仅算不上善举，反而是有违天性的病态的行为。与斯多葛派价值体系的空洞虚无相比，伊壁鸠鲁派理论的坦诚与务实体现了一种朴素的实用主义价值观。

然而，这并不等同于对伊壁鸠鲁派言论的百分之百的赞同。事实上，所有处于基督教框架之外的异教哲学都是瓦拉驳斥的对象——这也是《论快乐》第三部分的核心内容。文中的基督教神学家表示，斯多葛派所说的"高尚"是自然之敌，也是人的天性之敌，因此，他们主张的"高尚之善"无异于要求人类与自身的天性对抗，也与其赐予者上帝对抗，这种理论自然是荒谬的。与斯多葛派相比，伊壁鸠鲁派的观点至少承认自然之善和人性之善，因而具有相对的合理性。然而，瓦拉认为伊壁鸠鲁派将自然等同于上帝，不承认灵魂的存在，否认来世和天国之乐的价值，很容易因缺失信仰而陷入肆意放纵人性的泥潭，进而导致社会风尚流于低俗。换言之，在瓦拉眼中，伊壁鸠鲁派的观点并不具备绝对的合理性；在驳斥斯多葛派哲学的战斗中，伊壁鸠鲁派至多是基督教伦理哲学的盟友，却没有资格成为统帅，只有依靠"信德之盾"和"圣言之剑"，才能在正视人性的基础上完善和引领人性。

在对前两种最具代表性的古希腊伦理哲学流派进行全面透彻的批驳之后，瓦拉最终借基督教神学家之口提出了具有创建性的全新伦理价值观：一种认可人之天性、维护人之天性，同时又能完善和提升人之天性的基督教伦理价值体系。显然，瓦拉绝非传统意义上的主流基督教徒，他提出的基督教伦理价值体系也与中世纪的经院派神学体系有着本质上的巨大差异。他笔下的天堂充满了自然主义色彩，不仅没有站在人世生活的对立面，反而是对前者的极大完善和升华。为了实现这种完善和升华，瓦拉对“至高无上的德行”和“至高无上的快乐”进行了重新定义。在他那里，至高无上的德行是基督教的“信”“望”“爱”三超德，只有具备了这些德行，才能企及至高无上的快乐——永恒的天国之乐，从而实现人生的终极目标。有理由认为，瓦拉的伦理价值体系是一种将伊壁鸠鲁自然主义哲学和基督教伦理观念合二为一的全新的体系，他试图在人与上帝之间建立某种内在联系，在肯定“快乐至善论”的前提下将“快乐”的定义由古典的田园之乐拓展、提升至更为高远的天国真福。

就论证逻辑而言，《论快乐》体现了作者先破后立、层层推进的论述策略。尤其是在最终版文稿《论真善与伪善》中，瓦拉添加了大量逻辑学层面的论述，就“善”与“恶”的内涵及其在数量上的对应关系进行了严密而精彩的论证，充分展现了他在逻辑学领域的高深造诣及其对经院哲学演绎推理体系的大胆批驳。当然，由于瓦拉在《论快乐》中选择了以修辞学家、而非哲学家的身份论理，因而在这部作品中，逻辑推理只是作为一种点缀而出现，并没有成为主要的论述手段。相应的推理更为集中地出现在瓦拉的另一部作品《辩证法与哲学的再专研》之中。

综上所述，《论快乐》是一部复杂的、具有先锋色彩的实验性论著，它集作者在语文学、修辞学、伦理学、逻辑学和基督教神学领域的研究成果于一体，尝试构建一种前所未有的理论体系，能够将“人”“上帝”和“自然”兼容并包。尽管这种体系并非尽善尽美，我们却应当承认瓦拉所表现出的那种试图冲破一切传统桎梏的探索精神的确是难能可贵的。

二、《论快乐》的历史意义及其局限性

在 15 世纪，意大利社会正在历经新旧伦理价值体系的瓦解与重构，关于"人"的研究成为了整个时代关注的焦点。诚如彼特拉克所说："在了解诸般事物的过程中，最重要的是了解人的本性、人生的目的以及人的来源和归宿，一句话，是了解关于人的一切。"[①] 瓦拉的《论快乐》正是从对人性善恶与人生价值的考察出发，最终将集感官享受、精神愉悦、财富、荣耀等世俗价值和天国真福于一体的"快乐"视为人类追求的至高目标，阐发了一种具有明显的人文主义色彩的宗教伦理观念：在认可并弘扬基督教信仰框架的基础上，为人的俗世生活目标确立了理论根据。当上帝由严酷的"审判者"和"惩罚者"转变为慈祥的"关爱者"和"成就者"，自然界也就从"恶魔所创造的诱人犯罪之所"[②] 变成了"实现上帝价值、彰显上帝之德的所在"[③]。基于此，人生的目的就由"彼岸"转向了"此岸"，由"来世"转向了"今生"：越是能够充分舒展人性，就越是能够表现上帝的伟大和完美；与此同时，人的自由意志也就摆脱了原先的桎梏，成为上帝赐予的最为宝贵的礼物。

---

① ［俄］索柯洛夫：《欧洲文艺复兴哲学概论》，汤侠生译，北京大学出版社1988 年版，第 24 页。

② 刘新利、陈志强：《欧洲文艺复兴史》（宗教卷），人民出版社 2008 年版，第62 页。

③ 刘新利、陈志强：《欧洲文艺复兴史》（宗教卷），人民出版社 2008 年版，第62 页。

就其实质而言，《论快乐》体现的人文主义思想可谓 15 世纪意大利"处于如火如荼剧烈变动的社会生活的真实写照"①，折射出这一时期新兴市民资产阶级力图摆脱原有社会伦理体系桎梏的强烈愿望：以个人智慧和能力取代先前的世袭地位，以自由平等的人际关系取代先前的尊卑纲常，以积极进取取代先前的消极被动，以全新的伦理体系推动人类社会前行。

正是在这个意义上，《论快乐》彰显出极其重要的历史价值：通过以"人性"和"人生"为基础的宗教伦理观念间接批判先前以"天国"和"上帝"为核心的神学体系，让"真善美从遥远的天国复归人间，使人的价值从上帝那里重返人间"②。这种宗教伦理思想不仅反映了社会的现实，也对现实的社会起到了积极的影响：新兴资产阶级得以挣脱"忠顺""奴性""盲从"等旧道德的压制，弘扬"平等""自由""机智""进取"等新道德，成为精神独立、思想自主、自由发展、以实现自我为目标的主体。从这个意义上说，作为人文主义思想中层次最高的核心内容，人文主义宗教观从哲学的高度为西方资产阶级商业社会的早期发展起到了十分积极的推动作用："以自由、独立、平等为特征的人际关系逐步确立，以追求财富为中心的经济观念、以公民权利为中心的人权观念、以国家利益为中心的政治观念、以自我实现为中心的道德观念、以知识教育为中心的文化观念都获得了发展，这些新的观念所产生的巨大的思想解放作用开启了近代西欧资产阶级文化的新时代。"③

诚然，囿于时代的局限性，瓦拉在《论快乐》中提出的宗

---

① 刘新利、陈志强：《欧洲文艺复兴史》（宗教卷），人民出版社 2008 年版，第 66 页。
② 刘新利、陈志强：《欧洲文艺复兴史》（宗教卷），人民出版社 2008 年版，第 69 页。
③ 刘新利、陈志强：《欧洲文艺复兴史》（宗教卷），人民出版社 2008 年版，第 85 页。

教伦理观念虽具有明显的革新意图，但对于改革的具体形式以及目标，却未能提出确切且成熟的改革方案。因此，无论是与先前的托马斯·阿奎那（Tommaso d'Aquino，1225—1274）、司各脱（John Duns Scotus，约 1265 至 1266—1308）[①]、奥康姆的威廉（William of Ockham，1285—1349）[②]，还是与之后的笛卡尔（René Decartes，1596—1650）[③]、莱布尼茨等学者相比，瓦拉提出的思想体系就仿佛高峰之间的丘陵，容易被后人忽视。[④] 显然，这种局限性的根源并不在于瓦拉本身，而是与他无法摆脱和超越的时代背景、历史环境、生活经验、知识传统和文化氛围等因素关联在一起的。关于这一点，黑格尔在《法哲学原理》（Grundlinien der Philosophie des Rechts）的序言中进行了中肯的评述："哲学的任务在于理解存在的东西，因为存在的东西就是理性。就个人来说，每个人都是他那时代的产儿。哲学也是这样，它是被把握在思想中的它的时代。妄想一种哲学可以超出它那个时代，这与妄想人可以跳出他的时代，跳出罗陀斯岛，是同样愚蠢的。"[⑤]

正因如此，保罗·奥斯卡·克里斯特勒（Paul Oskar Kristeller，1905—1999）[⑥] 这样评价瓦拉等文艺复兴时期的思想

---

① 邓斯·司各托是 13 世纪苏格兰经院派哲学家、神学家、唯名论者。
② 奥康姆的威廉是 14 世纪英格兰逻辑学家、圣方济各会修士，主要著作有《箴言书注》《逻辑大全》《辩论集七篇》等。
③ 笛卡尔是 17 世纪法国哲学家、数学家和物理学家，被视作西方现代哲学的奠基人。
④ 吴功青：《意义与方法：文艺复兴哲学研究的观念性反思》，《云南大学学报（社会科学版）》2016 年第 5 期，第 24 页。
⑤ ［德］黑格尔：《法哲学原理》，范扬等译，商务印书馆 1996 年版，第 12 页。
⑥ 保罗·奥斯卡·克里斯特勒是 20 世纪最具影响力的中世纪和文艺复兴思想

家:"虽然文艺复兴没有产生一流的哲学家,但这些所谓的小思想家同样具有不容忽视的研究价值。因为他们填补了更伟大心灵留下的空白,从而能够帮助我们理解它们,把握它们之间的关系。"① 从这个意义上说,尽管《论快乐》中的伦理观念有其局限性,却仍对我们把握中世纪哲学到现代哲学转变的过程有着不可或缺的重要意义。

从社会伦理观念的角度来看,瓦拉格外强调作为个体的人的独立自由地位的确立以及个体利益的自我实现。为此,他刻意弱化了道德的力量。这种思潮令社会主流道德意识变幻无常,表现出明显的不稳定性,为社会发展也埋下了道德沦丧的隐忧。当然,我们应该认识到:"一种新的文化在生成时总会出现批判、否定甚至无序的矫枉过正的现象。某些过激言行也许对冲破旧的社会体制和文化束缚是必要的前提。这种危机既是历史的必然产物,也将随着时代的发展而得到纠正。"② 到了启蒙主义时代,西欧社会各个国家的政治体制逐渐政治化,理性主义开始成为社会的主导思想,人们逐渐意识到,真正的"自由"并非在无边的疆界中横冲直撞,而是在有着严格规则的世界里实现自我的发展。基于此,政治开始强力制约个人与社会的契约关系,"秩序"逐渐成为时代的主题,一方面对"个体精神"形成保护,另一方面也对其加以规范、疏导和制约。

史专家,曾任教于美国哥伦比亚大学,1992 年获得美国中世纪研究学会颁发的哈金斯奖章。

① E. Cassiere, P. Kristeller, *The Renaissance philosophy of man*, Chicago: The University of Chicago Press, 1956, p. 2.

② 周春生:《阿诺河畔的人文吟唱——人文主义者及其观念研究》,天津教育出版社 2011 年版,第 250 页。

三、《论快乐》对当代社会的启示

对于当代社会而言，《论快乐》同样能够给我们带来重要的启示。

从伦理观念的角度来看，研读瓦拉的《论快乐》有助于我们理解人文主义思潮对 15 至 16 世纪欧洲社会的变革起到的巨大的推动作用，促使我们进一步思考以"追求快乐"为主导的伦理观将对当今社会的发展产生怎样的影响。在此基础上，我们可以结合今日的时代背景和社会环境就"何谓真正的快乐""如何才能获得长久且具有可持续性的快乐""如何实现个体利益与群体利益的共赢"等问题展开探讨。即便我们无法在《论快乐》里找到现成的答案，也能从中获得重要的启示：真正能够引领世人企及"善"的价值观念体系，必然要以正视人性、尊重人性为前提，才能在此基础上舒展人性、完善人性、引领人性。

从文化的继承与创新角度来看，瓦拉的学术态度和研究方法是具有划时代意义的。在一封致同时代人文主义学者乔凡尼·托尔泰利的书信中，瓦拉表明自己撰写《论快乐》的动机在于尝试摆脱先前所有传统观念的桎梏，在伦理学领域进行一种全新的自由探索。[①] 对于瓦拉而言，古人是可敬的，却不是不可逾越的。瓦拉之所以投入大量精力研读和译介古希腊、古罗马经典文献，是出于对先辈所取得的研究成果的尊重和崇敬。然而，作为学术道路上的后来人，瓦拉并不满足于对前人

---

① 　G. Gentile, *Storia della filosofia italiana (fino a Lorenzo Valla)*, Firenze: Sansoni, 1961, p. 362.

的“欣赏”或“仰慕”，更拒绝成为“唯古人之言论马首是瞻”的“模仿者”和“追随者”。在他看来，对前人观点的反思、批判，以及以此为基础的进一步探索和开拓才是对古代文明遗产的最好传承和发扬。这一点与陈寅恪先生所说的“独立之精神，自由之思想”不谋而合，也正是在这个意义上，瓦拉与先前中世纪的学术研究传统分道扬镳。梁漱溟先生有言：西方社会“是以其意欲向前的要求为其根本精神的”①。毫无疑问，在瓦拉身上、在《论快乐》中，这种精神得到了集中体现。1974年，意大利蒙达多利出版社成立了“洛伦佐·瓦拉基金”，专门用于资助出版译自古希腊文和拉丁文的经典文献，所有作品均以原文、译文和注解对照的形式出版，其目的不仅是为相关领域的学者提供文献资料，也是为了更好地保留人类文明遗产的精华，更重要的，是鼓励今日之学者始终怀有一颗不轻信、不盲从、执着追寻真理的赤子之心。

从中西方文化的普世化角度来看，对《论快乐》展开研究有助于我们深入了解西方近现代伦理价值体系形成的历史渊源，从而更为透彻地理解西方世界的行为标准和道德准则。中国和西方社会有着完全不同的文明渊源和传统，彼此之间相互有选择地借鉴对方文明的成果，获取全新的理解自身文明的角度和方式，并创造性地加以转变和内化，不失为推动自身社会发展的有效途径。“海纳百川，有容乃大”，在《论快乐》中，瓦拉敏锐地意识到：若要巩固基督教文明的主导地位，与其不遗余力地强行排挤和打压其他异己文化，不如兼容并包，尽可能地使基督教文明发展出具有普世意义的主张。当代中国在发

---

① 梁漱溟：《东西文化及其哲学》，中华书局 2013 年版，第 26 页。

展和弘扬自身文化的过程中，也应充分吸收西方文化的养料：通过了解西方文明的发展历程，能够对照审视自身的历史，进而寻找到不同于传统的崭新视角，全方位、多角度解释中华文明的经典，从而催生伟大的创见；此外，只有吸收外来文化的精髓，才能逐步强大和丰富自身文化的内涵。换言之，"重新认识西方，是为了更好地重新认识中国；重新认识古典，是为了更好地认识现代，从而重建中国文化在世界范围内的自主性和独立性"①。这一论题，正是本项研究应在未来展开进一步深入挖掘和探讨的领域。

---

① 冯金红：《古今中西的漫长争论》，《文化纵横》2017 年第 1 期，第 117 页。

附　录

一、中文—拉丁文伦理学关键词汇对照表

注：为方便理解《论快乐》中的伦理学概念，该表以中文—拉丁文对照的方式列出了所有出现在该作品中的伦理学关键词汇，并针对某些词汇列出了国内学界常用的其他译法，以供国内同行参考。

C

超过限度 excedere
迟钝 stupiditas
迟缓的 lentus
仇恨 odium
粗鲁 rusticitas

D

道德德行 virtus moralis
端庄 modestia
德行 virtus（该词另译为"美德""德能""德性"等）

E

恶 vitium

F

放荡 nequities
放纵 intemperantia
纷争 discordia
丰富 copia
富于诗意的 poeticus

G

感恩 gratitudo

刚毅 fortitudo

高尚 honestum（该词另译为"正
　　义""正直""诚实""道德"等）

H

含蓄 pressitas

豪奢 prodigilitas

好奇刺探 curiositas

和善 comitas

欢快 letitia

欢愉 delectatio

恢宏 sublimitas

诙谐 facetia

昏聩 stultitia

活泼 iocunditas

J

嫉妒 invidia

急切的 incitatus

简练 brevitas

健康 sanitas

娇气的 effeminatus

骄奢淫逸的 mollis

狡诈 malitia

节制 continentia, temperantia

精神 animus

K

慷慨 largitas

快乐 voluptas（该词另译为"享乐"）

宽宏 indulgentia

宽厚 clementia

宽纵 dissolutio

L

廉洁 probitas

累赘 redundantia

理性德行 virtus intellectualis

力量 vis

吝啬 avaritia

灵魂 anima

流畅的 promptus

鲁莽 temeritas

M

美的 bellus

美貌 pulcritudo

名誉 honor

明智的 sobrius

P

贫乏 ariditas

Q

虔诚 sanctitas

怯懦 ignavia

勤奋钻研　diligentia

轻率 levita

R

仁慈 beneficentia

荣耀 gloria

儒雅 urbanitas

软弱的 mollis

S

善 bonum

善于雄辩的 oratorius

审慎 prudentia

熟视无睹 negligentia

率真 semplicitas

爽快 festivitas

T

天性 natura

天主 Dio

贴切 proprietas

X

心灵 animus

信仰 Fides

虚荣 vanitas

Y

严苛的 rigidus

严酷的 austerus

严肃 severitas

言行合乎礼法 probitas

野心 ambitio

意志 animus

雍容的 liberalis

庸俗 scurrilitas

忧郁的 tristis

有利的 utilis

有益的 utilis

Z

正义 iustitia

正直的 rectus

智慧 intelligentia

中道 mediocritas

忠实 fides

庄重 gravitas

自然 Natura

宗教 religio

尊严 dignitas

二、洛伦佐·瓦拉生平年表

1407 洛伦佐·瓦拉（Lorenzo Valla，以下简称瓦拉）出生于罗马，父母均为皮亚琴察人。父亲卢卡·瓦拉（Luca Valla）精通民法典和教会法典，任教廷枢机律师。母亲卡特里娜·斯科里巴尼（Caterina Scribani）乃乔凡尼·斯科里巴尼（Giovanni Scribani）之女，此人也在教廷书记处任职。

1410 西西里人乔凡尼·奥利斯帕（Giovanni Aurispa）前往希腊研习古希腊文。

1413 乔凡尼·奥利斯帕返回意大利，将大量古希腊文献典籍运至意大利。

1420 父亲卢卡·瓦拉去世。母亲为子女前程考虑，不曾改嫁，在其胞弟梅尔吉奥莱·斯科里巴尼（Melchiorre Scribani）的帮助下全身心抚育十一个子女。经娘舅引见，十三岁的瓦拉在罗马跟随乔凡尼·奥利斯帕学习古希腊文。

1421 乔凡尼·奥利斯帕再度前往希腊，佛罗伦萨学者里努奇·达·卡斯蒂里奥内（Rinucci da Castiglione）一同前往。

1425 里努奇·达·卡斯蒂里奥内从拜占庭返回罗马。瓦拉随其继续研习古希腊文，并在这一时期结识了同拜里努奇为希腊文教师的未来教宗——尤金四世（Papa Eugenio IV）。

1426 时年五十六岁的列奥纳多·布伦尼（Leonardo Bruni）以佛罗伦萨共和国使节的身份前往罗马常驻。瓦拉开始与布伦尼交往，并请他帮助审阅和修改文稿。为此，瓦拉称布伦尼为"斧正者"（emendator）。

1428 瓦拉与人称"巴勒莫人"（Panormita）的安东尼奥·贝卡德里（Antonio Beccadelli）结识，并通过此人开始接触佛罗伦萨的人文主义学术界，先后结交尼科洛·尼科里（Niccolo Niccoli）、卡罗·马苏皮尼（Carlo Marsuppini）等人。同年，瓦拉将其第一部修辞学作品《论西塞罗与昆体良之比较》（*De comparatione Ciceronis Quintilianique*）寄送给上述两位学者，向其请教。

1429　舅父梅尔吉奥莱·斯科里巴尼因身染疫病去世。瓦拉向教廷提出申请，请求接替梅尔吉奥莱在书记处任职，但并未获得教宗马丁五世（Papa Martino V）的批准。

1430　遭到教廷拒绝后，瓦拉离开罗马，前往北部城市帕维亚谋职。

1431　在安东尼奥·贝卡德里的举荐下，瓦拉获得帕维亚大学的修辞学讲席，开始任教，薪资为五十弗洛林金币。同年，瓦拉发表伦理学作品《论快乐》（*De voluptate*）。

1432　由于多种原因，瓦拉与举荐者安东尼奥·贝卡德里的友谊彻底决裂。同年，瓦拉开始针对《论快乐》进行修改，撰写第二版文稿。

1433　瓦拉因发表批判 14 世纪权威法学家——萨索费拉托的巴托罗（Bartolo di Sassoferrato）的檄文《驳巴托罗书》（*Epistola contra Bartolum*）遭到帕维亚法学界责难，被迫辞职，离开帕维亚，于当年 9 月抵达费拉拉。同年完成《论快乐》的第一次修改，将第二版手稿标题改为《论真善与伪善》（*De vero falsoque bono*）。

1434　瓦拉旅居米兰，担任私人教师。同年底，瓦拉听闻教宗尤金四世由罗马逃难至佛罗伦萨，便立即前往佛罗伦萨，借住于姐夫安布罗焦·达尔达洛尼（Ambrogio Dardaroni）家。瓦拉向尤金四世呈献伦理学作品《论真善与伪善》（即《论快乐》

的第二版手稿）的第三部分，希望获得教宗赏识。但此次尝试无果而终。

1435　瓦拉短暂旅居热那亚，效力于时任西西里国王阿方索五世（Alfonso V d'Aragona）。是年，瓦拉参加了庞扎之战（Battaglia di Ponza），并在战争中被俘，后被遣往米兰。随后，瓦拉跟随阿方索五世返回加埃塔。

1437　瓦拉获得了克雷莫纳主教教堂（Cattedrale di Cremona）的一份闲职。

1439　瓦拉撰写了哲学作品《论自由意志》（*De libero arbitrio*）和《论辩法与哲学的再专研》（*Repastinatio dialectice et philosophie*）。

1440　瓦拉撰写政治檄文《〈君士坦丁赠礼〉辨伪》（*De falso credita et ementita Constantini donatione*）。

1442　阿方索五世（Alfonso V）成功征服那不勒斯王国，获得其统治权。瓦拉前往那不勒斯宫廷任职。同年，瓦拉撰写宗教伦理学作品《论修道士的誓言》（*De professione religiosorum*）。

1444　瓦拉因与方济各会修士安东尼奥·达·比敦托（Antonio da Bitonto）辩论《使徒信经》（*Credo*）的作者真伪遭到宗教裁判所审判，后因阿方索五世出面干预而免于判罪。同年，瓦拉撰写了语言学论著《论拉丁文的优雅》（*Elegantiae latinae linguae*）、考据学论著《〈新约〉之比较研究》（*Collatio Novi Testamenti*）和人物传记《阿拉贡王朝斐迪南一世时代的历史》（*Historiarum Ferdinandi regis Aragoniae*）。

1447　教宗尤金四世去世，尼古拉五世（Papa Niccolò V）继任，人称"首位人文主义教宗"。

1448　瓦拉离开那不勒斯，重返罗马，被教宗尼古拉五世委任为教廷公证员和书吏。此前，他再度对《论快乐》(《论真善与伪善》)进行修改，并将第三版手稿的标题修改为《论真善》(*De vero bono*)。

1451　瓦拉获得罗马大学的修辞学讲席。

1455　卡利克斯特三世 (Papa Callisto III) 成为新任教宗。瓦拉任教宗书记官。

1457　瓦拉在罗马逝世，安葬于罗马的拉特兰圣若望大教堂 (Basilica di San Giovanni in Laterano) 的后殿拱廊下。此前，他完成了《论快乐》的最后一次润色，最终版手稿标题定为《论真善与伪善》。约 1576 年瓦拉的墓冢被迁离原址。

1825　弗朗切斯科·康切利耶里将一具棺冢、一尊雕像和一方刻有铭文的石碑安放于拉特兰圣若望大教堂的苦像小堂 (Cappella del Crocifisso)，以示对瓦拉的缅怀。

三、洛伦佐·瓦拉主要学术作品（中文—拉丁文名录）

（一）专著

《阿拉贡王朝斐迪南一世时代的历史》*Historiarum Ferdinandi regis Aragoniae*

《安东尼奥·达·洛批评》*Raudensiane note*

《辩证法驳议》*Dialecticae disputationes*（参见《辩证法与哲学的再专研》）

《波焦轶事》*Apologus in Pogium*

《驳巴托罗书》*Epistola contra Bartolum*

《驳贝内德托·莫朗多》Confutationes in Benedictum Morandum

《关于辩证法的整体重读及普遍哲学的基础》*Retractatio totius dialectice cum fundamentis universe philosophi*（参见《辩证法与哲学的再专研》）

《关于圣餐奥义的探讨》*Sermo de mysterio Eucharistie*

《〈君士坦丁赠礼〉辨伪》*De falso credtita et ementita Constantini donatione*

《〈昆体良与西塞罗之比较〉序言》*Preludium al Quintiliani Tulliique examen*

《辩证法与哲学的再专研》*Repastinatio dialectice et philosophie*

《论快乐》*De voluptate*（参见《论真善与伪善》）

《论拉丁文的优雅》*Elegantie lingue latine*

《论"sui"和"suus"的关系》*De reciprocatione 'sui' et 'suus'*

《论西塞罗与昆体良之比较》*De comparatione Ciceronis*

Quintilianique

《论修道士的誓言》*De professione religiosorum*

《论真善与伪善》*De vero falsoque bono*

《论真善》*De vero bono*（参见《论真善与伪善》）

《论自由意志》*De libero arbitrio*

《书信集》*Epistole*

《托马斯·阿奎那颂词》*Encomion s. Thome Aquinatis*

《为波焦消毒》*Antidotum in Pogium*

《为法齐奥消毒》*Antidotum in Facium*

《新学年致辞》*Oratio in principio studii*

《〈新约〉校注》*Annotationes in Novum Testamentum*

《〈新约〉之比较研究》*Collatio novi testamenti*（参见《〈新约〉校注》）

（二）译著（自古希腊文译介至拉丁文）

荷马作品之《伊利亚特》

希罗多德作品

修昔底德作品

伊索作品

四、专有名词中文—拉丁文对照及索引

A

阿波罗 Apollo 163, 182

阿格西莱二世 Agesilaus 124

阿伽门农 Agamemnon 121, 173, 175

阿喀琉斯 Achilles 121, 175

阿雷佐的列奥纳都斯 Leonardus Aretinus 206

阿里斯顿 Ariston 226

阿里斯提德 Aristides 029, 095

阿契塔 Archytas 160

阿瑞斯提普斯 Aristippus 110, 191, 194

阿斯卡尼俄斯 Ascanius 121, 175

埃涅阿斯 Aeneas 121, 122, 175, 234

《埃涅阿斯纪》 Aeneis 030, 083, 121, 122, 209, 234

埃特鲁里亚 Aetruria 044, 094

埃特纳火山 Aetna 194

安东尼乌斯·贝尔尼乌斯 Antonius Bernius 054, 145, 216, 219, 220

安东尼乌斯·博西乌斯 Antonius Bossius 213

安东尼乌斯·达洛 Antonius Raudensis 049, 219

安奇塞斯 Anchises 121

《奥德赛》 Odyssea 095, 157

B

（使徒）保禄 Paulus Tarsensis 033, 134, 135, 137, 139, 195, 250, 251, 253, 298, 318, 329

毕达哥拉斯 Pyragothas 047, 095, 106, 122, 167, 168, 243, 288

柏拉图 Plato 017, 027, 041, 048, 075, 095, 102, 103, 123, 124, 161, 179, 183, 188, 194, 202, 239—245, 273, 287, 289, 290, 293

D

达尼尔 Daniel 174

大狄奥尼西奥斯 Dionysius 046, 106, 179

德摩斯梯尼 Demosthenes 096, 178, 289

德谟克里特 Democritus 088

德能天使 Virtute 244

狄安娜 Diana 182

狄奥墨得斯 Diomedes 216

《蒂迈欧篇》 Timaeus 240

地米斯托克利 Themistocles 094, 095

独眼巨人 Cyclops 168

E

厄凡德尔 Evander 121

恩培多克勒 Empedocles 194

恩特鲁斯 Entellus 083

F

菲狄亚斯 Phidias 126, 127

菲洛墨拉 Philomela 147, 148

《斐德罗篇》 *Phaedrus* 075

费拉拉 Ferraria 019, 214, 220, 315

佛罗伦萨 Florentia 018, 027, 028, 031, 032, 161, 189, 205, 304, 310

G

高尔吉亚 Gorgias 293

格里高利拱廊 Porticus Gregorianus 030, 037, 049, 209

《国家篇》 *De Republica* 102, 103, 240, 241

古格斯 Gygis 032, 047, 101—105, 242

H

海伦 Helena 041, 121, 122, 173—175, 187, 228, 229

荷马 Homeros 041, 095, 121—123, 157, 173—175, 179, 216, 234, 275, 289

赫拉克利特 Heraclitus 088, 095

《会饮篇》 *Symposium* 240

J

季蒂昂的芝诺 Zeno Citieus 004, 095

加戈纽 Gorgonius 125

迦太基 Carthago 044, 046, 094, 098—100, 113, 225

《旧约·创世纪》 *Liber Genesis* 284

《旧约·厄则克尔》 *Prophetia Ezechielis* 284

《旧约·圣咏集》 *Liber Psalmorum* 285

K

《喀提林阴谋》 *De Catilinae coniuratione* 235

科德鲁斯 Codrus 099, 159, 259

克里安西斯 Cleanthes 095

克律西波斯 Chrysippus 095, 110

L

劳苏斯 Lauaus 121, 175

丽达 Leda 041, 173

卢菲鲁 Rufillos 125

卢克蕾提亚 Lucretia 043, 176, 177, 178, 180, 181, 183, 187, 259

罗慕路斯 Romulus 114, 179

吕库古 Lycurgus 059

M

马菲乌斯·维吉乌斯 Mapheus Vegius 030, 038—051, 054, 059, 061—064, 066—069, 072—076, 078—081, 084—089, 092, 093, 097—115, 117—126, 128—136, 138, 139, 145, 147, 148, 150, 151, 155, 157—160, 162, 164—170, 173, 175, 176, 178, 179, 181, 182, 185, 186, 191, 193, 216—225, 228—233, 237—243, 248, 250, 254, 294, 298, 307

玛利亚 Maria 027, 029, 053, 140, 187, 312, 313

米南德 Menander 095

密涅瓦 Minerva 182, 216

缪斯 Muses 163, 164, 311

墨涅拉俄斯 Menelaus 173

墨诺厄特斯 Menoetes 083

墨诺扣斯 Menoeceus 099, 100, 259

墨赞提乌斯 Mezentius 121

N

《尼各马可伦理学》 Ethica Nicomachea
027, 060, 166, 167, 205, 206, 238,
272, 310

《农事诗》 Georgica 030, 162—164

努马·庞皮里乌斯 Numa Pompilius
179

O

欧里庇得斯 Euripides 095, 096, 173,
174, 222

欧吕阿鲁斯 Euryalus 121, 122

欧斯洛 Euclio 130

P

帕拉斯 Pallas 121, 175

帕里斯 Paris 041, 173, 174

帕维亚 Papia 019, 026, 028, 030,
031, 036, 115, 202, 207, 209, 210,
214, 221, 274, 304, 315

潘狄翁一世 Pandion 147

潘神 Pan 164

皮洛士 Pyrrhus 044, 046, 094, 098,
099

品达 Pindarus 095

普拉克西特列斯 Praxiteles 126, 127

普里阿摩斯 Priamus 121, 175, 176

普鲁塔克 Plutarchus 017, 029

Q

丘比特 Cupido 013, 182

S

加图·萨库斯 Cato Saccus 031, 036

萨摩斯 Samus 225

色诺芬 Xenophon 275

瑟塞蒂斯 Thersites 179

《圣经》 Biblia 053, 249, 250, 284,
285, 318, 326, 327, 329, 333

苏格拉底 Socrates 027, 041, 075, 095,
112, 202, 203, 210, 259, 275, 287

梭伦 Solon 124

T

泰奥弗拉斯托斯 Theophrastus 095,
289

特奥布鲁图斯 Theombrotus 194

特伊西亚斯 Tiresias 100

《天主的工程》 De Opificio Dei 134

统权天使 Principatus 244

图尔努斯 Turnus 121, 175

《图斯库卢姆争辩》 Tusculanae
disputationes 226

W

维罗纳 Verona 054, 147, 213, 220, 304,
305

维罗纳的瓜里努斯 Guarinus Veronesis
049, 053, 054, 147, 148, 219—221,

维纳斯 Venus 013, 182

维斯塔 Vesta 182, 186

X

希波的奥古斯丁 Aurelius Augustinus Hipponensis 079, 080, 119, 134, 202, 204, 244—250, 253, 262, 289, 298, 318, 323, 329, 331, 337, 360, 372

西比尔 Sybilla 216

希罗多德 Herodotus 021, 095, 275

西农 Sinon 179

锡诺普的第欧根尼 Diogenes Cynicus 112, 128, 190—192, 225, 237, 360

小狄奥尼西奥斯 Dionysius II 179

《新约·格多林前书》Epistula I ad Corinthios 138

《新约·宗徒大事录》Actus Apostolorum 250

Y

亚里士多德 Aristoteles 027, 028, 031, 033, 038, 041, 047, 050, 060, 070, 075—077, 082, 090, 095—097, 118, 126, 127, 162, 166—169, 171, 190, 193—195, 197, 205, 206, 209, 210, 214, 223, 230, 232, 235, 238, 239, 244, 251, 259, 261, 263, 272—274, 284, 287—292, 298, 299, 305, 310, 311, 322

亚纳 Anne Avie domini 032

亚平宁山 Appenninus 224

伊巴密浓达 Epaminondas 095

伊壁鸠鲁 Epicurus 002, 004, 013, 014, 027, 030—032, 036, 038—040, 042, 043, 045, 047, 049—051, 055, 059, 061, 062, 064, 066—069, 073—075, 080, 086—090, 092, 097, 111, 112, 114—119, 126, 128, 130, 132—138, 147—153, 163—166, 178, 190, 194, 195, 197, 198, 205—210, 215, 217, 220, 221, 227, 229, 231, 236, 237, 240, 242, 243, 250, 255—261, 263, 265—268, 272, 273, 277, 279—282, 289, 294, 303, 304, 306, 307, 312, 313, 335—340

伊卡洛斯 Icarus 266

伊利昂 Ilium 174

《伊利亚特》Ilias 041, 095, 121, 157, 173, 175, 179

伊萨卡 Ithaca 157

尤利普斯海峡 Euripus 127, 194

尤尼乌斯·弗洛鲁斯 Giunius Florus 230

约翰内斯·马尔库斯 Ioannes Marcus 039, 213, 216, 217, 228, 257

约瑟夫·布里皮乌斯 Iosephus Bripius 039, 145, 216, 217, 252, 257, 361

Z

《哲学的慰藉》De Consolatione Philosophiae 051, 239, 292, 293, 296, 297, 299

朱庇特 Jupiter 174, 182

朱诺 Iuno 174

参考文献

一、原始档案文献

1. Luther, M., *Martin Luther's Werke Kritische Gesamtausgabe*, Weimar: Hermann Böhlaus Nachfolger, 1908.

2. Valla, L., *Opera omnia*, Basilea: Henric Petri, 1540.

二、意大利文文献

3. Agostino, S.T., *L'istruzione cristiana*, Milano: Arnoldo Mondadori editore, 1994.

4. Anselmi, G. M., Guerra M., *Lorenzo Valla e l'Umanesimo bolognese*, Bologna: Centro studi sul Rinascimento, 2008.

5. Barozzi, L, Sabbadini R., *Studi sul Panormita e sul Valla*, Firenze: Le Monnier, 1891.

6. Camporeale, S. I., *Lorenzo Valla, umanesimo e teologia*, Firenze: Azzoguidi, 1972.

7. Camporeale, S. I., "Poggio Bracciolini contro Lorenzo Valla", in Bracciolini P., Fubini R.（ed.）, *Poggio Bracciolini nel VI centenario della nascita*, Napoli: Editrice Domenicana italiana,

1982, pp. 137-161.

8. Cappelli, G., *L'umanesimo italiano da Petrarca a Lorenzo Valla*, Roma: Carocci editore, 2007.

9. Cicerone, M. T., *De finibus bonorum et malorum*, Torino: U.T.E.T., 1976.

10. Cicerone, M. T., *De officiis*, Torino: U.T.E.T., 1976.

11. Cortesi, M., "Scritti di Lorenzo Valla tra Veneto e-Germania", in Besomi O., Regoliosi M., *Lorenzo Valla e l'Umanesimo italiano. Atti di convegno internazionale di studi umanistici*, Padova: Antenore, 1986, pp. 377-382.

12. Di Napoli, G., *Lorenzo Valla: filosofia e religlione nell'umanesimo italiano*, Roma: Edizioni di storia e letteratura, 1971.

13. Fois, M., *Il pensiero cristiano di Lorenzo Valla nel quadro storico-culturale del suo ambiente*, Roma:, Libreria editrice dell'Università Gregoriana, 1969.

14. Fubini, R., "Contributo per l'interpretazione della Dialetica di Lorenzo Valla", in Vescovini G. F., *Filosofia e scienza classica, arabo-latina medievale e l'età moderna*, Roma: Edizioni scientifiche italiane, 1999, pp. 289-316.

15. Fubini, R., "Due contributi su Lorenzo Valla", in *Medioevo e rinascimento*, 1994, Vol. 5, pp. 101-116.

16. Fubini, R., *L'umanesimo italiano e i suoi storici*, Milano: Francoangeli Storia, 2001.

17. Fubini, R., "Note su Lorenzo Valla e la composizione del *De Voluptate*", in Istituto di filologia classica e medievale, *I*

classici nel medioevo e nell'umanesimo, Miscellanea filologica, Genova: Darficlet, 1975, pp. 11-57.

18. Fubini, R., "Ricerche su De Voluptate di Lorenzo Valla", in *Medioevo e rinascimento*, 1987, Vol. 1, pp. 189-239.

19. Fubini, R., *Umanesimo e secolarizzazione da Petrarca a Valla*, Roma: Bulzone Editore, 1990.

20. Gaetta, F., *Lorenzo Valla: filologia e storia nell'Umanesimo italiano*, Napoli: Istituto italiano per gli studi storici, 1955.

21. Gaetta, F., "Recenti studi su Lorenzo Valla", in *Rivista di storia della Chiesa in Italia*, 1975, Vol. 29, pp. 559-577.

22. Garin, E., *Filosofi italiani del Quattrocento*, Firenze: Le Monnier Editore, 1942.

23. Garin, E., *L'umanesimo italiano Filosofia e vita civile nel Rinascimento*, Roma: Biblioteca universale Laterza, 1952.

24. Garin, E., *Il ritorno dei filosofi antichi*, Napoli: Bibliopolis, 1983.

25. Garin, E., *La cultura del Rinascimento*, Milano: Il saggiatore, 1995.

26. Garin, E., *La cultura filosofica del Rinascimento italiano*, Milano: Bompiani, 2001.

27. Garin, E., *Rinascite e rivoluzioni*, Roma: Editori Laterza, 2007.

28. Gentile, G., *Storia della filosofia italiana (fino a Lorenzo Valla)*, Firenze: Sansoni, 1961.

29. Goffis, C. F., "Dal De voluptate al De vero falsoque bono",

in *Studi e problemi di critica testuale*, 1973, Vol. 7, pp. 25-57.

30. Laffranchi, M., *Dialettica e filosofia in Lorenzo Valla*, Milano: Vita e pensiero, 1999.

31. Li Vecchi, G., *La filosofia di Lorenzo Valla*, Cefalù: Lorenzo Misuraca editore, 1978.

32. Lorch, M. D. P., *Le tre redazioni di De Voluptate*, Torino: Vincenzo Bona, 1943.

33. Luther, M., *Contra Papatum Romanum*, a Diabolo inventum, Wittenberg: Hans Luft, 1545.

34. Mancini, G., *Vita di Lorenzo Valla*, Firenze: Sansoni, 1891.

35. Marsh, D., "Struttura e retorica nel De Vero Bono di Lorenzo Valla", in Besomi O., Regoliosi M., *Lorenzo Valla e l'umanesimo italiano. Atti di Convegno internazionale di studi umanistici*, Padova: Editrice Antenore, 1986, pp. 311-326.

36. Minois, G., *La ricerca della felicità*, Bari: Edizioni Dedalo, 2009.

37. Norbedo, R., "Per una nuova edizione del *De vero bono*", in Regoliosi M., *Pubblicare il Valla. Firenze*, Firenze: Polistampa, 2008, pp. 277-297.

38. Petrucci, F., *Il De Humanae vitae felicitate di Bartolomeo Facio*, Napoli: Liguori Editore, 2010.

39. Radetti, G., "La religione di Lorenzo Valla", Università di Roma: Istituto di filosofia, *Medioevo e Rinascimento: studi in onore di Bruno Nardi, Vol. II*, Firenze: Sansoni, 1953, pp. 595-620.

40. Radetti, G., *L'epicureismo nel peniero umanistico del quattrocento*, Milano: Marzorati, 1964.

41. Radetti, G., *Lorenzo Valla: scritti filosofici e religiosi*, Firenze: Sansoni, 2009.

42. Regoliosi, M., "Due nuove lettere di Lorenzo Valla", in *Italia medioevale e umanistica*, 1982, Vol. 25, pp. 151-188.

43. Regoliosi, M., "Lorenzo Valla e la concezione della storia", in Università di Messina: Centro di studi umanistici, *La storiografia umanistica*, Messina: Sicania, 1992, pp. 549-571.

44. Regoliosi, M., "Lorenzo Valla e la Riforma del XVI secolo", in Valencia, *Studia Philologica Valentina*, 2007, Vol. 10, pp. 25-45.

45. Regoliosi, M., *Lorenzo Valla e l'Umanesimo toscano*, Firenze: Edizioni Polistampa, 2007.

46. Regoliosi, M., *Lorenzo Valla. La riforma della lingua e della logica*, Firenze: Edizioni Polistampa, 2008.

47. Regoliosi, M., "Ritratti di Lorenzo Valla", in *Immaginare l'autore. Il ritratto del letterato nella cultura umanistica*, Firenze: Edizioni Polistampa, 1998, pp. 207-213.

48. Regoliosi, M., "Tradizione contro la verità: Cortesi, Sandei, Mansi e l'orazione del Valla sulla *Donazione di Costantino*", in *Momus*, 1995, Vol. 3/4, pp. 47-59.

49. Regoliosi, M., "Tradizione e redazioni nel «De falso credita et emenita Constantini Donatione» di Lorenzo Valla", in Magnanti F., *Studi in memoria di Paola Medioli Masotti*, Napoli: Loffredi editore, 1995, pp. 39-46.

50. Santoro, M., *Valla e Napoli. Il dibattito filologico in età umanistica*, Pisa: Istituti editoriali e poligrafici internazionali, 2007.

51. Valentini, R., "Le invettive contro Lorenzo Valla", in *Rendiconti della Reale Accademia dei Lincei, Classe scienze morali, storiche, filosofiche*, 1906, Vol. 15, pp. 493-550.

52. Valla, L., *La falsa donazione di Costantino. Testo in latino a fronte*, Milano: Rizzoli, 1994.

53. Valla, L., Lorch M. D. P., *De vero falsoque bono* (critical edition), Bari: Adriatica Editrice, 1970.

54. Vecce, C., "Tradizioni valliane tra Parigi e Fiandre dal Cusano ad Erasmo", in Besomi O., Regoliosi M., *Lorenzo Valla e l'umanesimo italiano. Atti di Convegno internazionale di studi umanistici*, Padova: Editrice Antenore, 1986, pp. 401-410.

55. Vestri, V., "Il codice riccardiano 779 con le lettere al Valla sul *De vero bono*", in *Lorenzo Valla e l'umanesimo toscano. Traversari, Bruni, Marsuppini. Atti del Convegno del Comitato Nazionale VI centenario della nascita di Lorenzo Valla*, Firenze: Polistampa 2010, pp. 107-125.

56. Zippel, G., "Gli inizi dell'Umanesimo tedesco e l'Umanesimo italiano del secolo XV", in *Bullettino dell'Istituto storico italiano per il medioevo*, 1963, Vol. 75, pp. 345-389.

57. Zippel, G., "Lorenzo Valla e le origini della storiografia umanistica a Venezia", in *Rinascimento*, 1956, Vol. 7, pp. 93-133.

58. Zippel, G., "L'autodifesa di Lorenzo Valla per il processo dell'inquisizione napoletana (1444)", in *Italia medioevale e umanistica*, 1970, Vol. 13, pp. 59-94.

59. Zippel, Giuseppe, Zippel Gianni, *Storia e cultura del Rinascimento italiano*, Firenze: Leo S. Olscki Editore, 1979.

三、英文文献

60. Bouwsma, W., *The two faces of Humanism, Stoicism and Augustianism in Renaissance Thought*, Berkeley: University of California, 1975.

61. Byrne, P., "Cast out into the hellish night: Pagan Virtue and Pagan Poetics in Lorenzo Valla's *De Voluptate*", in *Ex Historia*, 2013, Vol. 5, pp. 48-73.

62. Camporeale, S. I., *Christianity, latinity, and culture. Two Studies on Lorenzo Valla*, Leida: Brill Academic Pub, 2013.

63. De Jong, J., "De sepulcro Laurentii Vallae quid veri habeat. Tracing the Tomb Monument of Lorenzo Valla in St. John Lateran, Rome", in *Quellen und Forschungen aus italienischen Archiven und Bibliotheken*, 2015, Vol. 94, pp. 94-95.

64. De Panizza, L., "Lorenzo Valla's *De vero falsoque bono*. Lactancius and oratorical scepticism", in *Journal of the Warburg and Courtauld Institutes London*, 1978, Vol. 41, pp. 76-107.

65. Leibniz, F. V. G. W., Huggard E. M. (ed.), *Theodicy*, Charleston: BiblioBazaar, 2007.

66. Lodi, N., "From an outsider's point of view: Lorenzo Valla on the soul", in *Vivarium*, 2008, Vol. 46, pp. 368-391.

67. Lodi, N., "Lorenzo Valla and the limits of imagination", in Lodi N., Detlev P., *Imagination in the Later Middle Ages and Early Modern Times*, Leuven: Peeters pubblishers, 2004.

68. Lodi, N., *Lorenzo Valla and Quattrocento Scepticism*, San Giovanni in fiore: Pubblisfera, 2006.

69. Lodi, N., "Lorenzo Valla and the rise of humanist dialectic", Hankins J., *Cambridge campanion to Renaissance philosophy, Cambridge*: Cambridge University Press, 2007.

70. Lodi, N., "Lorenzo Valla's critique of aristotelian psycology", in *Vivarium*, 2003, Vol. 41, pp. 120-143.

71. Lodi, N., *Lorenzo Valla's Humanist Critique of Scholastic philosophy*, London: Harvard University Press, 2009.

72. Lorch, M. D. P., *A Defense of Life. Lorenzo Valla's Theory of Pleasure*, New York: Wilhelm Fink Verlag. 1985.

73. Marsh, D., *The Quattrocento Dialogue, Classical Tradition and Humanist Innovation, London*: Harvard University Press, 1990.

74. Schaff, P., Wace H., *Select Library of the Nicene and Post -Nicene fathers of the Christian Church*, Princeton: Christian literature company, 1904.

75. Seigel, J. E., *Rhetoric and philosophy in renaissance humanism. Petrarch to Valla*, Princeton: Princeton University Press, 1968.

76. Trinkaus, C. E., *Adversity's noblemen: the Italian humanist on happiness*, New York: Columbia university press, 1940.

77. Trinkaus, C. E., "Lorenzo Valla on the problem of speaking about the Trinity", in *Journal of the History of Ideas*, 1996, Vol. 57, pp. 27-53.

78. Trinkaus, C. E., *Lorenzo Valla's anti-Aristotelian natural philosophy*, Firenze: Leo S. Olschki editore, 1994.

79. Trinkaus, C. E., "Review of Mario Fois, Il pensiero

cristiano de Lorenzo Valla nel quadro storico-culturale del suo ambiente; Salvatore I.Camporeale, Lorenzo Valla, umanesimo e teologia", in *Renaissance Quarterly*, 1974, Vol. 27, pp. 43-45.

80. Valla, L., *Il piacere*, traduzione di Grillo V., Napoli: R. Pironti & figli Editori, 1948.

81. Valla, L., *On pleasure*, traduzione di Lorch M. D. P., New York: Abaris Books, Inc. 1977.

82. Wright, W. J., *Martin Luther's Understanding of God's Two Kingdoms*, Ada: Baker Academic, 2010.

四、德文文献

83. Falkovitz, G., Barbara H., *Rhetorik als Philosophie: Lorenzo Valla*, München: Fink, 1974.

84. Setz, W., *Lorenzo Vallas Schrift gegen die konstantinische Schenkung: zur Interpretation und Wirkungsgeschichte*, Tübingen: Niemeyer, 1975.

85. Valla, L., *Vom wahren und falschen Guten*, übersetzung von Schönberger O., Würzburg: Königshausen & Neumann, 2004.

86. Valla, L., *Von der Lust oder vom wahren Guten*, übersetzung von Schenkel P. M., Paderborn: Fink, 2004.

87. Von Wolff, M., *Lorenzo Valla Sein Leben Und Seine Werke (1893)*, Whitefish: Kessinger Pub Co, 2009.

88. Westermann, H., "Lorenzo Valla（1407- 1457）, De libero arbitrio: Die Freiheit des Menschen im Angesicht Gottes", in *Des Menschen Würdeentdeckt und erfunden im Humanismus der*

italienischen Renaissance, Tübingen: Mohr Siebeck, 2008, pp. 113-139.

89. Westermann, H., "Wie disputiert man über das Gute? Lorenzo Vallas De vero bono als Debatte über die richtige Debatte", in *Jahrbuch Rhetorik*, 2006, Vol. 25, pp. 30-54.

五、法文文献

90. Dahan, G., "Les notes de Lorenzo Valla sur le Nouveau Testament et la critique textuelle médiévale", in Regoliosi M., *Le radici umanistiche dell' Europa: Lorenzo Valla, la riforma della lingua e della logica*, Vol.1., Firenze: Polistampa, 2010, pp. 233-263.

91. Marcel, R., "Les Perspectives de l', Apologétique" de Lorenzo Valla à Savonarole", in Universit de Strasbourg: Centre de recherches d'histoire des religions, *Courants religieux et humanisme à la fin du XVe et au début du XVIe siècle*, Paris: Presses universitaires de France, 1959, pp. 83- 100.

92. Mugnier, F., *Les Elégances de la langue latine de Laurent Valla et les gloses latino-françaises de Jacques Greptus*, Chambéry: Impr. Ménard, 1892.

93. Valla, L., *Sur le plaisir, traduit par Laure Chauvel*, Paris: Encre marine, 2004.

六、日文文献

94. ロレンツォ・ヴァッラ，快楽について，近藤恒一訳，東京都：岩波文庫，2014.

95.高橋薫訳，ロレンツォ・ヴァッラ．「コンスタンティヌスの寄進状」を論ず，東京都：水声社，2014.

96.石坂尚武，ロレンツォ・ヴァッラ『快楽論』第一巻：ヴァッラの古典的教養のあり方の分析に向けて，文化學年報，1995, Vol.（03）44, pp. 171-206.

97.石坂尚武，ロレンツォ・ヴァッラの人文主義と『快楽論』―キリスト教と異教文化の統合，史林，1991, Vol.（09）74, pp. 607-643.

七、中文文献

98.［古希腊］欧里庇得斯：《欧里庇得斯悲剧》（上），张竹明译，译林出版社 2007 年版。

99.［古罗马］奥古斯丁：《上帝之城》，王晓朝译，人民出版社 2006 年版。

100.［古罗马］波爱修斯：《哲学的慰藉》，贺国坤译，陕西师范大学出版社 2009 年版。

101.北京大学西语系资料组：《从文艺复兴到 19 世纪资产阶级文学家艺术家有关人道主义人性论言论选辑》，商务印书馆 1971 年版。

102.［美］P. 伯克：《意大利文艺复兴时期的文化与社会》，刘君译，东方出版社 2007 年版。

103.［美］P. 伯克：《欧洲文艺复兴：中心与边缘》，刘耀春译，东方出版社 2007 年版。

104.［古希腊］柏拉图：《柏拉图全集》，王晓朝译，人民出版社 2003 年版。

105.［瑞］J.布克哈特:《意大利文艺复兴时期的文化》,何新译,商务印书馆 1979 年版。

106.陈寅恪:《清华大学王观堂先生纪念碑铭》,载陈寅恪:《金明馆丛稿二编》,生活·读书·新知三联书店 2001年版。

107.《路德文集(第一卷)》,上海三联书店 2005 年版。

108.［美］W.杜兰:《世界文明史》(第 19 卷,宗教改革),幼狮文化公司译,华夏出版社 1998 年版。

109.冯金红:《古今中西的漫长争论》,《文化纵横》2017年第 1 期。

110.冯契、徐孝通:《外国哲学学大辞典》,上海辞书出版社 2010 年版。

111.［英］D.哈伊:《意大利文艺复兴的历史背景》,李玉成译,生活·读书·新知三联书店 1988 年版。

112.［古罗马］贺拉斯:《贺拉斯诗选》,李永毅译,中国青年出版社 2015 年版。

113.［德］黑格尔:《法哲学原理》,范扬等译,商务印书馆 1961 年版。

114.胡适:《中国的文艺复兴》,外语教学与研究出版社2001 年版。

115.［意］E.加林:《意大利人文主义》,李玉成译,生活·读书·新知三联书店 1998 年版。

116.［意］E.加林:《文艺复兴时期的人》,李玉成译,生活·读书·新知三联书 2003 年版。

117.［意］E.加林:《中世纪与文艺复兴》,李玉成译,商务印书馆 2012 年版。

118. 蒋百里：《欧洲文艺复兴史》，商务印书馆 1921 年版。

119. 蒋承勇：《西方文学"人"的母题研究》，人民出版社 2005 年版。

120.［美］M. L. 金：《文艺复兴时期的妇女》，刘耀春等译，东方出版社 2008 年版。

121.［美］P. O. 克里斯特勒：《意大利文艺复兴时期的八个哲学家》，姚鹏等译，上海译文出版社 1987 年版。

122.［美］P. O. 克里斯特勒：《文艺复兴时期的思想与艺术》，绍宏译，东方出版社 2008 年版。

123.［美］克尔主编：《路德神学类编》，王敬轩译，道声出版社 2009 年版。

124. 李平晔：《人的发现：马丁·路德与宗教改革》，四川人民出版社 1984 年版。

125. 李秋零：《神光沐浴下的文化再生：文明在中世纪的艰难脚步》，华夏出版社 2000 年版。

126.［古罗马］T. 李维：《建城以来史》，穆启乐等译，上海人民出版社 2005 年版。

127. 李韦：《路德宗教改革思想的基督教人文主义渊源》，《四川大学学报（社会科学版）》2010 年第 1 期。

128. 李雪涛：《误解的对话》，新星出版社 2014 年版。

129. 梁启超：《清代学术概论》，载朱维铮主编：《梁启超论清学史二种》，复旦大学出版社 1985 年版。

130. 梁漱溟：《东西文化及其哲学》，中华书局 2013 年版。

131. 刘明翰、朱华龙、李长林：《欧洲文艺复兴史》（总论卷），人民出版社 2010 年版。

132. 刘新利、陈志强：《欧洲文艺复兴史》（宗教卷），人民出版社 2008 年版。

133. 吕同六等：《意大利文艺复兴——历史与现实性》，春风文艺出版社 2003 年版。

134. 孟广林：《欧洲文艺复兴史》（哲学卷），人民出版社 2008 年版。

135. ［美］T. 乔治：《改教家的神学思想》，王丽译，中国社会科学出版社 2009 年版。

136. 石敏敏：《希腊人文主义：论德性、教育与人的福祉》，上海人民出版社 2003 年版。

137. ［俄］索柯洛夫：《欧洲文艺复兴哲学概论》，汤侠生译，北京大学出版社 1988 年版。

138. 吴功青：《意义与方法：文艺复兴哲学研究的观念性反思》，《云南大学学报（社会科学版）》2016 年第 5 期。

139. ［古罗马］西塞罗：《论至善与至恶》，石敏敏译，中国社会科学出版社 2005 年版。

140. ［古罗马］西塞罗：《论义务》，张竹明等译，译林出版社 2015 年版。

141. 裔昭印：《从法律看意大利文艺复兴时期的妇女地位》，《上海师范大学学报（哲学社会科学版）》2009 年第 1 期。

142. 张传有：《西方社会思想的历史进程》，人民出版社 2005 年版。

143. 张传有：《道德的人世智慧——伦理学与当代中国社会》，武汉大学出版社 2012 年版。

144. 张椿年：《从信仰到理性：意大利人文主义研究》，浙江人民出版社 1993 年版。

145.张海仁:《西方伦理学家辞典》,中国广播电视出版社1996年版。

146.张世华:《意大利文艺复兴研究》,上海外语教育出版社2003年版。

147.张世华:《意大利文学史》,上海外语教育出版社2013年版。

148.赵敦华:《古典学的诞生与解经学的现代传统》,《北京大学学报(哲学社会科学版)》2013年第2期。

149.周春生:《文艺复兴史研究入门》,北京大学出版社2009年版。

150.周春生:《阿诺河畔的人文吟唱》,天津教育出版社2011年版。

151.周辅成:《从文艺复兴到19世纪资产阶级哲学家政治思想家有关人道主义人性论言论选辑》,商务印书馆1966年版。

152.朱龙华:《意大利文艺复兴》,商务印书馆1964年版。

153.朱龙华:《意大利文艺复兴的起源与模式》,人民出版社2004年版。